ହସି-ହସି କେମିତି ବଞ୍ଚିବା

ପ୍ରସିଦ୍ଧ ବିଚାରକ ସ୍ୱେଟ୍ ମାର୍ଡେନ୍‌ଙ୍କ ପୁସ୍ତକ ଦୁନିଆରେ ଆଶ୍ଚର୍ଯ୍ୟଜନକ ରୂପେ ଖ୍ୟାତି ଅର୍ଜନ କରିଛି । ପ୍ରତ୍ୟେକ ଦେଶର ଭାଷାରେ ତାଙ୍କର ଅନେକ ପୁସ୍ତକ ପ୍ରକାଶିତ ହୋଇଛି । ବିକ୍ରି ଦୃଷ୍ଟିରୁ ମଧ ତାଙ୍କ କୃତୀତ୍ୱ ମାଇଲ୍‌ଖୁଣ୍ଟ ସ୍ଥାପିତ କରିଛି । ଏହାର କାରଣ ହେଉଛି ତାଙ୍କ ପୁସ୍ତକ ଓ ଲେଖାକୁ ହୃଦ୍‌ବୋଧ କରି ସେଥିରୁ ପ୍ରେରିତ ହୋଇ ମଣିଷ, ଜୀବନରେ ଉନ୍ନତି ଓ ସଫଳତାର ଉଚ୍ଚ ଶିଖରରେ ପହଞ୍ଚିବାରେ ସାହାଯ୍ୟ ପାଇଥାଏ ।

‘ହସି-ହସି କେମିତି ବଞ୍ଚିବା’ ରେ ସେହି ମହାନ୍ ଲେଖକ ସ୍ୱେଟ୍ ମାର୍ଡେନ୍‌ଙ୍କ ଗଭୀର ଜ୍ଞାନ ଓ ପ୍ରେରଣାକୁ ଓଡ଼ିଆରେ ଆପଣଙ୍କ ସାମ୍‌ନାରେ ପ୍ରସ୍ତୁତ କରାଯାଇଛି । ଆଶା କରାଯାଉଛି, ଏହି ପୁସ୍ତକ ଆପଣଙ୍କ ଜୀବନରେ ସୁନିଶ୍ଚିତ ବିପ୍ଳବ ଆଣିଦେବ ।

ସ୍ୱେଟ୍ ମାର୍ଡେନ୍‌ଙ୍କ ଏକ ଅତୁଳନୀୟ ପୁସ୍ତକର ଓଡ଼ିଆ ରୂପାନ୍ତର ।

ହସି-ହସି କେମିତି ବଞ୍ଚିବା

ସ୍ୱେଟ୍ ମାର୍ଡେନ୍

ଡାଇମଣ୍ଡ ବୁକ୍ସ

ପ୍ରକାଶକ : ଡାଇମଣ୍ଡ ପକେଟ୍ ବୁକ୍ସ (ପ୍ରା.) ଲି.
X-30, ଓଖଲା ଇଣ୍ଡଷ୍ଟ୍ରିଆଲ ଏରିଆ, ଫେଜ୍-୨
ନୂଆଦିଲ୍ଲୀ-୧୧୦୦୨୦
ଫୋନ : ୦୧୧-୪୧୬୧୧୮୬୧
ଫ୍ୟାକ୍ସ : ୦୧୧-୪୧୬୧୧୮୬୬
ଇ-ମେଲ : sales@dpb.in
ୱେବ୍‌ସାଇଟ : www.dpb.in
ସଂସ୍କରଣ : 2017
ମୁଦ୍ରକ : ଜି.ଏସ୍. ଇଣ୍ଟରପ୍ରାଇଜିଜ୍

HANSTE-HANSTE KAISE JIYEN(ODIA)
by: Swett Marden

ଅନୁକ୍ରମ

୧. ପ୍ରସନ୍ନତା ଓ ହସ

ମନ ଦୃଢ଼ ରଖନ୍ତୁ । ଦୃଢ଼ ମନ ଦ୍ୱାରା ଜୀବନ-ଶକ୍ତିକୁ ପ୍ରାପ୍ତ କରି ମଣିଷ ଅଧିକ ଦିନ ପର୍ଯ୍ୟନ୍ତ ଆୟୁଷ ଓ ଯୌବନକୁ ସ୍ଥାୟୀ ରଖିପାରିବ । ମନର ଦୃଢ଼ତା ପ୍ରସନ୍ନତା ଉପରେ ନିର୍ଭର କରେ ।

ପ୍ରସନ୍ନତାର ପ୍ରଦର୍ଶନ ହିଁ ହସ. ଯେଉଁଠି ହସ ଅଛି ସେଇଠି ପ୍ରସନ୍ନତା ଓ ଆନନ୍ଦ ରହିଛି । ଏଥିସହ ପ୍ରସନ୍ନତା ଓ ଆନନ୍ଦ ମଧ୍ୟ ସେଇଠି ଥାନ୍ତି ଯେଉଁଠି ହାସ୍ୟ ବିଦ୍ୟମାନ ହୋଇଥାଏ ଅର୍ଥାତ୍ ଯେଉଁ ମଣିଷ ହସି-ଖେଳି ରୁହେ ସେ ସୁସ୍ଥ, ପ୍ରଫୁଲ୍ଲ ଓ ଆନନ୍ଦମୟ ଜୀବନ ବିତାଇପାରିବ ।

ହସିବା ଆନ୍ତରିକ ପ୍ରସନ୍ନତାକୁ ପ୍ରକାଶ କରିଥାଏ । ପ୍ରସନ୍ନତାର ଏହି ପ୍ରଦର୍ଶନ ଅର୍ଥାତ୍ ହସିବା ଦ୍ୱାରା ସମସ୍ତ ଶରୀରର ଧମନୀ ଅଥବା ରକ୍ତ କଣିକା ଗତିଶୀଳ ହୁଅନ୍ତି ଓ ସେମାନଙ୍କ ବ୍ୟାୟାମ ହୋଇଯାଏ । ରକ୍ତର ପ୍ରବାହ ତୀବ୍ର ହୋଇଯାଏ । ସମସ୍ତ ଶ୍ୱାସକ୍ରିୟାରେ ସତେଜତା ଆସିଯାଏ । ଆଖିରେ ଉଜ୍ଜ୍ୱଳତା, ତ୍ୱଚାରେ ଝାଳ ଓ ଫୁସ୍‌ଫୁସ୍‌ର ପ୍ରତି କୋଠରୀରେ ସତେଜ ବାୟୁ ପହଞ୍ଚେ ତଥା ଦୂଷିତ ବାୟୁ ବାହାରକୁ ଚାଲିଯାଏ ।

ହସିବା ଦ୍ୱାରା ଶରୀରର ସମସ୍ତ କ୍ରିୟା ଠିକ୍‌ଠାକ୍ ଚାଲେ । ଶରୀରର ଅଙ୍ଗ-ପ୍ରତ୍ୟଙ୍ଗ ଉଚିତ

ଢଙ୍ଗରେ କାମ କରନ୍ତି । ଯେତେବେଳେ ଶରୀରର ପ୍ରତ୍ୟେକ ଅଙ୍ଗ ଠିକ୍‌ଠାକ୍ ଚାଲେ ତେବେ ସ୍ୱାସ୍ଥ୍ୟ ଠିକ୍ ରୁହେ । ଏହାର ସିଧା ଅର୍ଥ ହେଲା ହସିବା ଦ୍ୱାରା ସ୍ୱାସ୍ଥ୍ୟ ଠିକ୍ ରହିଥାଏ । ଶରୀରର ସନ୍ତୁଳନ ବଜାୟ ରୁହେ । ସବୁକିଛି ସୂଚାରୁ ରୂପେ ଚାଲିଥାଏ ।

ପ୍ରସନ୍ନତା ଅଥବା ଆନନ୍ଦ ଈଶ୍ୱରଙ୍କ ଦାନ ଅଟେ । ଏହା ମଣିଷକୁ ଭଗବାନ ବିନା ମୂଲ୍ୟରେ ଦେଇଛନ୍ତି । ଏହାକୁ ପାଇବାର ଥିବା ବ୍ୟକ୍ତି ନିଃଶୁଳ୍କ ପ୍ରାପ୍ତ କରିପାରିବ ଓ ସେମିତିରେ ପାଇବାର ନଥିବା ବ୍ୟକ୍ତି ଲକ୍ଷପତି ହୋଇଥିଲେ ମଧ୍ୟ ହାସଲ କରିପାରେ ନାହିଁ ।

ଯେକୌଣସି ଔଷଧ ସ୍ୱାସ୍ଥ୍ୟ ପାଇଁ ଏତେଟା ଗୁଣକାରୀ ହୋଇନଥାଏ- "ଯଦି ଆପଣଙ୍କୁ କୌଣସି ଡାକ୍ତରଙ୍କ ପାଖକୁ ଯିବାର ଅଛି ତେବେ ଏମିତି ଡାକ୍ତରଙ୍କୁ ବାଛନ୍ତୁ ଯାହାର ହସ-ହସ ମୁହଁ ହୋଇଥିବ, ଓ ସେ ହୃଷ୍ଟପୁଷ୍ଟ ହୋଇଥିବ ।" ଏମିତି ଡାକ୍ତର ନିଜର ପ୍ରସନ୍ନ ମନ ଦ୍ୱାରା ଔଷଧଠାରୁ ମଧ୍ୟ ଅଧିକ ପ୍ରଭାବକାରୀ ହୋଇଥାନ୍ତି । ପ୍ରସନ୍ନ ମନ ଥିବା ଡାକ୍ତର ନିଜର ହସ-ହସ ମୁହଁରେ ଯେତେବେଳେ ହସ ବାଣ୍ଟନ୍ତି, ତେବେ ଭଲ ଲାଗେ । ରୋଗୀର ଅଧା ରୋଗ ତାଙ୍କ କଥାରେ ଚାଲିଯାଇଥାଏ । ଅନେକ ଏମିତି ଡାକ୍ତର ଅଛନ୍ତି ଯେଉଁମାନେ ରୋଗୀଙ୍କ ସହ ସିଧା କଥାବାର୍ତ୍ତା ହୋଇନପାରି ଗାଳି ଦେଉଥିବେ, ରାଗରେ ଅଥବା ଅହଂକାରରେ ଥିବେ ଅଥବା ଚିନ୍ତିତ ରହୁଥିବେ... ତେବେ ରୋଗୀକୁ ସେମାନେ କେମିତି ଠିକ୍ କରିପାରିବେ ? ନା, ଏମିତି ଡାକ୍ତର ତ' ଚିନ୍ତା ବାଣ୍ଟନ୍ତି । ରୋଗୀକୁ ଏମିତି ଡାକ୍ତର ଦରକାର ଯିଏ ହସ ବାଣ୍ଟୁଥିବ । ଯିଏ ନିଜେ ପ୍ରସନ୍ନ ଥିବ ଓ ରୋଗୀଙ୍କୁ ମଧ୍ୟ ପ୍ରସନ୍ନତା ବାଣ୍ଟୁଥିବ ।

ଅଧାରୁ ଅଧିକ ରୋଗ ଶାରୀରିକ ନହୋଇ ମାନସିକ ହୋଇଥାଏ । ମାନସିକ ରୋଗର ସର୍ବୋତ୍ତମ ଔଷଧ ହେଲା ରୋଗୀ ସହ ପ୍ରସନ୍ନ ଚିତ୍ତରେ ହସି କଥା ହେବା; ଅଧିକାଂଶ ପାଗଳ ମଧ୍ୟ ଏହି ଔଷଧରେ ଠିକ୍ ହୋଇଯାଆନ୍ତି ।

ପ୍ରସନ୍ନତା ଏବଂ ଜୀବନୀ ଶକ୍ତି :

ଯଦି ଜଣେ ଅତି ଦୁର୍ବଳ ବ୍ୟକ୍ତି ମଧ୍ୟ ପ୍ରସନ୍ନଚିତ୍ତ ରହିବ ତେବେ ସେ ଶକ୍ତି ପ୍ରାପ୍ତ କରିପାରିବ । ରୋଗୀ ଯେଉଁ ଦିନରୁ ହସିବ-ଖେଳିବ ଓ ପ୍ରସନ୍ନ ରହିବାକୁ ଲାଗିବ, ସେହି ଦିନଠାରୁ ସୁସ୍ଥ ହେବାକୁ ଲାଗିବ । ଯେହେତୁ ମନ ପ୍ରଫୁଲ୍ଲ ରହିଲେ ଶରୀରର ଶ୍ୱାସ ବିଭାଗ, ପାକସ୍ଥଳୀ, ରକ୍ତ ଧମନୀ ତଥା ମୂତ୍ରମାର୍ଗ ଆଦି ଶରୀରର ସମସ୍ତ ଅଙ୍ଗ ଓ ମସ୍ତିଷ୍କ ସୂଚାରୁ ରୂପେ କାର୍ଯ୍ୟ କରିଥାଏ । ମନଭରି ହସିବା, ମାନସିକ ଓ ଶାରୀରିକ ଉଭୟ ପକ୍ଷେ ସୁସ୍ଥ ହେବାର ଅଦ୍ଭୁତ ଉପାୟ ଅଟେ ।

ଯେଉଁ ବ୍ୟକ୍ତି ଚିଡ଼ଚିଡ଼ା, ଅପ୍ରସନ୍ନ ଓ ଚିନ୍ତିତ ରୁହନ୍ତି ସେମାନେ ଜୀବନ ଶକ୍ତି ଉପରୁ ବିଶ୍ୱାସ ହରାଇଦିଅନ୍ତି ଓ ଶକ୍ତିଗୁଡ଼ିକୁ ମଧ୍ୟ ହରାଇଦିଅନ୍ତି । ସେମାନେ ନିଜ ଜୀବନର ଲକ୍ଷ୍ୟ ଓ ଆଦର୍ଶକୁ ହରାଇଦିଅନ୍ତି । ସେମାନେ କଳହକାରୀ, ଅହଂକାରୀ ଓ ସ୍ୱାର୍ଥପର ହୋଇଯାଆନ୍ତି । ଏ ପ୍ରକାର ସମସ୍ତ ଦୋଷରୁ ଜୀବନ ଦୂରେଇ ରହିବା ଆବଶ୍ୟକ । ଏହା ସେତିକି ବେଳେ ହୋଇପାରିବ, ଯେତେବେଳେ ମଣିଷ ପ୍ରସନ୍ନ ରହିବ ଓ ସର୍ବଦା ହସୁଥିବ ।

ମନ ଦୃଢ଼ ରଖନ୍ତୁ । ଦୃଢ଼ ମନ ଦ୍ୱାରା ଜୀବନ-ଶକ୍ତିକୁ ପ୍ରାପ୍ତ କରି ମଣିଷ ଅଧିକ ଦିନ ପର୍ଯ୍ୟନ୍ତ ଆୟୁଷ ଓ ଯୌବନକୁ ସ୍ଥାୟୀ ରଖିପାରିବ । ମନର ଦୃଢ଼ତା ପ୍ରସନ୍ନତା ଉପରେ ନିର୍ଭର କରେ ।

ମହାନ୍ ଲେଖକ ସେକ୍ସପିୟର କହିଛନ୍ତି- "ପ୍ରସନ୍ନଚିତ୍ତ ଲୋକେ ବହୁତ ଦିନ ବଞ୍ଚନ୍ତି।" ତାଙ୍କର ଏହି ଉକ୍ତି ସତ୍ୟ ଅଟେ। ପ୍ରକୃତରେ ସବୁ ଦୃଷ୍ଟିରୁ ସେହି ଲୋକମାନେ ବହୁତ ଦିନ ବଞ୍ଚନ୍ତି, ଯେଉଁମାନେ ପ୍ରସନ୍ନ ରୁହନ୍ତି। ସେମାନଙ୍କ ଶରୀର, ମନ ଓ ପ୍ରସିଦ୍ଧି, ନାମ ମଧ୍ୟ ଚିରକାଳ ପର୍ଯ୍ୟନ୍ତ ରୁହେ।

କୌଣସି ଖବରକାଗଜରେ ଥରେ ପ୍ରକାଶିତ ହୋଇଥିଲା ଯେ ଜଣେ ମହିଳା ରୋଗୀଣା ଓ ବହୁତ ଦୁଃଖିତ ଥିଲେ। ତାଙ୍କର ଚିକିତ୍ସା ମଧ୍ୟ ହୋଇପାରୁନଥିଲା। ସେତେବେଳେ ସେ ନିଷ୍ପତ୍ତି କଲେ ଯେ ବର୍ତ୍ତମାନ ସେ ପ୍ରସନ୍ନ ରହିବେ। ଯେପର୍ଯ୍ୟନ୍ତ ବଞ୍ଚିବେ ପ୍ରତିଦିନ ତିନିଥର ହସିବେ, ଏମିତିରେ କୌଣସି କାରଣ ଥାଉ ବା ନଥାଉ। ନିୟମାନୁସାରେ ସେ ହସିବାକୁ ଲାଗିଲେ। ଯେତେବେଳେ କୌଣସି କାରଣ ନଥାଏ ତେବେ ନିଜ ବ୍ୟକ୍ତିଗତ କୋଠରିରେ ସେ ଏକୁଟିଆ ହସୁଥିଲେ। ଫଳ ସ୍ୱରୂପ ଆଶ୍ଚର୍ଯ୍ୟଜନକ ପରିଣାମ ହେଲା, ସେ ବହୁତ ଶୀଘ୍ର ସୁସ୍ଥ ହୋଇଗଲେ। ରୋଗ ଦୂରେଇବାକୁ ଲାଗିଲା ଓ ତାଙ୍କ ଘର ମଧ୍ୟ ପ୍ରସନ୍ନତା ଓ ଆନନ୍ଦରେ ଭରିଗଲା। ହସ ବିସ୍ମୟ ଦେଖାଇଥିଲା। ପ୍ରକୃତରେ ହସ ମଧ୍ୟରେ ଜୀବନୀ ଶକ୍ତି ରହିଛି।

ସେହି ମହିଳାଙ୍କ ହସ କେବଳ ତାଙ୍କୁ ଲାଭାନ୍ୱିତ କରିନାହିଁ ବରଂ ଅନ୍ୟମାନଙ୍କୁ ମଧ୍ୟ ସୁଫଳ ଦେଲା। ତାଙ୍କ ସ୍ୱାମୀ ମଧ୍ୟ ହସିବାକୁ ଲାଗିଲେ। ସନ୍ତାନଙ୍କ ଉପରେ ମଧ୍ୟ ଭଲ ପ୍ରଭାବ ପଡ଼ିଲା। ତାଙ୍କ ସମ୍ପର୍କରେ ଆସୁଥିବା ଲୋକେ ମଧ୍ୟ ତାଙ୍କ ସହ ହସି-ହସି କଥା ହେଲେ। ଯେତେବେଳେ କେହି ତାଙ୍କୁ ପଚାରୁଥିଲା ଯେ ଆଜି ସେ କେତେଥର ହସିଛନ୍ତି, ତେବେ ସ୍ୱାଭାବିକ ଭାବେ ଉଭୟଙ୍କୁ ହସ ଲାଗୁଥିବ। ଏହିଭଳି ଗୁଣାତ୍ମକ ରୂପରେ ସେ ହସ ବାଣ୍ଟି ଚାଲୁଥିଲେ।

ପ୍ରସନ୍ନଚିତ୍ତ, ହସିବା, ସ୍ମିତହାସ୍ୟ ବ୍ୟକ୍ତି ମନର ଭାବନା ମୁହଁ ଉପରେ ଅଙ୍କିତ ହୁଏ। ତା' ମୁହଁରେ ଏକ ଆକର୍ଷଣ ଥାଏ। ତା' କଥାରେ ଲୋକେ ପ୍ରଭାବିତ ହୁଅନ୍ତି ଓ ସମସ୍ତଙ୍କୁ ଭଲ ଲାଗିଥାଏ।

ହସ ବିଷୟରେ ସାହିତ୍ୟକାରଙ୍କ ଉକ୍ତି ମଧ୍ୟ ଏହା ଯେ ପ୍ରସନ୍ନ ରହିବା ସହିତ ଆମକୁ ସମାଜରେ ହାସ୍ୟମୟ ବାତାବରଣ ମଧ୍ୟ ଉତ୍ପନ୍ନ କରିବା ଉଚିତ।

ଶରୀର ବିଜ୍ଞାନ :

ଶରୀର ବିଜ୍ଞାନ ଅନୁସାରେ ମଧ୍ୟ ଦେଖିବାକୁ ଗଲେ ପ୍ରମାଣିତ ହୁଏ ଯେ ଶରୀରର ପ୍ରତ୍ୟେକ ତନ୍ତୁ, ଶିରା-ପ୍ରଶିରା ନିଜନିଜ ଭିତରେ ସମ୍ପର୍କ ରଖନ୍ତି। ଯେତେବେଳେ ଯେକୌଣସି ଖରାପ ସମାଚାର, ଦୁଃଖ ଅଥବା କ୍ଳେଶ ଅଥବା ଅପ୍ରସନ୍ନତାର ପ୍ରଭାବ ସମ୍ପୂର୍ଣ୍ଣ ଶରୀର ଉପରେ ପଡ଼େ ତେବେ ପାଚନ କ୍ରିୟାରେ ଗୋଳମାଳ, ମୁହଁରେ ମଳିନତା, ହୃଦୟ ଦୁର୍ବଳ ଓ ଏହାପରେ ଆତ୍ମବିଶ୍ୱାସ ହ୍ରାସ ହେବାରୁ ରୋଗ ବୃଦ୍ଧି ହେବାରୁ ବ୍ୟକ୍ତି ଅଧିକ କଷ୍ଟ ପାଇଥାଏ। ସୁତରାଂ ସମସ୍ତ ଔଷଧଠାରୁ ଶସ୍ତା ଔଷଧ ହେଉଛି ହସ, ଏହାକୁ ଆପଣ କାହିଁକି ଛାଡୁଛନ୍ତି ? ଏହାକୁ ବ୍ୟବହାର କରନ୍ତୁ ଓ ସୁସ୍ଥ ରୁହନ୍ତୁ, ଆନନ୍ଦିତ ରୁହନ୍ତୁ।

ଆପଣ ନିଜେ ପ୍ରସନ୍ନ ରୁହନ୍ତୁ।

ଅନ୍ୟମାନଙ୍କୁ ମଧ୍ୟ ପ୍ରସନ୍ନ ହେବାକୁ ଦିଅନ୍ତୁ।

ନିଜ ସନ୍ତାନଙ୍କୁ ମଧ୍ୟ ହସିବା, ପ୍ରସନ୍ନ ରହିବା ପାଇଁ ସର୍ବଦା ପ୍ରେରିତ କରନ୍ତୁ । ଆପଣ ଉନ୍ମୁକ୍ତ ଭାବେ ହସିଲେ ସନ୍ତାନମାନଙ୍କ ଉପରେ ଏହାର ଭଲ ପ୍ରଭାବ ପଡ଼ିବ ଓ ସେମାନେ ମଧ୍ୟ ଉନ୍ମୁକ୍ତ ହୋଇ ହସିବେ । ଏଥିରୁ ସେମାନଙ୍କ ମନ-ମସ୍ତିଷ୍କ ଏବଂ ଶରୀର ସୁସ୍ଥ ରହିବ ।

ଧୀରେ-ଧୀରେ, ଚାପି-ଚାପି, ମନକୁ ମାରି ହସିବା ଅଥବା କ୍ଷୀଣ ସ୍ମିତହାସ୍ୟରେ କୌଣସି ଲାଭ ମିଳିନଥାଏ । ଉନ୍ମୁକ୍ତ ହୋଇ ହସିବା, ଠୋ-ଠୋ ହୋଇ ହସିବା ଅଧିକ ଲାଭଦାୟକ ଅଟେ । ସାରା ଶରୀରର ଧମନୀ ଖୋଲିଯାଏ ଓ ରକ୍ତ ପ୍ରବାହ ଭଲଭାବେ ହୋଇଥାଏ । ସାରା ଶରୀର ସତେଜ ହୋଇଉଠେ । ମନର ବୀଣା ବାଜିଲେ ସଂଗୀତର କୁହୁକ ଖେଳିଯାଏ । ଅନ୍ତରରୁ ହସିବା ଆନନ୍ଦଭରା ସଂଗୀତ ଅଟେ । ଯିଏ ଏହି ସଂଗୀତକୁ ଶୁଣିବ, ସେ ମଧ୍ୟ ପ୍ରସନ୍ନତାରେ ଭରିଯିବ । ଆପଣ ହସିଲେ ଅନେକଙ୍କ ମଙ୍ଗଳ ହେବ ।

ଆପଣ ଏହା ମନେରଖନ୍ତୁ ଯେ, ଆପଣ ହସିଲେ ସାରା ଦୁନିଆ ଆପଣଙ୍କ ସହିତ ହସିବ ଓ ଯଦି ଆପଣ କାନ୍ଦିବେ, ତେବେ ଏକୁଟିଆ କାନ୍ଦିବାକୁ ପଡ଼ିବ । ତେବେ ଏକୁଟିଆ କହିଁକି ରହିବେ ? ଦୁନିଆକୁ ନିଜ ସହ ରଖନ୍ତୁ; ସବୁ ଆପଣଙ୍କର ହେଉ, ଆପଣ ମଧ୍ୟ ସମସ୍ତଙ୍କର ହୁଅନ୍ତୁ । ସନ୍ତାନମାନଙ୍କୁ ପ୍ରଥମରୁ ହିଁ ଆପଣ ପ୍ରସନ୍ନ ରହିବା ଶିଖାନ୍ତୁ । ସେମାନଙ୍କୁ ମନୋରଞ୍ଜନପ୍ରିୟ କରାନ୍ତୁ ।

ଯେଉଁ ପିଲାମାନେ ମନୋରଞ୍ଜନପ୍ରିୟ ହୁଅନ୍ତି ନାହିଁ ଅଥବା ପ୍ରସନ୍ନ ରୁହନ୍ତି ନାହିଁ, ସେହି ପିଲାମାନେ ସଫଳ ହୁଅନ୍ତି ନାହିଁ । ହସର ଫୁଲ ହିଁ ସଫଳତାର ଫଳ ହୋଇଥାଏ । ଯେତେବେଳେ ଫୁଲ ନଥିବ ତେବେ ଫଳ କେଉଁଠୁ ଆସିବ ? ଏଥିପାଇଁ ନିଜ ମାନବ ବୃକ୍ଷ ଉପରେ ଫୁଲ ଲଗାନ୍ତୁ, ସେତେବେଳେ ସଫଳତା ଓ ଆନନ୍ଦର ଫଳ ମିଳିବ । ଆପଣଙ୍କ ହସର ଫୁଲ ଓ ଫଳ ଦ୍ୱାରା ସାରା ସମାଜ ଲାଭବାନ୍ ହେବ ।

ଅଧିକାଂଶ ଲୋକ ଏମିତି ଥାନ୍ତି ଯେଉଁମାନେ ହସିବାକୁ ଚାହାନ୍ତି କିନ୍ତୁ ସେମାନଙ୍କ ହସ ଚାପଯୁକ୍ତ ଦେଖାଯାଏ । ଯେମିତି, ହସ ବାହାରିବାକୁ ଚାହୁଁନାହିଁ ଓ ତାକୁ ଜବରଦସ୍ତ ବାହାର କରାଯାଉଛି ।

ଏମିତି ହସରେ କିଛି ଲାଭ ନାହିଁ । ହସ ତ' ତାକୁ କୁହାଯାଏ ଯେଉଁଥିରେ ହୃଦୟ ହସେ । ମୁହଁ ଓ ଓଠରେ ଦେଖାଇବା ହସ ନିରର୍ଥକ ଅଟେ । ହସ ଅନ୍ତରରୁ ଆସିବା ଉଚିତ । ମନଖୋଲି ହସିବା ଲାଭପ୍ରଦ ହୋଇଥାଏ । ସୁତରାଂ ଯଦି ହସିବେ ତେବେ ଏମିତି ହସନ୍ତୁ ଯେମିତି ଶରୀରର ସମସ୍ତ ଶିରା-ପ୍ରଶିରା ଗତିଶୀଳ ହୋଇଯିବ ।

ଆପଣ ମଧ୍ୟ ମନ ଖୋଲି ହସନ୍ତୁ ।

ନିୟମ କରନ୍ତୁ ଯେ, ହସର କୌଣସି କଥା ଥାଉ ବା ନଥାଉ, ଆପଣ ପ୍ରତିଦିନ ନିଶ୍ଚିତ ଥରେ ଅଥବା ଦୁଇଥର ହସିବେ । ଯେତେବେଳେ କୌଣସି ହସକଥା ନଥିବ, କେହି ହସିବାବାଲା ସାଙ୍ଗରେ ନଥିବେ ତେବେ ଏକୁଟିଆ ହସନ୍ତୁ, ନିଜ କୋଠରିରେ ଏକୁଟିଆ ଥିବାବେଳେ ମଧ୍ୟ ହସନ୍ତୁ ।

ବିପଦ ତ' ଆସିଥାଏ । ସୁଖ-ଦୁଃଖର ଚକ୍ର ଚାଲିଥାଏ । ଦିନ ପରେ ରାତି ଓ ପୁଣି ଦିନ ହୋଇଥାଏ । ଏହିଭଳି ଦୁଃଖର ରାତି ମଧ୍ୟ ନିଶ୍ଚୟ ପାହିବ ।

ଆପଣ ଯଦି ଦୁଃଖ ଅଥବା ବିପଦରେ କାନ୍ଦିବେ ତେବେ ମଧ୍ୟ ସେ ସେମିତି ରହିବ, ଯେତେବେଳେ ଯିବାକୁ ହେବ ସେ ଆପେ ଚାଲିଯିବ । ଯଦି ଆମେ ହସିବା ତେବେ ସେ ଶୀଘ୍ର ଚାଲିଯିବ । ହସିବା ଦ୍ୱାରା ପୀଡ଼ା କମ୍ ହୋଇଥାଏ, ସାନ୍ତ୍ୱନା ମିଳିଥାଏ । ଏହାସତ୍ତ୍ୱେ କାହିଁକି ସେହି ବିପତ୍ତି ଓ କଷ୍ଟକୁ ଆପଣ ହସି-ହସି ପାର୍ କରୁନାହାନ୍ତି ?

ଜୀବନରେ ଦୁଃଖ ଅଥବା ବିପଦ ସମସ୍ତଙ୍କୁ ସହିବାକୁ ପଡ଼ିଥାଏ । ସଂସାରରେ ଏମିତି କେହି ଜନ୍ମ ହୋଇନାହିଁ ଯାହାକୁ କେବେ କୌଣସି କଷ୍ଟ ହୋଇନଥିବ ।

ଆପଣ କାହିଁକି ଭୟ କରୁଛନ୍ତି ? ହସୁନାହାନ୍ତି କାହିଁକି ? କାହିଁକି ନିଜ ଉତ୍ସାହକୁ କମ୍ କରୁଛନ୍ତି ? ବିଜୟ ସର୍ବଦା ହସୁଥିବା ଲୋକଙ୍କର ହିଁ ହୋଇଥାଏ । କାନ୍ଦୁଥିବା ଲୋକ ତ' ସାହସ ଓ ଉତ୍ସାହ ହରାଇ, ବ୍ୟାକୁଳ ହୋଇ ନିଜର ସବୁକିଛି ନଷ୍ଟ କରିଦିଏ ।

୨. ଭବିଷ୍ୟତର ଅନାବଶ୍ୟକ ଚିନ୍ତା

ଏହା କେତେ ଅନାବଶ୍ୟକ କଥା, ଯେଉଁ ଦୁଃଖ ଅଥବା କଷ୍ଟ ଆସିନାହିଁ, ଯାହା କାଲି ହେବାର ଅଛି, ସେଇଥି ପାଇଁ ନିଜ ଆଜିର ଜୀବନ ନଷ୍ଟ କରିଦେଲେ । ସେହି ଆଗାମୀ ସଙ୍କଟ ପାଇଁ ଆଜି ଅପେକ୍ଷା କରି ଦୁଃଖ ଭୋଗୁଛନ୍ତି ?

ଚିନ୍ତା ମଧ୍ୟରେ ସବୁଠୁ ବଡ଼ ଚିନ୍ତା ଭବିଷ୍ୟତର ଚିନ୍ତା ଅଟେ । କାଲିର ଏହି ଚିନ୍ତା ଆମର ଆଜିକୁ ମଧ୍ୟ ନଷ୍ଟ କରିଦିଏ । ଏହା ଆମର ହସ ଛଡ଼ାଇନିଏ ।

ନିଜ ପାଇଁ ଅଥବା ନିଜ ପରିବାର ପାଇଁ ଅର୍ଥ ଉପାର୍ଜନ କରିବାକୁ ପଡ଼ିଥାଏ, ଖାଦ୍ୟ ଯୋଗାଡ଼ କରିବାକୁ ପଡ଼ିଥାଏ । ପ୍ରତିଦିନ କାମ-ଧନ୍ଦା କରିବାକୁ ପଡ଼େ । ଏହାରି ଭିତରେ କାଲି ଆସିବାକୁ ଥିବା କୌଣସି ସମସ୍ୟା ଯେତେବେଳେ ଆସେ ତେବେ ତାହାର ଚିନ୍ତାରେ ନିଦ ହଜିଯାଏ । ଶୋଇବାକୁ ଚେଷ୍ଟା କଲେ ମଧ୍ୟ ନିଦ ଆସେନାହିଁ । ଏହି ଚିନ୍ତାରେ ଶକ୍ତି ନଷ୍ଟ ହୋଇଯାଏ । ଯେଉଁ ଶକ୍ତିକୁ କାଲି ସମସ୍ୟାର ସମାଧାନ କରିବାରେ, ସଂଘର୍ଷ କରିବାରେ, କାମରେ ଲଗାଇବାର ଥିଲା, ତାହା ଚିନ୍ତାରେ ଖର୍ଚ୍ଚ ହୋଇଗଲା । ବର୍ତ୍ତମାନ ସମସ୍ୟାର ସମାଧାନରେ ଖର୍ଚ୍ଚ କରିବା ପାଇଁ ଶକ୍ତି କେଉଁଠୁ ଆସିବ ? ହସି-ହସି ସମାଧାନ ଖୋଜନ୍ତୁ ।

ଯେଉଁ ଲୋକମାନେ ଚିନ୍ତାରେ ବୁଡ଼ିରୁହନ୍ତି ଓ ଭବିଷ୍ୟତର କୌଣସି ଘଟଣା, ସମସ୍ୟା ଅଥବା

କ୍ଷତି ବିଷୟରେ ଚିନ୍ତା କରି ଆଲୋଡ଼ିତ ହୁଅନ୍ତି, ସେମାନେ ରଚନାତ୍ମକ କାର୍ଯ୍ୟ କରିପାରିବେ ନାହିଁ, ବରଂ ନିଜ ନିର୍ମାଣ-ଶକ୍ତିକୁ, ନିଜ କାର୍ଯ୍ୟ ଦକ୍ଷତାକୁ ହ୍ରାସ କରନ୍ତି ଅଥବା ହରାଇଦିଅନ୍ତି ।

ଅଧିକାଂଶ ଲୋକ ଚିନ୍ତାରେ ଅକର୍ମଣ୍ୟ ହୋଇଯାଆନ୍ତି । ଅକର୍ମଣ୍ୟତା କାରଣରୁ ସେମାନେ ନିରାଶ ହୋଇ ବସିଯାଆନ୍ତି । ସେମାନଙ୍କ ଉତ୍ସାହ ସମାପ୍ତ ହୋଇଯାଏ । ମନରେ ହୀନ ଭାବନା ଅଧିକାର ଜମାଏ । ବଞ୍ଚିବାର ଆଶା ଲିଭିଯାଏ ଓ ଏମିତି ପୁରୁଷ-ମହିଳାଙ୍କ ମଧ୍ୟରୁ ଅନେକ ଆତ୍ମହତ୍ୟା ମଧ୍ଯ କରନ୍ତି ।

ଚିନ୍ତା ଚିତା ଭଳି :

ଏହା କେତେ ଅନାବଶ୍ୟକ କଥା । ଯେଉଁ ଦୁଃଖ ଅଥବା କଷ୍ଟ ଆସିନାହିଁ, ଯାହା କାଲି ହେବାର ଅଛି, ସେଇଥି ପାଇଁ ନିଜ ଆଜିର ଜୀବନ ନଷ୍ଟ କରିଦେଲେ । ସେହି ଆଗାମୀ ସଙ୍କଟ ପାଇଁ ଆଜି ଅପେକ୍ଷା କରି ଦୁଃଖ ଭୋଗୁଛନ୍ତି । କେଡ଼େ ଅଜବ କଥା । ଅନାବଶ୍ୟକ ଅଘଟଣ କଳ୍ପନାରେ ନିଜ ଜୀବନକୁ ନିରର୍ଥକ କରୁଛନ୍ତି । ଏଭଳି ଲୋକେ ଆଗାମୀ ବିପତ୍ତି ପାଇଁ ଚିନ୍ତିତ ହୁଅନ୍ତି, ଉଦ୍‌ବିଗ୍ନ ହୁଅନ୍ତି ଓ ଦୁଃଖ ଭୋଗନ୍ତି । ଯେତେବେଳେ ସେହି ଦିନ ଆସିଯାଏ ଓ ବିପଦ ଆସେନାହିଁ ତେବେ ସେମାନେ ପୁଣି ଆଗାମୀ ଦୁଃଖ ବିଷୟରେ ଚିନ୍ତା କରନ୍ତି ଓ ଆଗାମୀ ବିପଦ ଚିନ୍ତାରେ ବୁଡ଼ିଯାଆନ୍ତି । ଏହିଭଳି ସେମାନେ ସର୍ବଦା ଚିନ୍ତାଗ୍ରସ୍ତ ରୁହନ୍ତି ।

ଆପଣଙ୍କୁ କୌଣସି ଅର୍ଥ ପଇଠ କରିବାର ଅଛି, ସେଥିପାଇଁ ଏକ ସପ୍ତାହ ଅଛି ତେବେ ଆଜିଠାରୁ କାହିଁକି ଚିନ୍ତାରେ ପଡୁଛନ୍ତି ? ଆପଣଙ୍କୁ ସେ ବିଷୟରେ ଏହି ଚିନ୍ତନ କରିବାର ଅଛି ଯେ କେମିତି ଏତେ ଅର୍ଥ ଯୋଗାଡ଼ କରିବି, କେଉଁଠୁ ଆସିବ, କାହାଠାରୁ ଆଣିବି । ହିସାବ ତ' କରିବାକୁ ହେବ ଓ ବିବେକର ସହ କାମ କରିବାକୁ ପଡ଼ିବ । ବୁଦ୍ଧି ଖଟାଇବାକୁ ହେବ । ଚେଷ୍ଟା ମଧ୍ଯ ଜାରି ରଖିବାକୁ ପଡ଼ିବ । କିନ୍ତୁ ଚିନ୍ତା କରିବା ଉଚିତ ନୁହେଁ । ଅନାବଶ୍ୟକ ଚିନ୍ତା କରିବା ଉଚିତ୍ ନୁହେଁ । ଅନାବଶ୍ୟକ ଚିନ୍ତାରେ ପଡ଼ିଗଲେ ଆପଣ ସେହି କାର୍ଯ୍ୟକୁ କରିପାରିବେ ନାହିଁ ।

ଶରୀରର ଗୋଟିଏ ଅଂଶରେ ଯଦି ରୋଗ ଅଛି ତେବେ ଚିନ୍ତା କରି ଅନ୍ୟ ଅଂଶକୁ କାହିଁକି ଅସୁସ୍ଥ କରୁଛନ୍ତି ? ଯଦି ଗୋଟିଏ ଆଖିରେ ପୀଡ଼ା ହେଉଛି ତେବେ ଚିନ୍ତାରେ ଅନିଦ୍ରା ରହି ଅଥବା କାନ୍ଦି ଆଉ ଗୋଟିଏ ଆଖିକୁ କାହିଁକି ନଷ୍ଟ କରୁଛନ୍ତି ? ତାକୁ ଠିକ୍ ରହିବାକୁ ଦିଅନ୍ତୁ ।

ଅଧିକାଂଶ ଲୋକ ଏମିତି ଥାନ୍ତି ଯେଉଁମାନେ ଉନ୍ନତିର ଏଭଳି ସୁଯୋଗକୁ ହାତଛଡ଼ା କରନ୍ତି ଯାହା ତାଙ୍କୁ ଘରୁ ବାହାରକୁ ଯାଇଥିଲେ ମିଳିଥାନ୍ତା । ସେମାନେ ଏହି ଚିନ୍ତାରେ ଘରୁ ବାହାରନ୍ତି ନାହିଁ ଯେ ଘର ଛାଡ଼ିଲେ ସେମାନେ ବାହାରେ କଷ୍ଟ ପାଇବେ ଅଥବା ତାଙ୍କ ଯିବା ପରେ ତାଙ୍କ ପରିବାର ଦୁଃଖ ପାଇବ । ଏହି ଚିନ୍ତାରେ ସେମାନେ ଘର ଛାଡ଼ନ୍ତି ନାହିଁ ଓ ସେଇଠି ରହି ନିଜର ଉନ୍ନତିର ରାସ୍ତା ରୋକିଦିଅନ୍ତି, ଏହାପରେ କଷ୍ଟ ପାଆନ୍ତି । ସେମାନେ ନିଜର ଉନ୍ନତିର ରାସ୍ତା ତ' ରୋକିଦେବେ- ସୁଯୋଗକୁ ହରାଇଦେବେ, କିନ୍ତୁ ଚିନ୍ତାକୁ ମନରୁ ବାହାର କରନ୍ତି ନାହିଁ । ଏଭଳି ଲୋକେ ନିର୍ଭୟ ଓ ନିଶ୍ଚିନ୍ତ ହୋଇ ସୁଯୋଗକୁ ଧରିବା ଉଚିତ । ଉନ୍ନତି ଆଡ଼କୁ ହସି-ହସି ବଢ଼ନ୍ତୁ । କେଉଁଥି ପାଇଁ ଚିନ୍ତା କରୁଛନ୍ତି ? ସବୁ ଠିକ୍ ହେବାକୁ ଯାଉଛି । ଯଦି ଆପଣ ଉନ୍ନତି କରିବେ ତେବେ ଜୀବନ ହସ-ଖୁସିରେ ଭରିଯିବ ।

ଆମେରିକା ଭଳି ଦେଶରେ ମଣିଷ ପାଇଁ ସମସ୍ତ ସୁବିଧା ଉପଲବ୍ଧ ଅଛି । ସମସ୍ତ ଆନନ୍ଦ ଅଛି, ଖାଦ୍ୟ-ବସ୍ତ୍ର ଓ ବାସଗୃହର ଅଭାବ ନାହିଁ । ସେଠାରେ ସମସ୍ତଙ୍କର ବ୍ୟସ୍ତବହୁଳ ଜୀବନ, ଅର୍ଥ ପଛରେ ଦୌଡ଼ ଲାଗିଛି । ମାନସିକ ଶାନ୍ତି ନାହିଁ । ଲୋକଙ୍କ ମନ ଅଶାନ୍ତ ଅଛି । ଲୋକଙ୍କ ମୁହଁରେ ପ୍ରସନ୍ନତା ବଦଳରେ ଗମ୍ଭୀରତା ଅଛି । ଏହାର ବିପରୀତ ଏମିତି ବି ଦେଶ ଅଛି ଯେଉଁଠି ଦାରିଦ୍ର୍ୟତା ଥାଇ ମଧ୍ୟ ଲୋକେ ହସନ୍ତି ।

ଆଜି ସାରା ଦୁନିଆର ଲୋକେ ଖାଲି ଦୌଡୁଛନ୍ତି । ସମସ୍ତଙ୍କ ମୁହଁ ବିଷାଦଗ୍ରସ୍ତ ଅଛି । ଆମ କାମରେ ପ୍ରତିବର୍ଷ ତୀବ୍ରତା ଓ ଶୀଘ୍ରତା ବଢ଼ିଚାଲିଛି । ଲୋକେ ଚିନ୍ତା ଓ ବ୍ୟଗ୍ରତା ଯୋଗୁ ଶୀଘ୍ର ବୁଢ଼ାଙ୍କ ପରି ଦେଖାଯାଉଛନ୍ତି । କେଶ ପାଚିଯାଉଛି ଓ ମୁହଁରେ କୁଞ୍ଚନ ଆସିଯାଉଛି ।

ଚିନ୍ତା ମଣିଷକୁ ହସିବାକୁ ଦିଏନାହିଁ, ପ୍ରସନ୍ନତାକୁ ଛଡ଼ାଇନିଏ । ଚିଡ଼ଚିଡ଼ା ସ୍ୱଭାବ ହୋଇଯାଏ । ଅସନ୍ତୁଷ୍ଟ ହେବାର ସ୍ୱଭାବ ଆସିଯାଏ ଯାହା ଗୋଟିଏ ଖରାପ ସ୍ୱଭାବ ଅଟେ ।

ଆପଣ ଏମିତିରେ ଯେତେ କାମ କରନ୍ତୁ, କାମ ଦ୍ୱାରା ଏତେ ଶିଥିଳତା ଆସେନାହିଁ ଯେତିକି ଚିନ୍ତା ଦ୍ୱାରା ଆସିଥାଏ । କାମରୁ ଆସୁଥିବା ଶିଥିଳତା ଦ୍ୱାରା ଆପଣଙ୍କ ସ୍ୱାସ୍ଥ୍ୟ କ୍ଷୟ ହୁଏନାହିଁ, ବଳିଷ୍ଠ ହୁଏ । ଏହି ଚିନ୍ତା ହିଁ ସ୍ୱାସ୍ଥ୍ୟର ସର୍ବନାଶ କରିଥାଏ । ସାମାନ୍ୟ ଚିନ୍ତା ହିଁ ଶରୀରକୁ କ୍ଷୀଣ କରିଦିଏ, ଶରୀରର କାର୍ଯ୍ୟଦକ୍ଷତା ଏତେ କମିଯାଏ ଯେ କୌଣସି କାର୍ଯ୍ୟ କରିବାକୁ ଇଚ୍ଛା ହୁଏନାହିଁ କି କାର୍ଯ୍ୟ ସମ୍ପୂର୍ଣ୍ଣ ହୁଏନାହିଁ । ବିଚାରକ ଡାକ୍ତର ଜେକୋବୀ କହିଛନ୍ତି- "ଚିନ୍ତା ମଣିଷ ଶରୀର ଉପରେ ବନ୍ଧୁକ ଗୁଳିର ଆଘାତ ଭଳି ପ୍ରଭାବ ପକାଇଥାଏ ।"

ଆଜିକାଲି ହଜାର-ହଜାର ଲୋକ ଚିନ୍ତାରେ ମରୁଛନ୍ତି । ଯେଉଁଭଳି ପାଣିର ବୁନ୍ଦା ପଡୁଥିବା ସ୍ଥାନରେ ଗୋଟିଏ ଗର୍ତ୍ତ ହୋଇଯାଏ, ସେହିଭଳି ଗୋଟିଏ ଚିନ୍ତାରେ ଭାଳିହେଲେ ମସ୍ତିଷ୍କର ସେଲ୍ ନଷ୍ଟ ହୋଇଯାଏ । ଜଣେ ସୁସ୍ଥ ବ୍ୟକ୍ତିର ମସ୍ତିଷ୍କ ବେଳେ-ବେଳେ କୌଣସି ଚିନ୍ତାକୁ ସହିଯାଏ କିନ୍ତୁ କୌଣସି ଗୋଟିଏ ବିଚାର ଉପରେ ଜୋର୍ ଦେବା ଅଥବା ଗଭୀର ଚିନ୍ତା ଦ୍ୱାରା ମସ୍ତିଷ୍କରେ ହେଉଥିବା କ୍ଷତର ମୁକାବିଲା କରିପାରେ ନାହିଁ । ମସ୍ତିଷ୍କର ତନ୍ତୁ ନଷ୍ଟ-ଭ୍ରଷ୍ଟ ହୋଇଯାଏ ଓ ମସ୍ତିଷ୍କର କାର୍ଯ୍ୟଦକ୍ଷତା ନଷ୍ଟ କିମ୍ବା କମ୍ ହୋଇଯାଏ । ଚିନ୍ତା ମସ୍ତିଷ୍କର ସୂକ୍ଷ୍ମ ତନ୍ତୁଗୁଡ଼ିକୁ ଦମନ କରିଥାଏ ।

ଚିନ୍ତା ମନର ସବୁଠାରୁ ହାନିକାରକ ଅବସ୍ଥା । ଚିନ୍ତା ମଣିଷର ଉନ୍ନତି, ଆନନ୍ଦ ଓ ଖୁସିର ଶତ୍ରୁ ଅଟେ । ଚିନ୍ତା ରୋଗରୁ ମୁକ୍ତି ପାଇବା ପାଇଁ ନିଜ ଇଚ୍ଛା ଶକ୍ତିକୁ ବଢ଼ାନ୍ତୁ ଓ ଏମିତି ସ୍ୱଭାବ କରନ୍ତୁ ଯେମିତି ଚିନ୍ତାକୁ ଧକ୍କା ଦେଇ ଦୂର କରିପାରିବେ ।

ଯେତେବେଳେ କୌଣସି ଚିନ୍ତାର ବିଷୟ ଥିବ ତେବେ ଅଧିକ ବିଶ୍ରାମ କରନ୍ତୁ । ଯେଉଁ ସମସ୍ୟା ଆଲୋଡ଼ିତ କରୁଥିବ, ତାହାର ଚିନ୍ତା ନକରି ସମାଧାନର ବାଟ ଖୋଜନ୍ତୁ । କୌଣସି କଥାକୁ ଏତେ ଚିନ୍ତା କରନ୍ତୁ ନାହିଁ ଯେ ମସ୍ତିଷ୍କରେ ଚିନ୍ତାର ଜୁଆର ଆସିଯିବ ।

ଚିନ୍ତା ପ୍ରତ୍ୟେକ ପ୍ରକାରର ସୁନ୍ଦରତାର ଶତ୍ରୁ ଅଟେ । ଦେହ ଓ ମନର ସୌନ୍ଦର୍ଯ୍ୟ ସହିତ ସାରା ଦୁନିଆର ସୌନ୍ଦର୍ଯ୍ୟକୁ ଦେଖୁଥିବା ଦୃଷ୍ଟିକୁ ହିଁ ଅସୁନ୍ଦର କରିଦିଏ । ସୌନ୍ଦର୍ଯ୍ୟବୋଧ ହିଁ ନଷ୍ଟ ହୋଇଯାଏ ।

ସମୟ ପୂର୍ବରୁ କୌଣସି କଥାର ଚିନ୍ତା କରିବା ପାଗଳାମୀ ଅଥବା ବୁଦ୍ଧିହୀନତା ଅଟେ । କୌଣସି ଆଗାମୀ ଆଶଙ୍କାର ଭୟରେ ବେକାର ହୋଇ ବସନ୍ତୁ ନାହିଁ, ଉଦ୍‌ଯୋଗ କରିବା ଉଚିତ ।

ପରିସ୍ଥିତିର ସାମ୍ନା :

ଜଣେ ପ୍ରସିଦ୍ଧ ବ୍ୟବସାୟୀ ପଚିଶ ବର୍ଷ ପର୍ଯ୍ୟନ୍ତ ଅଭିଯୋଗର ଚିନ୍ତାରେ ଭାଳିହେଲେ ଯେତେବେଳେକି ସେହି ଅଭିଯୋଗ କେବେ ଆସିନାହିଁ । ଅଧିକାଂଶ ଲୋକଙ୍କ ସହିତ ଏମିତି ହୋଇଥାଏ । ଆଗାମୀ ଚିନ୍ତା ପ୍ରତି ଲୋକେ ଏତେ ସମ୍ବେଦନଶୀଳ ହୋଇଯାଆନ୍ତି- ଆଗାମୀ ବିପଦ ପ୍ରତି ଏତେ ଆଶଙ୍କିତ ଓ ଭୟଭୀତ ହୁଅନ୍ତି ଯେ ସ୍ୱାସ୍ଥ୍ୟକୁ ମଧ୍ୟ ଖରାପ କରିଦିଅନ୍ତି । ଏଭଳି ଲୋକେ କ'ଣ ହସିପାରିବେ ? ଯେଉଁମାନଙ୍କୁ ହସି-ହସି ବଞ୍ଚିବାର ଅଛି, ସେମାନେ ଆଗାମୀ ବିପତ୍ତି ବିଷୟରେ ଚିନ୍ତା ନକରି ବର୍ତ୍ତମାନ ପରିସ୍ଥିତିକୁ ହସି-ହସି ସାମ୍‌ନା କରନ୍ତି । ସମୟ ଆସିଲେ ଦେଖାଯିବ ।

ସେହି ସମୟ ଏବେ ଆସିନାହିଁ । ଆପଣ ଏହି କଥାର ଚିନ୍ତା କାହିଁକି କରୁଛନ୍ତି ଯେ ଆଗାମୀ ବର୍ଷ କ'ଣ ହେବ ? ଅଥବା ଆଗାମୀ ସପ୍ତାହ, ମାସରେ ଆପଣଙ୍କ ଉପରେ କ'ଣ ବିତିବ । ଏହି ଚିନ୍ତାରେ ଆପଣଙ୍କ କେଶ କାହିଁକି ଧଳା କରୁଛନ୍ତି ? କେବଳ ଏହି ଆଗାମୀ ସମୟ ବିଷୟରେ ଚିନ୍ତାକରି କାହିଁକି ଦୁର୍ବଳ ହେଉଛନ୍ତି ? ଅଧିକ ଦୂରଦର୍ଶିତାର ଆବଶ୍ୟକତା ନାହିଁ । ଏହା ପୁଣି ଦୂରଦର୍ଶିତା କେମିତି ହେଲା ? ବିପତ୍ତି ଆସିବ ବୋଲି କିଛି ମାନେ ନାହିଁ, ଆସିନପାରେ ମଧ୍ୟ । ତେବେ କାହିଁକି ଭାବୁଛନ୍ତି ଯେ ସେଇୟା ହେବ ଯାହା ଆପଣ ଭାବିଛନ୍ତି ? ଓଲଟା କାହିଁକି ଚିନ୍ତା କରୁଛନ୍ତି ? ଛବିର ଅନ୍ୟ ଦିଗ ମଧ୍ୟ ଥାଏ, ଯାହା ସର୍ବଦା ଖରାପ ହୋଇନଥାଏ, ଭଲ ମଧ୍ୟ ହୋଇଥାଏ । ଘଟଣା ଆନନ୍ଦଦାୟକ ମଧ୍ୟ ହୋଇପାରେ । ତେବେ ନିଜର ହସ, ନିଜର ପ୍ରସନ୍ନତା କାହିଁକି ହରାଉଛନ୍ତି ?

ପ୍ରାୟତଃ ଭବିଷ୍ୟତକୁ ଚିନ୍ତାକରି ମଣିଷ ନିଜ ମସ୍ତିଷ୍କର ସ୍ନାୟୁଗୁଡ଼ିକୁ ଅଧିକ କଷ୍ଟ ଦେଇଥାଏ । ଯେଉଁ ଲୋକେ ବହୁତ ଦୂରକୁ ଚିନ୍ତା କରନ୍ତି ସେମାନଙ୍କ ମସ୍ତିଷ୍କ କ୍ଳାନ୍ତ ହୋଇଯାଏ । ସେମାନେ ପାହାଡ଼ର ଶିଖର ପର୍ଯ୍ୟନ୍ତ ଯିବା ତ' ଦୂରର କଥା, ପାହାଡ଼ ନିକଟକୁ ଆସି ଚଢ଼ିବା ଆରମ୍ଭ କରିବା ପୂର୍ବରୁ ଥକିଯାଆନ୍ତି । ଯେହେତୁ ସେହି ଲୋକମାନେ ପାହାଡ଼ ପାଖକୁ ପହଞ୍ଚିବା ପୂର୍ବରୁ ହିଁ ଚଢ଼ିବା ଆରମ୍ଭ କରିଦିଅନ୍ତି । ସେମାନଙ୍କ "ଆଜି"ର ଉନ୍ନତିରେ ସେମାନେ ନିଜେ ବାଧା ଦିଅନ୍ତି । ସେମାନଙ୍କ ଜୀବନ ବନ୍ଧନରେ ବାନ୍ଧି ହୋଇଯାଏ । ଭବିଷ୍ୟତ ତ' ଦୂରରେ ଅଛି ଓ ଅତୀତ ବିତିଯାଇଛି । ଏ ଦୁଇଟି ବିଷୟରେ ଚିନ୍ତା କରିବା ବୁଦ୍ଧିହୀନତା ଅଟେ । ବର୍ତ୍ତମାନ ଆନନ୍ଦର ଉପଭୋଗ କରନ୍ତୁ ଓ ଆନନ୍ଦ ଉଠାନ୍ତୁ ।

ଯଦି ଭବିଷ୍ୟତ କଥା ଚିନ୍ତା କରୁଛନ୍ତି ତେବେ ଆଗାମୀ ଆନନ୍ଦ ଓ ହର୍ଷ ବିଷୟରେ ଚିନ୍ତାକରି ଆନନ୍ଦିତ କାହିଁକି ହେଉନାହାନ୍ତି ? ଖୁସି ଓ ଆନନ୍ଦ ତ' ଆସିବାର ଅଛି । ଭବିଷ୍ୟତ ବିଷୟରେ ଆପଣ ମଙ୍ଗଳମୟ କଳ୍ପନା ହିଁ କରନ୍ତୁ ଓ ବର୍ତ୍ତମାନରେ ପରିଶ୍ରମର ସହ କାର୍ଯ୍ୟ କରି, ହସନ୍ତୁ-ହସାନ୍ତୁ ଓ ପ୍ରତି ମୁହୂର୍ତ୍ତ ପ୍ରସନ୍ନ ରୁହନ୍ତୁ ।

ସୁସ୍ଥ ଚିନ୍ତାଧାରା :

ବିଚାରକ ଥେକରେ କୁହନ୍ତି ଯେ, ସଂସାର ସେମିତି ରହିଛି ଯେମିତି ଆପଣ ତାକୁ ବୁଝୁଛନ୍ତି । ଆପଣ ଯେମିତି ତାକୁ ଆଇନାରେ ଦେଖିବେ, ସେମିତି ହିଁ ଦେଖାଯାଏ । ନିଜର ପ୍ରତିବିମ୍ବ ହିଁ ଦେଖାଯିବ । ଯଦି ଆପଣ ଅଶୁଭକର ମୁହଁ କରିବେ ତେବେ ସଂସାର ଆପଣଙ୍କୁ ଅଶୁଭକର ଓ ଆନନ୍ଦହୀନ ଦେଖାଯିବ । ସେଥିପାଇଁ ହସନ୍ତୁ । ସଂସାରରେ ଆପଣଙ୍କୁ ସର୍ବତ୍ର ହାସ୍ୟ ଓ ଆନନ୍ଦ ହିଁ ଦେଖାଯିବ ।

ହୋନୋଲୁଲୁର ହାୱାଇ ଦ୍ୱୀପରେ ମହିଳାଙ୍କ ପାଇଁ ନା କୌଣସି କ୍ଲବ୍ ଅଛି ଓ ନା କୌଣସି ସାଂସ୍କୃତିକ ସଂଗଠନ, ଏହାପରେ ମଧ୍ୟ ସେଠାରେ ମହିଳାଙ୍କ ମୁହଁରେ ହସ ରହିଥାଏ । ସେମାନେ ଗୀତ ଗାଆନ୍ତି, ଯାହା ମିଳେ ତାକୁ ଖାଇ ପ୍ରସନ୍ନ ରୁହନ୍ତି ଓ ଛୁଆଙ୍କ ସାଙ୍ଗରେ ଛୁଆ ହୋଇ ଖେଳନ୍ତି । ଭବିଷ୍ୟତର ଚିନ୍ତାରେ ସେମାନେ ଧ୍ୱଂସ ହୁଅନ୍ତି ନାହିଁ, ସେମାନେ ସର୍ବଦା ବର୍ତ୍ତମାନରେ ବଞ୍ଚନ୍ତି । ପ୍ରସନ୍ନ ଓ ଆନନ୍ଦିତ ରୁହନ୍ତି, ସେହି ମହିଳାଙ୍କ ମୁହଁ ପ୍ରସନ୍ନ ଦେଖାଯାଏ ।

ଆପଣ ଯେତେବେଳେ ଚିନ୍ତା କରୁଥିବା ମହିଳାଙ୍କ ବିଷୟରେ କଥା ହେଉଛନ୍ତି ତେବେ ହାୱାଇ ଦ୍ୱୀପର ପ୍ରସନ୍ନଚିତ୍ତ ମହିଳାଙ୍କ ଚିନ୍ତା କରିବାର ସ୍ୱଭାବକୁ କିଛି ବଦଳାଇ ପାରିବେ ।

ଯେଉଁ ଲୋକେ ଚିନ୍ତା କରିବାର ଅଭ୍ୟସ୍ତ ହୋଇଯାଆନ୍ତି ସେମାନେ ଅନ୍ୟ ଲୋକଙ୍କ ଅପେକ୍ଷା ଅଧିକ କଷ୍ଟ ପାଆନ୍ତି । ନିଜର ପଡ଼ୋଶୀ ଲୋକଙ୍କ ଭଳି ଆରାମରେ ରୁହନ୍ତି ନାହିଁ । ସେମାନଙ୍କୁ କେବେହେଲେ ପାଣିପାଗ ଭଲ ଲାଗେନାହିଁ । ଯଦି ପବନ ଜୋର୍‌ରେ ପ୍ରବାହିତ ହୁଏ ତେବେ ତାହାର ମଧ୍ୟ ଅଭିଯୋଗ କରନ୍ତି ଓ କମ୍ ହେଲେ ମଧ୍ୟ ସେମାନଙ୍କୁ ଖରାପ ଲାଗେ । ସେମାନେ ସବୁବେଳେ ନାସ୍ତିବୋଧକ ଦିଗକୁ ଦେଖନ୍ତି ।

ବର୍ଷାକୁ ମଧ୍ୟ ସେମାନେ ଭବିଷ୍ୟତ ପାଇଁ ମାପନ୍ତି, କେବେହେଲେ ବର୍ତ୍ତମାନରେ ବଞ୍ଚନ୍ତି ନାହିଁ । ଯଦି ବର୍ଷା ହୁଏ ତେବେ କୁହନ୍ତି- ଆଗାମୀ ଫସଲ ପାଇଁ ଏହି ବର୍ଷା କ୍ଷତିକାରକ, ଏମିତିରେ ବର୍ତ୍ତମାନ ଫସଲ ଭଲ ହୋଇଥାଉନା କାହିଁକି ।

ଅସନ୍ତୁଷ୍ଟ ଓ ନିରାଶାବାଦୀ ବ୍ୟକ୍ତି ବହୁତ ଭଲ କଥାରେ ମଧ୍ୟ କୌଣସି ନା କୌଣସି ଦୋଷ ବାହାର କରେ ଓ ସେ ସର୍ବଦା ଛବିର ଓଲଟା ଦିଗକୁ ଦେଖିଥାଏ ।

ଅସନ୍ତୁଷ୍ଟ କେବେ କୌଣସି କଥାରେ ପ୍ରସନ୍ନ ହୁଏନାହିଁ । ବ୍ୟବସାୟରେ ଯେତେ ଉନ୍ନତି କରିଥାଉ, ଯେତେ ଲାଭ ହୋଇଥାଉ, ସେ କହିବ କ୍ଷତି ହୋଇଗଲା ।

ଯେଉଁଭଳି ବେସୁରା ରାଗ ସଂଗୀତକୁ ଜଟିଳ ଓ ରସହୀନ କରେ, ସେହିପରି ଅସନ୍ତୁଷ୍ଟ ମଣିଷ ଜୀବନକୁ ବେସୁରା ଓ ରସହୀନ କରନ୍ତି । ଏଭଳି ଲୋକେ ଖରାପ ଭବିଷ୍ୟବାଣୀ ଦ୍ୱାରା ସମାଜରେ ବିଷ ମିଶାନ୍ତି ଓ ଅନ୍ୟ ଲୋକଙ୍କ ଜୀବନ ମଧ୍ୟ ବେସୁରା କରିଦିଅନ୍ତି ।

ସମାଜରେ ଏଭଳି ଲୋକଙ୍କ ଅଭାବ ନାହିଁ ଯେଉଁମାନେ ଖୁସୀ ଓ ଆନନ୍ଦର ପ୍ରଦର୍ଶନକୁ ଅଥବା ହସିବାକୁ ଭଲ ଭାବନ୍ତି ନାହିଁ । ଏଭଳି ଲୋକେ ଆଲୋକର ବିରୋଧୀ ହୋଇଥାନ୍ତି । ସେମାନେ ଫୁଲ ବଦଳରେ କଣ୍ଟାର କଥା କୁହନ୍ତି । ସେମାନେ ଜୀବନକୁ ଅନ୍ଧାର ଆଡ଼କୁ ଟାଣିନିଅନ୍ତି । କିନ୍ତୁ ହାସ୍ୟ ରସରେ ଭିଜୁଥିବା ବ୍ୟକ୍ତି ପ୍ରତ୍ୟେକ ପରିସ୍ଥିତିରେ ପ୍ରସନ୍ନ ରହିଥାଏ ।

ଏଭଳି ବ୍ୟକ୍ତି ଖାଲଢ଼ିପ ଅଥବା ଖରାପ ରାସ୍ତାରେ ଗାଡ଼ିରେ ଯିବାବେଳେ ଧକ୍କା ଖାଇଲେ ମଧ୍ୟ ଆନନ୍ଦର ଅନୁଭୂତି କରିବ । ଗାଡ଼ିର ଧକଡ଼-ଚକଡ଼ ତାକୁ ଆନନ୍ଦ ଦେଇଥାଏ । ଯେତେବେଳେକି ଚିନ୍ତିତ ଅଥବା ଅସନ୍ତୁଷ୍ଟ ବ୍ୟକ୍ତି ରାସ୍ତା ଓ ସେଠାକାର ଲୋକଙ୍କୁ ଅନେକ ଗାଳିଦିଏ ।

ଯେଉଁ ମଣିଷ ନିଜ ଦୁର୍ଭାଗ୍ୟକୁ ଗାଳିଦେବାରେ ଲାଗିରୁହେ, ବିପଦ ସବୁବେଳେ ତା' ସାମ୍ନାରେ ଆସି ଠିଆହୁଏ, ତା' ଭାଗ୍ୟରେ ସର୍ବଦା ଦୁଃଖର ବାଦଲ ଘୁରିବୁଲେ ।

ବିଚାରକ ଶୋପନହାରଙ୍କ କଥାନୁସାରେ ଏହି ସଂସାର ଗୋଟିଏ ମଣିଷ ପାଇଁ ରସହୀନ ଓ ମରୁଭୂମି ପରି ଲାଗୁଥିବା ବେଳେ ଅନ୍ୟ ଜଣକ ପାଇଁ ଐଶ୍ୱର୍ଯ୍ୟ, ମନୋରଞ୍ଜନ ଓ ଆନନ୍ଦରେ ଭରପୁର ହୋଇଥାଏ ।

କୌଣସି ମଣିଷ ଯଦି ସୌନ୍ଦର୍ଯ୍ୟ ପ୍ରେମୀ ଅଟେ ତେବେ ସେ ଯେଉଁ ସ୍ଥାନକୁ ଯାଏ ସେଠାରେ ତାକୁ ସୌନ୍ଦର୍ଯ୍ୟ ଭରି ରହିଥିବା ଦେଖାଯାଏ । ସେହିଭଳି ଯେଉଁ ମଣିଷ ଆନନ୍ଦିତ ରୁହେ, ବିପଦକୁ ଦେଖି ହସୁଥାଏ, ତା' ସମ୍ମୁଖରେ ବିପତ୍ତି ଆପେ ମିଳେଇଯାଏ ।

ଆନନ୍ଦିତ ବ୍ୟକ୍ତି :

ଶଙ୍କାଯୁକ୍ତ ଓ ଅସନ୍ତୁଷ୍ଟ ମଣିଷକୁ ନିଜ ଚାରିପାଖେ ଦୋଷ ହିଁ ଦୋଷ, ଦୁଃଖ ହିଁ ଦୁଃଖ, ମଇଳା ହିଁ ମଇଳା, ନିରାଶା ହିଁ ନିରାଶା ଓ ରସହୀନ ବାତାବରଣ ଦେଖାଯିବ ।

ପ୍ରସନ୍ନ, ଉତ୍ସାହୀ ଓ ସନ୍ତୁଷ୍ଟ ବ୍ୟକ୍ତିକୁ ଜଗତରେ ଚାରିଆଡ଼େ ଭଲ, ସ୍ୱଚ୍ଛତା, ଆଶା ଓ ରସ ହିଁ ରସ ଦେଖାଯାଏ । ସେ କେବେ ଆଶଙ୍କାରେ ଆଲୋଡ଼ିତ ହୁଏନାହିଁ ଓ ନା କେବେ ଚିନ୍ତାର କବଳିତ ହୁଏ, ତାକୁ ସବୁ ଲୋକ ଭଲ ଲାଗନ୍ତି ।

ପ୍ରସନ୍ନ ଓ ଆନନ୍ଦିତ ବ୍ୟକ୍ତିର ସଂଗତ ସମସ୍ତେ ପସନ୍ଦ କରନ୍ତି । ଚିଡ଼ଚିଡ଼ା ଲୋକଠାରୁ ସମସ୍ତେ ଦୂରକୁ ଚାଲିଯିବେ ।

ଅଧିକାଂଶ ଲୋକ ଧନକୁ ସବୁକିଛି ମାନନ୍ତି । ସେମାନେ ସବୁବେଳେ ଧନର ଚିନ୍ତା କରନ୍ତି । ଧନକୁ ଅଧିକ ମହତ୍ତ୍ୱ ଦେବା ଯୋଗୁ ଜୀବନର ଅନ୍ୟ ଅନିବାର୍ଯ୍ୟ ବିଷୟକୁ ଅବହେଳା କରନ୍ତି । ଏଭଳି ଲୋକମାନେ ନିଜ ବନ୍ଧୁ, ନିଜ ସ୍ୱାସ୍ଥ୍ୟ ଓ ଆନନ୍ଦକୁ ନିଜଠୁ ଦୂରେଇ ଦିଅନ୍ତି ।

ଅନ୍ୟର ଜିନିଷକୁ ଦେଖି ବ୍ୟାକୁଳ ଅଥବା ଈର୍ଷା କରିବା ଉଚିତ ନୁହେଁ ବରଂ ସେମାନଙ୍କ ପ୍ରଶଂସା କରନ୍ତୁ । ସେହି ଜିନିଷଗୁଡ଼ିକୁ ପାଇବାର ଇଚ୍ଛାର ଦାସ ହୁଅନ୍ତୁ ନାହିଁ । ହୋଇପାରେ ଆପଣଙ୍କ ପାଖରେ କିଛି ଜିନିଷ ସେହି ଲୋକଙ୍କ ଠାରୁ ମଧ୍ୟ ଭଲ ଥିବ । ଆପଣଙ୍କ ମଧ୍ୟରେ ଅନ୍ୟମାନଙ୍କ ଅପେକ୍ଷା ଭଲ ଗୁଣ ଥିବ । ଆପଣଙ୍କ ସଫଳତା ଅନ୍ୟ ଢଙ୍ଗରେ ହୋଇପାରେ ।

ଜଣେ ଲକ୍ଷପତି ବ୍ୟକ୍ତିକୁ ସେହି ଖୁସୀ ଓ ଆନନ୍ଦ କେଉଁଠୁ ମିଳିବ, ଯାହା ଜଣେ ନାମକରା ଯୁବକକୁ ମିଳିଥାଏ ! ପ୍ରଶଂସକଙ୍କ ଗହଣରେ ଥିବା ଜଣେ କବିକୁ ମିଳିଥାଏ ।

ସୁତରାଂ ନିଜ ସଫଳତାରେ ସନ୍ତୁଷ୍ଟ ହୁଅନ୍ତୁ ଓ ପ୍ରସନ୍ନତାପୂର୍ବକ ପୁନଃ ଆଗକୁ ଆଗେଇବାର ଚେଷ୍ଟାରେ ଲାଗିଯାଆନ୍ତୁ । ଈର୍ଷା, ଦ୍ୱେଷ, କାର୍ଯ୍ୟ ଦକ୍ଷତାକୁ ନଷ୍ଟ କରିଦିଅନ୍ତି । ଏଗୁଡ଼ିକ ଦ୍ୱାରା କବଳିତ ବ୍ୟକ୍ତି କେବେ ଉନ୍ନତି କରିପାରେ ନାହିଁ, ଯେହେତୁ ଭୌତିକ ବସ୍ତୁକୁ ପ୍ରାପ୍ତ କରିବା ପ୍ରକୃତ ଆନନ୍ଦ ନୁହେଁ !

ଅଧିକାଂଶ ଲୋକଙ୍କ ପାଖରେ ଭୌତିକ ଜିନିଷ କମ୍ ଅଛି କିନ୍ତୁ ସେମାନେ ଅଧିକ ଆନନ୍ଦିତ ଅଛନ୍ତି । ଆନନ୍ଦର ମୂଳ ଆଧାର ହେଉଛି ମାନବ ସେବା, ପରୋପକାର, ଦେଶ ସେବା, ବନ୍ଧୁଙ୍କ ଭିତରେ ପ୍ରଶଂସନୀୟ ହେବା, ଲୋକେ ଗୁଣଗାନ କରିବା ଓ ଲୋକପ୍ରିୟ ହେବା । କୌଣସି ପ୍ରଶଂସନୀୟ କାର୍ଯ୍ୟ କରି ଯେତିକି ଆନନ୍ଦ ମିଳିଥାଏ, ସେତିକି ଆନନ୍ଦ ବ୍ୟବସାୟରେ ହଜାରେ ଲାଭ ହେଲେ ମିଳେନାହିଁ ।

ସିଏ ହିଁ ସଫଳ ମଣିଷ, ଯିଏ ପ୍ରତି ଜିନିଷରେ ଆନନ୍ଦ ଦେଖିଥାଏ । ଯିଏ କଲ୍ୟାଣକାରୀ ଦିଗକୁ ଦେଖିଥାଏ ଓ ପରାଜୟରେ ବିଜୟକୁ ବାହାର କରେ । ସେ ଯେକୌଣସି ପରିସ୍ଥିତିରେ ହସୁଥାଏ ।

ଆଶାବାଦୀ, ପ୍ରସନ୍ନ ବ୍ୟକ୍ତି ସବୁ ସ୍ଥାନରେ ନିଜ ରାସ୍ତା ତିଆରି କରିପାରେ ! ତା'ର ମାର୍ଗ ତିଆରି ହୋଇଚାଲେ । ସମସ୍ତେ ତାହାର ସମ୍ମାନ ଓ ପ୍ରଶଂସା କରନ୍ତି ।

ନିରାଶାରେ ଜୀବନର ବହୁମୂଲ୍ୟ ତତ୍ୱ ନଷ୍ଟ ହୋଇଥାଏ, ଏଥିରେ ବିଜୟର ଅଧିକାଂଶ ସୁଯୋଗ ହାତଛଡ଼ା ହୁଏ । ଶେଷରେ ଉତ୍ସାହୀ, ଆଶାବାଦୀ ଓ ବିନୋଦପ୍ରିୟ ବ୍ୟକ୍ତିର ବିଜୟ ହୋଇଥାଏ ।

ମାନବ ସ୍ୱଭାବ :

ଯାହାର ସ୍ୱଭାବ ଦୋଷାରୋପ କରିବା ହୋଇଥାଏ, ଯିଏ ସନ୍ତୁଷ୍ଟ ଓ ପ୍ରସନ୍ନ ରୁହେ ନାହିଁ, ସେ ସର୍ବଦା ଦୁଃଖିତ, ଆଲୋଡ଼ିତ ଓ ପଛୁଆ ରହିଯାଏ । ତାହାର ସ୍ୱାସ୍ଥ୍ୟ ଠିକ୍ ରହିବ ନାହିଁ, ସେ ସର୍ବଦା କଷ୍ଟ ପାଇବ । ସେ ଆର୍ଥିକ, ଶାରୀରିକ, ସାମାଜିକ ଓ ପାରିବାରିକ ସମସ୍ତ ପ୍ରକାର କଷ୍ଟ ପାଇବ ।

ଯଦି ସେ ସ୍ୱଭାବ ବଦଳାଇବ, ଦୋଷାରୋପ କରିବା ସ୍ୱଭାବ ଛାଡ଼ିଦେବ, ସନ୍ତୁଷ୍ଟ ରହିବ, ହସିବ, ତେବେ ଆନନ୍ଦିତ ରହିପାରିବ, ତା'ର ସ୍ୱାସ୍ଥ୍ୟ ଭଲ ହୋଇପାରିବ ।

ଦୁଃଖ, ଚିନ୍ତା, କ୍ଲେଶ ଓ ଅଭିଯୋଗକୁ ଛାଡ଼ିଲେ ହିଁ ମଣିଷ ସମ୍ପୂର୍ଣ୍ଣ ବଦଳିଯାଏ । ଏହାପରେ ସେ ଏକୁଟିଆ ହସେନାହିଁ, ବରଂ ତା' ପରିବାର ଓ ତା' ସଂସ୍ପର୍ଶରେ ଆସୁଥିବା ପ୍ରତ୍ୟେକ ବ୍ୟକ୍ତି ହସନ୍ତି ।

ଏହି ଦୁନିଆକୁ ଆପଣ ଲୁହର ଘାଟି ବୋଲି କାହିଁକି ଭାବୁଛନ୍ତି ? ସନ୍ତୋଷର ଉଦ୍ୟାନ ଭାବନ୍ତୁ । ଆଇସ୍‌ଲ୍ୟାଣ୍ଡରେ ସବୁବେଳେ ବରଫ ଜମି ରହିଥାଏ, ଏହାସତ୍ତ୍ୱେ ମଧ୍ୟ ସେଠାକାର ଲୋକେ ସେହି ଦେଶକୁ ସବୁଠୁ ସୁନ୍ଦର ଭାବନ୍ତି ।

ଏସ୍କିମୋ ଲୋକେ ବାରମାସ ବରଫରେ ରୁହନ୍ତି । ସେଠାରେ ଛଅ ମାସର ରାତି ହୋଇଥାଏ, ଏହାପରେ ମଧ୍ୟ ତୁନ୍ଦ୍ରାଞ୍ଚଳ ଧ୍ରୁବ ପ୍ରଦେଶ ଆଣ୍ଟାର୍କଟିକାର ଏସ୍କିମୋ ଲୋକଙ୍କ ମୁହଁରେ ଚିନ୍ତା କିମ୍ବା ଦୁଃଖର ଚିହ୍ନବର୍ଣ୍ଣ ନଥାଏ । ତାଙ୍କ ଭାଷାରେ ବୋଧେ ଏହି ଶବ୍ଦ ନାହିଁ ।

ଆନନ୍ଦିତ ଓ ସନ୍ତୁଷ୍ଟ ବ୍ୟକ୍ତି ଧନୀ ହୋଇଥିବେ ବୋଲି ମାନେନାହିଁ, ସେମାନେ ଗରିବ ମଧ୍ୟ ହୋଇପାରନ୍ତି । ଜଣେ ରାଜାଙ୍କୁ ଅସନ୍ତୁଷ୍ଟ ଦେଖି ତାଙ୍କ ପରାମର୍ଶଦାତା ମତ ଦେଲେ ଯେ, ଆପଣ "ସନ୍ତୁଷ୍ଟିର ଜାମା" ପିନ୍ଧନ୍ତୁ । ରାଜା ତାଙ୍କ ଅନୁଚରଙ୍କୁ ରାଜ୍ୟସାରା ଖେଳାଇଦେଲେ । ଯାଅ ସନ୍ତୁଷ୍ଟ ବ୍ୟକ୍ତି ପାଖରୁ ଜାମା ଆଣ । ସାରା ରାଜ୍ୟରେ ଖୋଜିବା ପରେ ଜଣେ ବ୍ୟକ୍ତି ଟାଣ ଖରାରେ କାମ

କରୁଥିବା ବେଳେ ହସୁଥିବା-ଗାଉଥିବା ଦେଖାଗଲା । ଅନୁଚରମାନେ ତାକୁ ପଚାରିଲେ- "ତୁମେ ବହୁତ ପ୍ରସନ୍ନ ଦେଖାଯାଉଛ, ତୁମେ କ'ଣ ସନ୍ତୁଷ୍ଟ ବ୍ୟକ୍ତି ?"

ସେହି ବ୍ୟକ୍ତି ଜଣକ କହିଲା- "ଆଜ୍ଞା ହଁ ମୋ ଜୀବନ ପ୍ରତି ମୁଁ ବହୁତ ସନ୍ତୁଷ୍ଟ ଅଛି, ବହୁତ ପ୍ରଫୁଲ୍ଲ ରହୁଛି ?"

ଅନୁଚରମାନେ ତା'ଠାରୁ ରାଜାଙ୍କ ପାଇଁ ଜାମା ମାଗିଲେ । ସେ ଠୋ-ଠୋ ହୋଇ ହସିଲା ଓ କହିଲା ଯେ ତା' ପାଖରେ ତ' ଗୋଟିଏ ମାତ୍ର ଜାମା ଥିଲା ତାହା ମଧ୍ୟ ଚିରିଗଲା ଓ ସେ ତାକୁ ଫୋପାଡ଼ି ଦେଇଛି, ବର୍ତ୍ତମାନ ତା' ପାଖରେ କୌଣସି ଜାମା ନାହିଁ ।

ସନ୍ତୁଷ୍ଟ ବ୍ୟକ୍ତିଙ୍କୁ ଧନର ମଧ୍ୟ ଆବଶ୍ୟକତା ନାହିଁ । ବିନା ଧନରେ ମଧ୍ୟ ସେମାନେ ଆନନ୍ଦିତ ହୋଇପାରିବେ । ହସ, ଧନ ଦ୍ୱାରା କିଣାଯାଇପାରିବ ନାହିଁ । ଯଦି ଧନରେ ଆନନ୍ଦ ଓ ହସ ମିଳୁଥାନ୍ତା ତେବେ ଆମେରିକାରେ ଆରବପତି ଲୋକଙ୍କ ହାତ ମୁଠାରେ ବନ୍ଦ ରହିଥାନ୍ତା । କେଉଟ ବସ୍ତିର କୁଡ଼ିଆ ଭିତରୁ ହସ ଓ ଆନନ୍ଦର ସଂଗୀତ ସ୍ୱର ଶୁଭନ୍ତା ନାହିଁ । ଏଥିପାଇଁ ଆପଣ ମଧ୍ୟ ଗାଆନ୍ତୁ, ଆପଣ ମଧ୍ୟ ହସନ୍ତୁ ।

ଆପଣ ମଧ୍ୟ ନିଜ ଜୀବନରେ ଆନନ୍ଦ ଭରନ୍ତୁ । ଭଗବାନ ଆପଣଙ୍କୁ ଯେତିକି ଦେଇଛନ୍ତି, ସେତିକିରେ ସନ୍ତୁଷ୍ଟ ହୋଇ ତାଙ୍କୁ ଧନ୍ୟବାଦ ଦେବା ସହ ରୋଜଗାର କରନ୍ତୁ, ଯେତିକି ପରିଶ୍ରମ କରୁଛନ୍ତି, ତାହାର ଫଳ ସୁନିଶ୍ଚିତ ମିଳୁଛି । ଫଳ ଉପରେ ସନ୍ତୁଷ୍ଟ ହୁଅନ୍ତୁ, ତାହା ବହୁତ ମିଠା ଲାଗିବ । ମିଠା ଫଳ ଖାଆନ୍ତୁ, ଅସନ୍ତୋଷର ପିତା ଫଳ ଚାଖନ୍ତୁ ନାହିଁ ।

ଆପଣ ହସି-ହସି ବଞ୍ଚିବା ପାଇଁ ସଂସାରକୁ ଆସିଛନ୍ତି, ତେବେ କାହିଁକି କାନ୍ଦିବେ ? ପ୍ରତ୍ୟେକ ପରିସ୍ଥିତିରେ ହସି-ହସି ବଞ୍ଚନ୍ତୁ ।

୩. ସଂଗୀତମୟ ଉତ୍ଫୁଲ୍ଲତା

ଅଧିକାଂଶ ଲୋକଙ୍କ କଥା ଓ ଚାଲିରେ ସଂଗୀତର ସ୍ୱର ଥାଏ । ସେମାନେ ଯେଉଁବାଟେ ଯାଆନ୍ତି, ବାତାବରଣ ସଂଗୀତମୟ ହୋଇଯାଏ ଓ ଲୋକଙ୍କ ମୁହଁରେ ପ୍ରସନ୍ନତା ଆସିଯାଏ ।

ଯେଉଁ ବ୍ୟକ୍ତି କାମ କରୁଥିବା ବେଳେ ଗୀତ ଗୁଣୁଗୁଣୁ କରେ, ସେ ଚୁପଚାପ୍ ବ୍ୟକ୍ତିଙ୍କ ଠାରୁ ଅଧିକ କାମ କରିପାରିବ । ସେ ଧୈର୍ଯ୍ୟବାନ ଓ ସକ୍ରିୟ ହୋଇଥାଏ । ସେ ଅଧିକ ସମୟ ପର୍ଯ୍ୟନ୍ତ ଚେଷ୍ଟିତ ରହିବ ଓ କାର୍ଯ୍ୟ ମଧ ଅନ୍ୟମାନଙ୍କ ଠାରୁ ଭଲ କରିବ ।

କାର୍ଯ୍ୟ କରୁଥିବା ବେଳେ ଯିଏ ସଂଗୀତମୟ ରୁହେ, ସେ ଶୀଘ୍ର ଥକେନାହିଁ । ହୃଦୟ ପ୍ରସନ୍ନ ରହିଲେ ଶାନ୍ତି ମିଳିଥାଏ । ସେହି ଶକ୍ତି ବଡ଼-ବଡ଼ କାର୍ଯ୍ୟ କରିପାରେ । ଉତ୍ତମ କାର୍ଯ୍ୟକର୍ତ୍ତା ଅଥବା କର୍ମଚାରୀ ସିଏ, ଯିଏ ପ୍ରସନ୍ନଚିତ୍ତରେ ହସି-ହସି, ଆକର୍ଷକ ଓ ଆଶାବାଦୀ ହୁଏ ।

କେତେ ଭଲଲାଗେ ଯେତେବେଳେ ଘର କାମରେ ଲାଗିଥିବା ମହିଳା କିମ୍ବା ଝିଅ କାମ କରୁଥିବା ବେଳେ ଗୀତ ଗାଆନ୍ତି । ପ୍ରସନ୍ନତାପୂର୍ବକ ଗୀତଗାଇ ରନ୍ଧାଯାଇଥିବା ଖାଦ୍ୟ ପଦାର୍ଥ ସ୍ୱାଦିଷ୍ଟ ହୋଇଥାଏ । ଗୀତ ଗୁଣୁଗୁଣେଇ କରାଯାଇଥିବା ସଫେଇ ସୁନ୍ଦର ହେବ, ଯେହେତୁ ତାହା ମନ ଲଗାଇ କରାଯାଇଛି ।

ସ୍ୱିଜରଲାଣ୍ଡରେ ସେହି ଦୁଗ୍ଧ ଦୋହନକାରୀଙ୍କୁ ପସନ୍ଦ କରାଯାଏ ଯେଉଁମାନେ ଦୁଗ୍ଧ ଦୋହନ

ସମୟରେ ଗୀତ ଗାଆନ୍ତି । ସୁଶ୍ରାବ୍ୟ ଗଳା ଥିବା ଗଉଡ଼ଙ୍କୁ ଭଲ ଦରମା ମିଳେ । ଗୋଶାଳାର ମାଲିକଙ୍କ ମତ ହେଲା ସଂଗୀତ ପ୍ରଭାବରେ ଗାଈ ଅଧିକ କ୍ଷୀର ଦିଏ ।

ଅନେକ ଦେଶରେ ଘୋଡ଼ାଙ୍କ ଗଳାରେ ଘଣ୍ଟି ବନ୍ଧାଯାଏ । ଭାରତରେ ବଳଦ ବେକରେ ଘୁଙ୍ଗୁର ବାନ୍ଧାଯାଏ, ଏହାର ମନୋବୈଜ୍ଞାନିକ କାରଣ ଅଛି । ଘଣ୍ଟି ଓ ଘୁଙ୍ଗୁରର ଶବ୍ଦ ସଂଗୀତ ଭଳି ଶବ୍ଦ କରେ । ପଶୁଙ୍କୁ ମଧ୍ୟ ସଂଗୀତ ଭଲ ଲାଗେ । ସଂଗୀତ ପ୍ରଭାବରେ ଗାଈ କିଛିଟା ଅଧିକ କ୍ଷୀର ଦିଏ । ଘୋଡ଼ା ଓ ବଳଦ କାମ ଅଧିକ କରନ୍ତି, ଶୀଘ୍ର ଥକନ୍ତି ନାହିଁ ।

ଅଧିକାଂଶ ଲୋକଙ୍କ କଥା ଓ ଚାଲିରେ ସଂଗୀତର ସ୍ୱର ଥାଏ । ସେମାନେ ଯେଉଁବାଟେ ଯାଆନ୍ତି, ବାତାବରଣ ସଂଗୀତମୟ ହୋଇଯାଏ ଓ ଲୋକଙ୍କ ମୁହଁରେ ପ୍ରସନ୍ନତା ଆସିଯାଏ ।

ଏହାର ବିପରୀତ ଏମିତି ଲୋକ ମଧ୍ୟ ଅଛନ୍ତି ଯେଉଁମାନେ ସମ୍ପୂର୍ଣ୍ଣ ବାତାବରଣକୁ କଟୁତା ଓ ନିଷ୍ଠୁରତାରେ ଭରିଦିଅନ୍ତି । ଯେଉଁଆଡ଼େ ଯାଆନ୍ତି ଲୋକଙ୍କ ମୁଖମଣ୍ଡଳ କଠୋର ହୋଇଯାଏ ।

ମିଠା କଥା :

ମଧୁରଭାଷିନୀ ଓ ଗୀତ ଗୁଣୁଗୁଣୁ କରୁଥିବା ମହିଳାଙ୍କ ଘର ସାମ୍ନାରେ ଯାଉଥିବା ବ୍ୟକ୍ତିର ପାଦ ମଧୁର ସ୍ୱର ଶୁଣି ଅଟକିଯାଏ, ସେ ପ୍ରଫୁଲ୍ଲ ହୋଇଯାଏ ଓ ହସି-ହସି ଆଗେଇଯାଏ ।

ନିଷ୍ଠୁର ଓ ଉଗ୍ର ସ୍ୱଭାବର ମହିଳା ସାରା ବସ୍ତିକୁ ନିଷ୍ଠୁରତାରେ ଭରିଦିଏ । ତା' ଘର ଆଗରେ ଯାଉଥିବା ଲୋକେ ଜୋର୍‌ରେ ଚାଲିଯାଆନ୍ତି । ଗୋଟିଏ ମୁହୂର୍ତ୍ତ ମଧ୍ୟ ତା' ସ୍ୱର ଶୁଣିବାକୁ ପସନ୍ଦ କରନ୍ତି ନାହିଁ । ସେ ଯେଉଁଆଡ଼େ ଯାଏ, ଲୋକେ ମନେ-ମନେ ତାକୁ ନିନ୍ଦା କରନ୍ତି ଯେହେତୁ ସେ ରସହୀନ ଅଟେ । ତା' ନିଜ ଜୀବନରେ କୌଣସି ରସ ହିଁ ନଥାଏ, ତେବେ ସେ ଅନ୍ୟମାନଙ୍କ ଜୀବନରେ କେମିତି ରସ ମିଶାଇପାରିବ ?

ସଂସାରରେ ଏମିତି ଲୋକ ଅଛନ୍ତି, ଯେଉଁମାନେ ଗାଁ ଗହଳିରେ ମଧ୍ୟ ସଂଗୀତ ଓ ଆନନ୍ଦ ଖୋଜିନିଅନ୍ତି । ଥରେ ଜଣେ ସମ୍ପାଦକଙ୍କ ସମ୍ପାଦକୀୟ ଉପରେ ଚିଡ଼ି ଜଣେ ଭଦ୍ରଲୋକ ରାଗରେ ତାଙ୍କ କେବିନ୍‌କୁ ଆସିଲେ ଓ ୟାଡୁ-ସ୍ୟାଡୁ କଥା କହିଲେ । ସେ ଲଗାତର କଟୁ ବାକ୍ୟ କହି ଚାଲିଲେ । ସେହି ଶାନ୍ତ, ପ୍ରସନ୍ନଚିତ୍ତ ସମ୍ପାଦକ ଲେଖିବାରେ ବ୍ୟସ୍ତ ରହିଲେ । ନା ସେ ବିଚଳିତ ହେଲେ, ନା ଲେଖିବା ବନ୍ଦ କଲେ । ମୁହଁରେ ହସ ମଧ୍ୟ ଲିଭିଲା ନାହିଁ । ସେହି ଭଦ୍ରଲୋକ (ଅଥବା ଅଭଦ୍ର ଲୋକ) ଯେତେବେଳେ ମନର ରାଗ ଦୂର କରିବା ପରେ ଉଠିଯିବାକୁ ବାହାରିଲେ ତେବେ ସମ୍ପାଦକ ସ୍ମିତହାସ୍ୟ ଦେଇ ଉଠିଲେ ଓ ତାଙ୍କ କାନ୍ଧରେ ହାତ ରଖି କହିଲେ- "ନିଜ ମନର ବୋଝ ଆହୁରି ହାଲୁକା କରନ୍ତୁ ବନ୍ଧୁ! ବର୍ତ୍ତମାନ ଯାଆନ୍ତୁ ନାହିଁ ।" ଏହି ଉକ୍ତି ସେହି ବ୍ୟକ୍ତିଙ୍କୁ ଚକିତ କଲା । ତାଙ୍କର ରାଗ ଶାନ୍ତ ହେଲା ଓ ସେ ଲଜ୍ଜିତ ହେଲେ ।

ସେହି ସମ୍ପାଦକ "ଗ୍ରୀଲେ" ବସ୍ତିମାନଙ୍କରେ ମଧ୍ୟ ସଂଗୀତର ସ୍ୱର ପାଇଯାଉଥିଲେ । ସେଥିରେ ପ୍ରସନ୍ନ ମଧ୍ୟ ହେଉଥିଲେ ।

ହସନ୍ତୁ ଓ ହସାନ୍ତୁ :

ହସ ଆନ୍ତରିକ ହୋଇଥିବ, ହୃଦୟରୁ ବାହାରିଥିବ, ତେବେ ସେ ସଂଗୀତ ଭଳି ପ୍ରଭାବ ପକାଏ । ଏମିତି ହସ ଉଚିତ ସ୍ଥାନରେ ବୋମା ପରି ପଡ଼େ ଯାହା ସମସ୍ତ ଦୁଃଖକୁ ଧ୍ୱଂସ କରିଦିଏ ।

ଯିଏ ନିଜେ ନିଜକୁ ପରିହାସ କରେ, ଅନ୍ୟମାନେ ତାକୁ କେବେ ଥଟ୍ଟା କରନ୍ତି ନାହିଁ । କିଛି ଲୋକଙ୍କୁ କଷ୍ଟରେ ମଧ୍ୟ ଆନନ୍ଦର କୌଣସି ନା କୌଣସି କିରଣ ମିଳିଯାଏ । ସେମାନେ ବିପତ୍ତି ସମୟରେ ମଧ୍ୟ ଗୀତ ଗୁଣୁଗୁଣୁ କରୁଥିବା ଦେଖାଯାନ୍ତି ।

କିନ୍ତୁ ଏମିତି ବି ଲୋକ ଅଛନ୍ତି ଯେଉଁମାନେ ହସ କଥାରେ ମଧ୍ୟ ଗୁମ୍‌ସୁମ୍ ଓ ବଧିର ଭଳି ରହନ୍ତି । ଯେମିତି ସେହି ହସକଥାକୁ ଶୁଣିନାହାନ୍ତି ଅଥବା ତାହା ହସକଥା ନୁହେଁ, ଯେତେବେଳେକି ସେହି କଥାରେ ଲୋକେ ହସି-ହସି ଗଡ଼ିଯାଆନ୍ତି ।

ହସ ସ୍ୱାସ୍ଥ୍ୟ ପାଇଁ ବହୁତ ଲାଭକାରୀ । ଅଧିକ ପରିଶ୍ରମ, ମାତ୍ରାଧିକ ଥଣ୍ଡା କିମ୍ବା ଗରମରୁ ହୋଇଥିବା ରୋଗ, ନିଶା କିମ୍ବା ଆଳସ୍ୟ ଏତେ କ୍ଷତି କରନ୍ତି ନାହିଁ, ଯେତିକି ହାରିଗଲେ ମାନସିକ କ୍ଷୋଭ କିମ୍ବା ରାଗରେ ହୋଇଥାଏ ।

ଯେଉଁ ଲୋକେ ପ୍ରସନ୍ନଚିତ୍ତ ରୁହନ୍ତି, ହସନ୍ତି, ସେମାନେ ଅଧିକ ଦିନ ବଞ୍ଚନ୍ତି । ସୁସ୍ଥ ରହି ସେମାନେ ବହୁତ ଦିନ ପର୍ଯ୍ୟନ୍ତ ବଞ୍ଚନ୍ତି, ଯେତେବେଳେକି ରାଗ ଓ ଚିଡ଼ଚିଡ଼ା ସ୍ୱଭାବର ବ୍ୟକ୍ତି ବହୁତ କମ୍ ଦିନ ବଞ୍ଚନ୍ତି ।

ସବୁ ଜିନିଷରେ ଖଳତା ନଥାଏ ।

ଭଗବାନଙ୍କ ଉପରେ ଦୃଢ଼ ବିଶ୍ୱାସ ଓ ସରଳ ସ୍ୱଭାବ ତଥା ଜୀବନରେ ମିଳୁଥିବା ଆନନ୍ଦ ଉପରେ ବିଶ୍ୱାସ ରଖି ପ୍ରସନ୍ନ ରୁହନ୍ତୁ । ଆପଣଙ୍କ ଆୟୁଷ ବଢ଼ିଯିବ । ଜୀବନର ଭଙ୍ଗା ଯନ୍ତ୍ରକୁ ଶକ୍ତି ମିଳିଚାଲିବ । ଏଭଳି ମଣିଷ ସର୍ବପ୍ରିୟ ହୋଇଥାଏ ଯିଏ ଘୃଣା ଉପରେ ପ୍ରେମର ବିଜୟକୁ ବିଶ୍ୱାସ ରଖେ, ଯିଏ ଦୋଷ ଉପରେ ପବିତ୍ରତା ଓ ସତ୍ୟର ବିଜୟ ଦେଖେ ।

ଥରେ ଜଣେ କୋଟିପତି ଦେବାଳିଆ ହେବା ପରେ କାଙ୍ଗାଳ ହୋଇଗଲା । ପରିଶ୍ରମ କରି ଯେତେବେଳେ ସେ ପୁଣିଥରେ ଧନ ଉପାର୍ଜନ କଲା ଓ ସବୁ ଋଣ ସୁଝିଦେଲା ତେବେ ଜଣେ ବ୍ୟକ୍ତି ତାକୁ ପୁଣି ଧନବାନ ହେବାର ରହସ୍ୟ ପଚାରିଲା । ସେ ଉତ୍ତର ଦେଲା- "ମୁଁ ମୋର ମଧୁର ସ୍ୱଭାବକୁ କଠିନ ପରିସ୍ଥିତିରେ ମଧ୍ୟ ଛାଡ଼ିନାହିଁ । ମୋର ଜୀବନ-ଦର୍ଶନ ହେଉଛି ମଣିଷ ଓ ସମୟ ଭଲ ହୋଇଥାନ୍ତି । ମୋର ଦେଶ ଆମେରିକାରେ ସମସ୍ତ ଭୌତିକ ସମ୍ପତ୍ତି ଅଛି । ଧନର କୌଣସି ଅଭାବ ନାହିଁ, ଖାଲି ପରିଶ୍ରମ କରିବାର ଆବଶ୍ୟକତା ରହିଛି, ନିଷ୍ଠା ଓ ଉତ୍ସାହ ଦରକାର । ମୁଁ ଏମିତି କଲି ଓ ମୋ ସ୍ଥାନ ପାଇଗଲି ।"

ପ୍ରସିଦ୍ଧ ବିଚାରକ ଅରସ୍ତୁଙ୍କ ମତ ହେଉଛି, ଯେଉଁ ଲୋକେ ବିଷମ ପରିସ୍ଥିତିରେ ମଧ୍ୟ ହସି ଦିଅନ୍ତି- ଯନ୍ତ୍ରଣାରେ ମଧ୍ୟ ହସନ୍ତି, ସେମାନଙ୍କୁ ସୁନିଶ୍ଚିତ ସେହି ଯନ୍ତ୍ରଣା ମନୋରମ ଲାଗିଥାଏ ।

ବିଚାରକ ବୀଚରଙ୍କ କହିବାନୁସାରେ ଯେଉଁ ଲୋକେ ହସନ୍ତି ନାହିଁ, ପ୍ରସନ୍ନ ରୁହନ୍ତି ନାହିଁ ସେମାନଙ୍କୁ ସାଙ୍ଗ କରନ୍ତୁ ନାହିଁ ବରଂ ସେହିମାନଙ୍କୁ ସାଙ୍ଗ କରନ୍ତୁ ଯେଉଁମାନେ ହସନ୍ତି, ଦେବଲୋକର ପକ୍ଷୀ ଅଟନ୍ତି, ଯେଉଁମାନେ ଜୀବନର ଯାତନାକୁ ଡରନ୍ତି ନାହିଁ ।

ଯେଉଁମାନେ ହସିପାରନ୍ତି ନାହିଁ ତାଙ୍କର କି ଜୀବନ !

ହସୁନଥିବା ଲୋକଙ୍କୁ ଆତ୍ମନିରୀକ୍ଷଣ କରିବା ଉଚିତ । ଦେଖନ୍ତୁ ଯେ ସେମାନେ କାହିଁକି ହସିପାରୁନାହାନ୍ତି ? ହସିନପାରିବାର କାରଣ ସହଜରେ ମିଳିଯିବ ଓ ଆପଣଙ୍କୁ କାରଣ ଦୂର କରିବାରେ

କେତେ ସମୟ ଲାଗିବ ? ବର୍ତ୍ତମାନ ଏହି ସମୟରେ ଯେଉଁ କାମରେ ଲାଗିଛନ୍ତି, ଗୀତ ଗୁଣୁଗୁଣେଇ ଏହାକୁ ସମ୍ପୂର୍ଣ୍ଣ କରନ୍ତୁ ।

ଗୋଟିଏ ଘଟଣା :

ଆମେରିକାର କଳା ଲୋକଙ୍କ ଲୋକପ୍ରିୟ ନେତା ମାର୍ଟିନ୍ ଲୁଥର୍ କିଙ୍ଗ୍ କହିଛନ୍ତି ଯେ, ଥରେ ତାଙ୍କ ଜୀବନକୁ ଉଦାସୀନତା ଘେରିଗଲା, ସେ ସଂସାରକୁ ମିଛ ଭାବିବାକୁ ଲାଗିଲେ । ଏହି ବ୍ୟଥା ଓ ଚିନ୍ତା ତାଙ୍କ ଜୀବନରେ ଅନାସକ୍ତ ଭରିଦେଲା । ତାଙ୍କୁ ଏ ପ୍ରକାର ଶୋକାବହ ଦେଖି ଦିନେ ତାଙ୍କ ପତ୍ନୀ ଉଦାସ ହୋଇ କହିଲେ- "ସ୍ୱର୍ଗରେ ଭଗବାନ ମରିଯାଇଛନ୍ତି ।"

ଲୁଥର୍ କହିଲେ- "ନା, ଏମିତି କେମିତି ହୋଇପାରିବ । ଭଗବାନ ତ' ଅଜର, ଅମର, ଅନାଦି ଓ ଅନନ୍ତ ଅଟନ୍ତି ।"

"ସତରେ ?"

"ଏକଦମ ସତ୍ୟ ?"

"ତୁମକୁ ବିଶ୍ୱାସ ହେଉଛି ?"

"ହଁ"

"କିନ୍ତୁ ତୁମେ ତ' ଏତେ ଉଦାସ ଅଛ ଯେ ଏମିତି ଲାଗୁଛି ଯେମିତି ଭଗବାନ ମରି ଯାଇଛନ୍ତି ।"

ମାର୍ଟିନ୍ ଲୁଥର୍ କିଙ୍ଗ୍ ହସିଦେଲେ ।

ତାଙ୍କ ପତ୍ନୀ ତାଙ୍କର ହସ ଫେରାଇ ଦେଇଥିଲେ ।

ତାଙ୍କ ସାହସ ବାନ୍ଧି ହୋଇଗଲା ।

ଏହାପରେ ସେ ହସି ଦେଇଥିଲେ । ପୁଣିଥରେ ପ୍ରସନ୍ନ ରହିବାକୁ ଲାଗିଲେ । ପତ୍ନୀ ତାଙ୍କ ହୃଦୟରୁ ଗୋଟିଏ ବୋଝ କାଢ଼ି ଦେଇଥିଲେ ଓ ସେ ପୂର୍ବ ପରି ହୋଇଯାଇଥିଲେ । ମାର୍ଟିନ୍ ଲୁଥର୍ କିଙ୍ଗ୍ ଆମେରିକାର କଳା ଲୋକଙ୍କ ପାଇଁ ଜୀବନ ସାରା ସଂଘର୍ଷ କରିଚାଲିଲେ ।

ଆପଣ ମଧ୍ୟ ସର୍ବଦା ହସନ୍ତୁ ।

ଆପଣ ଯେତେ କଷ୍ଟ ଭିତରେ ଥାନ୍ତୁ- ଯେତେ କଷ୍ଟ ଆପଣଙ୍କ ମୁଣ୍ଡ ଉପରେ ଥାଉ, ଚିନ୍ତା କରନ୍ତୁ ନାହିଁ । ଏସବୁ କଷ୍ଟ ଛାଏଁ ଦୂର ହୋଇଯିବ, ଯେମିତି ଖରା ପରେ ଛାଇ ଆସିଥାଏ, ଯେମିତି ପରିବର୍ତ୍ତନ ହଟିଯାଏ, ଯେମିତି ଅନ୍ଧାର ରାତି ପରେ ସୂବର୍ଣ୍ଣ ସକାଳ ଆସିଥାଏ ।

ସୁତରାଂ ଆପଣ ଯେକୌଣସି କାର୍ଯ୍ୟ କରିବେ ଅଥବା କରୁଛନ୍ତି, ତାକୁ କରିଚାଲନ୍ତୁ । ହସି-ହସି, ଗୀତଗାଇ ପରିବେଶରେ ସଂଗୀତର ସ୍ୱର-ଲହରୀ ଖେଳାଇ ଚାଲନ୍ତୁ ।

ପକ୍ଷୀମାନଙ୍କ କଳରବ ଓ ରାବରେ ନିଜ ସ୍ୱର ମିଶାନ୍ତୁ । ଘୋଡ଼ା ଓ ବଳଦଙ୍କ ଗଳାରେ ବନ୍ଧା ଘଣ୍ଟିର ମଧୂର ଶବ୍ଦ ସହ ତାନପୁରାର ଶବ୍ଦ ମିଶାନ୍ତୁ । ଅଫିସ୍‌ର ପଙ୍ଖା, କୁଲର ଅଥବା ଯନ୍ତ୍ରର ଧ୍ୱନିରେ ସଂଗୀତ ଖୋଜନ୍ତୁ ।

କାରଖାନାର ମେଶିନ୍‌ର ଘଡ଼ଘଡ଼ ଶବ୍ଦ- ଟ୍ରେନ୍‌ର ଖଡ଼ଖଡ଼ ଶବ୍ଦ ଓ କାର୍, ବସ୍‌ର ହର୍ନ ଧ୍ୱନିରେ ସଂଗୀତ ଖୋଜାଯାଇପାରିବ ।

ଆପଣ ନିଜକୁ ସଂଗୀତମୟ କରିଦିଅନ୍ତୁ ।

ଏହାପରେ ଦେଖନ୍ତୁ ଆପଣ କେତେ ଫୂର୍ତ୍ତିରେ କାମ କରୁଛନ୍ତି ।

ଶିଥିଳତା ପାଖକୁ ମଧ୍ୟ ଆସିବ ନାହିଁ ।

ଆପଣଙ୍କ ଆଙ୍ଗୁଳି ଟାଇପ୍ ମେଶିନ୍ ଉପରେ, ଆପଣଙ୍କ ଲେଖନୀ କାଗଜ ଉପରେ- କିମ୍ୱା ଆପଣଙ୍କ ହାତ ମେଶିନ୍ ଉପରେ ଏମିତି ନାଚିବ ଯେମିତି ସଂଗୀତର ସ୍ୱରରେ ଆପଣ ନୃତ୍ୟ କରୁଛନ୍ତି ।

ଭଗବାନ ଆପଣଙ୍କୁ ସଂଗୀତମୟ କରିଛନ୍ତି । ତାଙ୍କ ସୃଷ୍ଟିର ସବୁଆଡ଼େ ସଂଗୀତ ରହିଛି । ଧ୍ୟାନ ଦେଇ ଶୁଣନ୍ତୁ ଆପଣ ମଧ୍ୟ ଶୁଣିପାରିବେ । ଆପଣ ମଧ୍ୟ ଅନୁଭବ କରିପାରିବେ ଓ ଆପଣ ମଧ୍ୟ ସଂଗୀତମୟ ହୋଇପାରିବେ ।

୪. ବ୍ୟବସାୟ ଓ ପ୍ରସନ୍ନତା

ଯେକୌଣସି ବ୍ୟବସାୟର ପରିଚାଳକ ଯଦି ପ୍ରସନ୍ନଚିତ୍ତ ରହୁଛନ୍ତି, ସମସ୍ତ ଅଧିନସ୍ଥ ଓ କର୍ମଚାରୀଙ୍କ ସହ ଭଲ ବ୍ୟବହାର କରୁଛନ୍ତି, ତେବେ ନିଶ୍ଚିତ ରୂପେ ସେଠାରେ କାମ ମଧ୍ୟ ଅଧିକ ହେଉଛି ।

ବ୍ୟବସାୟ, କୃଷି ଅଥବା ଯେକୌଣସି ଉଦ୍ୟୋଗ-ବୃତ୍ତି ହେଉ, ସେସବୁ ବ୍ୟବସାୟ କୁହାଯାଏ ଓ ସଂସାରର ସମସ୍ତ କାର୍ଯ୍ୟର ରାଜା ଅଥବା ପ୍ରମୁଖ ଏହି ବ୍ୟବସାୟ ଅଟେ । ସମୃଦ୍ଧ ଓ ପ୍ରଗତିଶୀଳ ଦେଶ, ଯିଏ ଜ୍ଞାନବିଜ୍ଞାନ, କଳା-ସାହିତ୍ୟ ଅଥବା ସଭ୍ୟତାରେ ବିକଶିତ ହେଉଛି, ସେ ସମସ୍ତଙ୍କ ମୁଖ୍ୟ ପ୍ରବର୍ତ୍ତକ ଏହି ବ୍ୟବସାୟ ଅଟେ । ଯେଉଁ ଦେଶ ଅଥବା ଜାତିର ବ୍ୟବସାୟ ଶିଖରରେ ଅଛି, ସେ ଉନ୍ନତି କରିଥାଏ । ରୋଜଗାର ସମସ୍ତ ବ୍ୟବସାୟରେ ଏଥିପାଇଁ ପ୍ରମୁଖ ଯେ ଅନ୍ତଃରାଷ୍ଟ୍ରୀୟ ସ୍ତରରେ ଏହି ବୃତ୍ତି କରାଯାଇଥାଏ । ଗୋଟିଏ ଦେଶ ମଧ୍ୟ ଅନ୍ୟ ଦେଶ ସହିତ ବେପାର କାର୍ଯ୍ୟ କରେ । ଆହୁରି ଅନେକ ବୃତ୍ତି ଅଛି ଯାହା ବ୍ୟବସାୟ ଅନ୍ତର୍ଗତ ଆସିଥାଏ ।

କଳାକାର, ସାହିତ୍ୟକାର, ରାଜନୀତିଜ୍ଞ, ମହାପୁରୁଷ, ମୂଲିଆ, ବୈଜ୍ଞାନିକ, ଇଞ୍ଜିନିୟର ସମସ୍ତେ ରୋଜଗାର ଉପରେ ନିର୍ଭର କରନ୍ତି । ଏହାକୁ ଚଳାଇବା ପାଇଁ ମସ୍ତିଷ୍କର ସମସ୍ତ ଶକ୍ତିକୁ କେନ୍ଦ୍ରିତ କରିବାକୁ ପଡ଼ିଥାଏ । ଯେହେତୁ ଟିକିଏ ଅସାବଧାନ ରୋଜଗାରକୁ ବନ୍ଦ କରିପାରେ ଓ ଏମିତି ଅସାବଧାନ ଚିନ୍ତିତ କରାଇପାରେ । ଯେଉଁ ବ୍ୟକ୍ତି ରୋଜଗାରରେ ରହି ଚିନ୍ତା କରନ୍ତି,

ପ୍ରସନ୍ନ ରୁହନ୍ତି ନାହିଁ, ମନସ୍ତାପ କରନ୍ତି, ତାଙ୍କ ମସ୍ତିଷ୍କର ଶକ୍ତିଗୁଡ଼ିକ କେନ୍ଦ୍ରିତ ରୁହନ୍ତି ନାହିଁ ଫଳରେ ତାଙ୍କ ରୋଜଗାର ଭାଙ୍ଗି ଯାଇପାରେ ।

ଚିନ୍ତିତ ବ୍ୟକ୍ତି ଭଲଭାବେ କାର୍ଯ୍ୟ କରିପାରିବେ ନାହିଁ । ଶାନ୍ତ, ପ୍ରସନ୍ନ, ନିଶ୍ଚିତ ବ୍ୟକ୍ତି ଅଧିକ କାମ କରିପାରନ୍ତି । ତରତରରେ କୌଣସି ବ୍ୟକ୍ତି ଠିକ୍ ଭାବେ କାମ କରିପାରନ୍ତି ନାହିଁ । କାମ ସେତେବେଳେ ଅଧିକ ଓ ଠିକ୍ ହୁଏ, ଯେତେବେଳେ ତାକୁ ମନ ଲଗାଇ ପ୍ରସନ୍ନଚିତ୍ତ ହୋଇ କରାଯାଏ ।

ଯେକୌଣସି ବ୍ୟବସାୟର ପରିଚାଳକ ଯଦି ପ୍ରସନ୍ନଚିତ୍ତ ରୁହନ୍ତି, ସମସ୍ତ ଅଧିନସ୍ଥ ଓ କର୍ମଚାରୀଙ୍କ ସହ ଭଲ ବ୍ୟବହାର କରୁଛନ୍ତି, ତେବେ ନିଶ୍ଚିତ ରୂପେ ସେଠାରେ କାମ ମଧ୍ୟ ଅଧିକ ହେଉଛି ଓ କର୍ମଚାରୀ ସେହି ବ୍ୟବସାୟକୁ ନିଜର ଭାବି ଠିକ୍ ଭାବେ କାମ କରନ୍ତି । ପରିଚାଳକ ଓ ମାଲିକଙ୍କୁ ସେମାନେ ସର୍ବଦା ଆଦର ମଧ୍ୟ କରନ୍ତି ।

ଏହାର ବିପରୀତ ଯଦି କୌଣସି ପରିଚାଳକ କଠୋର ସ୍ୱଭାବର ହୋଇଥାନ୍ତି, କର୍ମଚାରୀଙ୍କୁ ଗାଳି ଦିଅନ୍ତି, ହାତ ମଧ୍ୟ ଉଠାଇଦିଅନ୍ତି, ଏହାପରେ ଶିକ୍ଷା ଦେବାକୁ ଚେଷ୍ଟା କରନ୍ତି, ତେବେ ସେ କର୍ମଚାରୀଙ୍କ ଘୃଣାର ପାତ୍ର ହୁଅନ୍ତି । ସେଠାରେ କର୍ମଚାରୀମାନେ କାମକୁ ବୋଝ ବୋଲି ଭାବିବେ । ଫଳ ସ୍ୱରୂପ ଉତ୍ପାଦନ କମ୍ ହେବ ଓ ଖରାପ ମଧ୍ୟ ହେବ ।

ସଫଳ ବ୍ୟବସାୟୀ :

ପ୍ରସନ୍ନଚିତ୍ତ ଲୋକେ ନିଶ୍ଚିତ ରୂପେ ସଫଳ ବ୍ୟବସାୟୀ ହୋଇଥାନ୍ତି । ସେମାନଙ୍କୁ ଅଧିକ ସଫଳତା ମିଳିଥାଏ । ବଜାର ସର୍ବଦା ପ୍ରସନ୍ନଚିତ୍ତ ଓ ଧୈର୍ଯ୍ୟବାନ୍ ଲୋକଙ୍କ ହାତରେ ଥାଏ । ଧୈର୍ଯ୍ୟବାନ, ପ୍ରସନ୍ନଚିତ୍ତ ବ୍ୟକ୍ତି ମିଳା-ମିଶା ଓ ସହଯୋଗର ଭାବନା କାରଣରୁ ଅଧିକ କିଣା-ବିକା କରିପାରନ୍ତି । ଏଭଳି ପ୍ରଫୁଲ୍ଲ ଓ ଧୈର୍ଯ୍ୟବାନ ବ୍ୟବସାୟୀ ଯେତେ ଅଧିକ ମାଲ୍ ହେଲେ ବି କିଣା-ବିକା କରିପାରନ୍ତି ।

ଜନ୍ ବାନମେକର ନାମକ ଜଣେ ବ୍ୟବସାୟୀଙ୍କ କର୍ମଚାରୀମାନେ ପ୍ରାୟତଃ ମାଲିକଙ୍କ ହସଭରା ସୁପ୍ରଭାତକୁ ପାଇ ସପ୍ତାହେ ପର୍ଯ୍ୟନ୍ତ ପ୍ରସନ୍ନ ରୁହନ୍ତି ଓ ଜିନିଷ ବିକିପାରନ୍ତି ।

ସଦ୍‌ଭାବନା, ପ୍ରସନ୍ନତା ଓ ବଦାନ୍ୟତାରେ ଭରା ବ୍ୟବହାର ତଥା ଅନ୍ୟମାନଙ୍କଠାରେ ପ୍ରସନ୍ନତାର ଭାବ ପୁରାଇବା କାର୍ଯ୍ୟ, କର୍ମଚାରୀଙ୍କ ମନରେ ଶ୍ରଦ୍ଧା, ପ୍ରେମ ଓ ସଦ୍‌ଭାବନା ଉତ୍ପନ୍ନ କରିଥାଏ । ଏହି ରହସ୍ୟକୁ, ଏହି ମାନବ ମନୋବିଜ୍ଞାନକୁ ବୁଝି ହିଁ ବଡ଼-ବଡ଼ ବ୍ୟବସାୟୀମାନେ ଏତେ ସଫଳତା ପାଇଛନ୍ତି ।

ଯେଉଁ ମାଲିକ ଅଥବା ପରିଚାଳକ ସର୍ବଦା ତ୍ରୁଟି ଖୋଜୁଥାନ୍ତି, ଯିଏ କେବଳ ଅନ୍ୟର ଭୁଲ୍‌କୁ ଅନ୍ୱେଷଣ କରୁଥାନ୍ତି, ଯାହାଙ୍କ ମଧ୍ୟରେ ଟିକିଏ ହେଲେ ଉଦାରତା ନଥାଏ, ଯେଉଁ ମାଲିକ ନିଜ ଅଧିନସ୍ଥ କର୍ମଚାରୀଙ୍କୁ ପ୍ରୋତ୍ସାହିତ କରନ୍ତି ନାହିଁ, ଖୁସିରେ ତାଙ୍କ ଭଲ କାମର ପ୍ରଶଂସା କରନ୍ତି ନାହିଁ, ତାଙ୍କୁ କେବେ ହେଲେ ଭଲ ସେବା ମିଳେନାହିଁ ।

ପ୍ରସନ୍ନଚିତ୍ତ ବ୍ୟକ୍ତିଙ୍କ ସ୍ୱଭାବ ଦୁର୍ଭାଗ୍ୟକୁ ମଧ୍ୟ ସୌଭାଗ୍ୟ କରିପାରିବ । ପ୍ରସନ୍ନଚିତ୍ତ କେବେ ହତଭାଗ୍ୟ ରୁହନ୍ତି ନାହିଁ । ତାଙ୍କ ଭାଗ୍ୟ ଖୋଲିବାରେ ବିଳମ୍ୱ ହୁଏନାହିଁ । ସେମାନେ ସର୍ବଦା ଭାଗ୍ୟଶାଳୀ ରୁହନ୍ତି ।

ଅଭିଯୋଗ କରିବା ସ୍ୱଭାବ :

ଯେଉଁ ବ୍ୟକ୍ତି ସର୍ବଦା ସମସ୍ତଙ୍କୁ ଅଭିଯୋଗ କରୁଥାନ୍ତି, ମନସ୍ତାପ କରୁଥାନ୍ତି, ସେମାନେ ହତଭାଗ୍ୟ ଅଟନ୍ତି । ଏମିତି ଚିଡ଼ଚିଡ଼ା ବିରକ୍ତିଭରା ଓ ରାଗି ବ୍ୟକ୍ତି ନା ନିଜେ ପ୍ରସନ୍ନ ରୁହନ୍ତି ଓ ନା କାହାକୁ ରହିବାକୁ ଦିଅନ୍ତି । ସେମାନେ ନିଜ ସଚ୍ଚୋଟ ଚାକରଙ୍କୁ ମଧ୍ୟ କାମରୁ ବାହାର କରିପାରନ୍ତି । କାମ କରୁଥିବା ଲୋକଙ୍କ ହୃଦୟ ଜିତିପାରନ୍ତି ନାହିଁ । ସେମାନେ କେବେ ମନ ଲଗାଇ ଏଭଳି ବ୍ୟକ୍ତିଙ୍କ କାମ କରିପାରିବେ ନାହିଁ । ମନସ୍ତାପ କରୁଥିବା ବ୍ୟକ୍ତି ଭଲ କାମ କେମିତି କରିପାରିବେ ?

ଆପଣ କୌଣସି ଚାକିରି କରୁଛନ୍ତି ଓ ସେହି ଚାକିରି ଆପଣଙ୍କର ପସନ୍ଦ ନୁହେଁ । ଏଥିପାଇଁ ନା ମନସ୍ତାପ କରନ୍ତୁ ଓ ନା ମାଲିକ କିମ୍ବା ଅନ୍ୟ କାହାକୁ ଅଭିଯୋଗ କରନ୍ତୁ । ବରଂ ପରିଶ୍ରମ ଓ ନିଷ୍ଠାରେ କାର୍ଯ୍ୟ କରିଚାଲନ୍ତୁ ଓ ନିଜ କାମରେ ଦେଖାଇ ଦିଅନ୍ତୁ ଯେ ଆପଣ ଏହି ପଦବୀରେ କାମ କରୁଥିବା ଶ୍ରେଷ୍ଠ ବ୍ୟକ୍ତି ।

ନିଜର ଶ୍ରେଷ୍ଠ କାର୍ଯ୍ୟ ଦ୍ୱାରା ଆଭାସ କରାଇଦିଅନ୍ତୁ ଯେ ଆପଣ ଏହାଠାରୁ ମଧ୍ୟ ବଡ଼ ପଦବୀ ତୁଲାଇ ପାରିବେ । କାର୍ଯ୍ୟ ଦ୍ୱାରା ନିଜର ଯୋଗ୍ୟତାର ପରିଚୟ ଦିଅନ୍ତୁ, ମୁହଁରେ ନୁହେଁ । ମୁଖ ମଣ୍ଡଳରେ ଖାଲି ସୁନ୍ଦର ହସ ରହୁ କାର୍ଯ୍ୟର ଶିଥିଳତା ନୁହେଁ । ସମସ୍ତେ ଏହା ଦେଖନ୍ତୁ ଯେ ଆପଣ ନିଜ ପଦବୀରୁ ବହୁତ ଉଚ୍ଚ ପଦବୀରେ ବସିପାରିବା ଭଳି ଯୋଗ୍ୟ ବ୍ୟକ୍ତି ।

ନିଜ କାର୍ଯ୍ୟ କରନ୍ତୁ ଓ ସମୟ ବଳିଲେ ତଥା ଆପଣଙ୍କ ମଧ୍ୟରେ ସାମର୍ଥ୍ୟ ଥିଲେ ଅନ୍ୟକୁ ମଧ୍ୟ ସହଯୋଗ କରନ୍ତୁ । ଅନ୍ୟମାନଙ୍କୁ ସାହାଯ୍ୟ କରି ଆପଣଙ୍କୁ ପ୍ରସନ୍ନତା ଓ ଆନନ୍ଦ ମିଳିବ ଓ ଅନ୍ୟମାନେ ଆପଣଙ୍କୁ ପ୍ରଶଂସା ମଧ୍ୟ କରିବେ । ସେମାନେ ପ୍ରସନ୍ନ ହେବେ ।

ଅନ୍ୟମାନଙ୍କ ଦ୍ୱାରା ଅସମ୍ପୂର୍ଣ୍ଣ କାର୍ଯ୍ୟକୁ ମଧ୍ୟ ଆପଣ ସମ୍ପୂର୍ଣ୍ଣ କରିପାରିବେ । ଅଭିଯୋଗ ନକରି ସେହି କାମକୁ ପ୍ରସନ୍ନଚିତ୍ତ ହୋଇ କରନ୍ତୁ ।

ବ୍ୟବସାୟରେ ଜଣେ ଭଲ ସେଲ୍ସମ୍ୟାନ୍ ଭଲ ବ୍ୟବସାୟ କରିଥାଏ ।

ଆକର୍ଷକ ଓ ଚିକ୍କଣିଆ କଥା କହୁଥିବା, ମଧୁରଭାଷୀ, ପ୍ରସନ୍ନ ହୃଦୟର ସେଲ୍ସମ୍ୟାନ୍ କଥା-କଥାରେ ଅର୍ଡର ବୁକ୍ କରିଦିଏ । ଜିନିଷ ଠାରୁ ମୁଖମଣ୍ଡଳ ଅଧିକ ପ୍ରଭାବ ପକାଇଥାଏ । ଜଣେ ଏଜେଣ୍ଟ ଅଥବା ସେଲ୍ସମ୍ୟାନ୍ କର୍କଶ ସ୍ୱରରେ କଥା କହେ, ତା' ମୁହଁ ମଉଳିଲା ପରି କିମ୍ବା ଅସନ୍ତୁଷ୍ଟ ଦେଖାଯାଉଛି, ଟିକିଏ କଥାରେ ଉତ୍ତେଜିତ ହୋଇଯାଉଛି, ତେବେ ସେ ଜଣେ ଅସଫଳ ଏଜେଣ୍ଟ ଅଥବା ସେଲ୍ସମ୍ୟାନ୍ । ଯେତେ ଭଲ ଜିନିଷ ଥିଲେ ମଧ୍ୟ ତାକୁ ସବୁଠୁ କମ୍ ଅର୍ଡର୍ ମିଳେ ।

ଆକର୍ଷକ, ପ୍ରସନ୍ନଚିତ୍ତ, ମୃଦୁଭାଷୀ ଏଜେଣ୍ଟ ପାଖରେ ଅନୁନ୍ନତ ମାଲ୍ ଥିଲେ ମଧ୍ୟ ତା' ମାଲ୍ ଲୋକେ ଅଧିକ କିଣନ୍ତି । ତାକୁ ଆପେ ଅର୍ଡର୍ ମିଳେ । ଏହା ତା'ର ହସ-ହସ, ବିନୋଦପ୍ରିୟ ମୁହଁର କରାମତି ହୋଇଥାଏ ।

ଆପଣ ମଧ୍ୟ ସଫଳତା ପାଇବା ପାଇଁ ନିଜ ବ୍ୟବସାୟକୁ ହସି-ହସି ସଂଚାଳିତ କରନ୍ତୁ ।

୫. ଆଶା ଓ ପ୍ରସନ୍ନତା

ଯଦି ଆଗାମୀ ଜୀବନ ମୁହୂର୍ତ୍ତକୁ ସାହସର ସହ ମୁକାବିଲା କରିବାର ଅଛି ତେବେ ବିଚାରରୁ ଶକ୍ତି ପ୍ରାପ୍ତ କରନ୍ତୁ ଓ ଯଦି ଆଗାମୀ ସଙ୍କଟ ଉପରେ ବିଜୟ ପାଇବାକୁ ଚାହୁଁଛନ୍ତି ତେବେ ବିଚାରରୁ ଶକ୍ତି ହାସଲ କରି ସାହସୀ, ଦୃଢ଼ ନିଶ୍ଚୟୀ ଓ ଆଶାବାଦୀ ହୁଅନ୍ତୁ ।

ମଣିଷ ଯେମିତି ଆଶା କରେ, ସେମିତି ହୋଇଥାଏ । ଏହି ଆଶା ଇଚ୍ଛାଶକ୍ତି ଠାରୁ ମଧ୍ୟ ଅଧିକ ଶକ୍ତିଶାଳୀ ହୋଇଥାଏ । ଆଶା ମଣିଷର ଦିଗ ନିର୍ଦ୍ଦେଶ କରିଥାଏ । ଆଶା ସହିତ ପ୍ରସନ୍ନତା ଥିଲେ ବହୁତ ଭଲ । ଜୀବନରେ ଯେଉଁ ଜୁଆର-ଭଟ୍ଟା ଆସେ, ତାହାର ସାମ୍‌ନା କରିବାରେ ସିଏ ସଫଳ ହୁଏ, ଯିଏ ଶୁଭ ଆଶା କରିଥାଏ ।

ଯେଉଁ ବ୍ୟକ୍ତି ନିରୁତ୍ସାହିତ ରୁହେ, ମୁହଁରେ ଉଦାସୀନତା ରହିଥାଏ, ମୁହଁରେ ଉଜ୍ଜ୍ୱଳ ନଥାଏ, ସେ କେବେ ହସେନାହିଁ, ପ୍ରସନ୍ନ ହୁଏ ନାହିଁ, ସିଏ କେବେ ଆଶା କରିପାରିବ ନାହିଁ । ଯଦି କରେ ତେବେ ତା' ଆଶା ପୂରଣ ହୁଏନାହିଁ । ଆଶା ସେଇଠି ପୂରଣ ହୁଏ ଯାହା ପାଖରେ ପ୍ରସନ୍ନତା ଥାଏ । ପ୍ରସନ୍ନତା ବିନା ଆଶା ପାଖରେ କୌଣସି ଶକ୍ତି

ନଥାଏ । ତାହା କେବଳ ଆକାଶ କୟାଁ କିମ୍ବା ମରିଚିକା ସ୍ୱରୂପ ଅଟେ । ତାହା ପୁଣି ଦିବାସ୍ୱପ୍ନ ।

ଖରାପ ଚିନ୍ତାଧାରା :

ଆପଣ ମଧ୍ୟ ଆଜିଠାରୁ, ଏହି ସମୟରୁ ନିଜ ମନରୁ ସବୁ ଖରାପ କଥାକୁ, ସବୁ ଭୟ ଓ ଅହଂକାରକୁ- ଦାରିଦ୍ର୍ୟତା ଓ କଠୋରତାର ବିଚାରକୁ ତ୍ୟାଗ କରନ୍ତୁ । ଯଦି ଚିନ୍ତା କରିବାର ଅଛି ତେବେ ସଫଳତାର ଚିନ୍ତନ କରନ୍ତୁ, ସମ୍ପନ୍ନତାର ଫଳ ପ୍ରସନ୍ନତାରେ ଭରା ଆଶାର ଗର୍ଭରେ ଲୁଚିଛି । ଯଦି ସେହି ଫଳକୁ ଚାଖିବାର ଅଛି ତେବେ ଏମିତି ଆଶା କରନ୍ତୁ ଯେଉଁଥିରେ ପ୍ରସନ୍ନତା ଖୁନ୍ଦିହୋଇ ରହିଥିବ । ସୁତରାଂ ଆପଣ ଆଶା କରନ୍ତୁ ଓ ଆପଣଙ୍କ ହୃଦୟ ପ୍ରସନ୍ନତାରେ ଭରିରହୁ । ଆପଣଙ୍କ ମୁହଁକୁ ଉଦାସୀ ଛୁଇଁନପାରୁ । ଯଦି ଆପଣ ଉଦାସ କିମ୍ବା ନିରାଶ ହୋଇଯିବେ ତେବେ ଉଦାସୀନତା ଆପଣଙ୍କ ଆଡ଼କୁ ଧାଇଁଆସିବ ।

ଯେମିତି ଓ ଯେଉଁ ଜିନିଷର ବିଚାର କରାଯାଏ, ସେଗୁଡ଼ିକୁ ଆମେ ସମସ୍ତେ ନିଜ ଆଡ଼କୁ ଆକର୍ଷିତ କରିଥାଉ । ସେଗୁଡ଼ିକ ଆମକୁ ମିଳିଥାଏ । ଆଗାମୀ ଜୀବନ ମୁହୂର୍ତ୍ତକୁ ସାହସର ସହ ଯଦି ମୁକାବିଲା କରିବାର ଅଛି ତେବେ ବିଚାରଠାରୁ ଶକ୍ତି ପ୍ରାପ୍ତ କରନ୍ତୁ ଓ ଯଦି ଭବିଷ୍ୟତ ସଙ୍କଟ ଉପରେ ବିଜୟ ପାଇବାକୁ ଚାହୁଁଛନ୍ତି ତେବେ ବିଚାରଠାରୁ ଶକ୍ତି ହାସଲ କରି ସାହସୀ, ଦୃଢ଼ନିଶ୍ଚୟୀ ଓ ଆଶାବାଦୀ ହୁଅନ୍ତୁ ।

ସମସ୍ତଙ୍କୁ ଉତ୍ତରାଧିକାର ଭାବେ ସେଇୟା ମିଳିଥାଏ ଯାହା ତାଙ୍କ ପିତାଙ୍କ ପାଖରେ ଥାଏ । ଆମ ସମସ୍ତଙ୍କ ପିତା ପରମାତ୍ମା ପରମେଶ୍ୱର ଅଟନ୍ତି ।

ଯାହା ସମସ୍ତଙ୍କର, ସେଥିରେ ତାଙ୍କ ସନ୍ତାନର ମଧ୍ୟ ଭାଗ ରହିଛି । ସନ୍ତାନ ମଧ୍ୟ ସେ ସବୁକୁ ପାଇପାରିବ । ଆପଣ ଓ ମୁଁ ତାଙ୍କରି ସନ୍ତାନ । ସୁତରାଂ ଯାହା ତାଙ୍କର, ସେଥିରୁ ଆମେ ଯେତିକି ଚାହିଁବା, ପାଇପାରିବା । ଖାଲି ଇଚ୍ଛା ଓ ଆଶାର ଆବଶ୍ୟକତା ରହିଛି । ପ୍ରସନ୍ନତା ଓ ଆଶାର ଆବଶ୍ୟକତା ଅଛି । ପ୍ରସନ୍ନତାରେ ଭରି ରହିଥିବା ସ୍ୱର୍ଣ୍ଣିମ ଆଶାର ଆବଶ୍ୟକତା ରହିଛି ।

ପ୍ରସନ୍ନତା ଥିବା ଆଶା ରହିଲେ ଏମିତି କୌଣସି କାରଣ ନାହିଁ ଯେ, ଆପଣ ସଂସାରରେ ଥିବା ଯେକୌଣସି ବସ୍ତୁକୁ ପାଇପାରିବେ ନାହିଁ । ଆପଣ ସବୁ ଜିନିଷ ନିଜ ଇଚ୍ଛା ଓ ଆଶା ଅନୁସାରେ ପାଇପାରିବେ । ଆପଣଙ୍କୁ ପାଇବାର ଦୃଢ଼ ବିଶ୍ୱାସ ହେବା ଉଚିତ । ଆପଣଙ୍କୁ ତାହାର ଇଚ୍ଛା କରିବା ଉଚିତ । ସମ୍ପୂର୍ଣ୍ଣ ଆଶା କରିବା ସହିତ ଆପଣଙ୍କ ମୁହଁ ପ୍ରସନ୍ନ ରହିବା ଉଚିତ । ଯେହେତୁ ଆପଣ ସେହି ପରମପିତାଙ୍କ ସନ୍ତାନ ଅଟନ୍ତି, ଯାହାଙ୍କ ପାଖରେ କୌଣସି ଜିନିଷର ଅଭାବ ନାହିଁ ।

କଷ୍ଟ ଓ ଅଭାବ :

ଯଦି ଆପଣ ଅଭାବଗ୍ରସ୍ତ, ଦାରିଦ୍ର୍ୟତା ତଥା କଷ୍ଟରେ ଦିନ କାଟୁଛନ୍ତି, ହସକୁ ଗ୍ରହଣ କରୁନାହାନ୍ତି, ବିରକ୍ତ ହେଉଛନ୍ତି, ଚିତ୍କାର କରୁଛନ୍ତି ଓ ଅଭିଯୋଗର ଗଣ୍ଠିଲି ଧରି ବୁଲୁଛନ୍ତି, ତେବେ ଜାଣନ୍ତୁ ଯେ, ଆପଣଙ୍କର ଭଗବାନଙ୍କ ଉପରେ ବିଶ୍ୱାସ ନାହିଁ । ଆପଣଙ୍କୁ କଲ୍ୟାଣ ଉପରେ ବିଶ୍ୱାସ ନଥିବା ସହ ଆପଣଙ୍କର ଖରାପ କଥା ଚିନ୍ତା କରିବା ଓ ଆଶା କରିବାର ସ୍ୱଭାବ ରହିଛି ।

ମନକୁ ଯାହା ଆସେ, ସେଇୟା କୁହାଯାଏ, ସେହି କାମ କରାଯାଏ, ଓ ଯେଉଁ କାମ କରାଯିବ ତାହାର ଫଳ ତ' ନିଶ୍ଚୟ ମିଳିବ ।

ସଂସାରରେ ଜଣେ ବ୍ୟକ୍ତି ଧନୀ ଓ ଅନ୍ୟଜଣେ ଗରିବ ଅଟେ । ଏମିତି କାହିଁକି ହୋଇଛି ? ଯେତେବେଳେ ଏହି ପ୍ରଶ୍ନ ଉପରେ ଚିନ୍ତା କରିବେ, ତେବେ ଆପଣ ଗୋଟିଏ କାରଣ ପାଇବେ- ତାହା ହେଉଛି ନିଜର ମନୋବସ୍ଥା । ଯାହାକି ନିଜର ବିଚାର-ଚିନ୍ତନ ଓ ଆଶା ।

ଆପଣଙ୍କ ବିଚାର ସଠିକ୍ ହୋଇଥିବ, ମାର୍ଜିତ ହୋଇଥିବ, ଉତ୍ସାହ ଥିବ, ଭଗବାନଙ୍କ ଉପରେ ବିଶ୍ୱାସ ଥିବ ଓ କାର୍ଯ୍ୟ ପ୍ରତି ନିଷ୍ଠା ଥିବ ତେବେ ଆପଣଙ୍କୁ ସଫଳତା ନିଶ୍ଚୟ ମିଳିବ । ଏତିକି ଆବଶ୍ୟକ ଯେ, ଧୈର୍ଯ୍ୟ ରଖନ୍ତୁ ଓ ପ୍ରତ୍ୟେକ ପରିସ୍ଥିତିରେ ପ୍ରସନ୍ନ ରୁହନ୍ତୁ ।

୬. ମନକୁ କେବେ ଗରିବ ହେବାକୁ ଦିଅନ୍ତୁ ନାହିଁ

ହସି-ହସି ସର୍ବୋତ୍ତମ ଜୀବନ ଜିଇଁବାର ସଂକଳ୍ପ କରନ୍ତୁ । ଆପଣ ଦାରିଦ୍ର୍ୟତାରେ ଚଳିବା ସ୍ୱଭାବକୁ ପାଳନ୍ତୁ ନାହିଁ, ମନା କରିଦିଅନ୍ତୁ । ଦାରିଦ୍ର୍ୟତାର ସ୍ୱଭାବ ହିଁ ତିଆରି କରନ୍ତୁ ନାହିଁ ।

ଦାରିଦ୍ର୍ୟତାର ଚିନ୍ତାଧାରାରୁ ଦାରିଦ୍ର୍ୟତାର ଆଶା ହେବ ଓ ଆପଣ ଗରିବ ହୋଇଯିବେ, ଆପଣଙ୍କ ସ୍ୱଭାବ ଗରିବ ହୋଇଯିବ । ଆପଣଙ୍କର ଶସ୍ତାରେ ଚଳିବା ସ୍ୱଭାବ ହୋଇଯିବ । ଦାରିଦ୍ର୍ୟତା ଓ ଅଭାବରେ ଦିନ କାଟିବାର ଅଭ୍ୟାସ ହୋଇଯିବ । ଘରକୁ ଆପଣ ଶସ୍ତା ଓ ଖରାପ ଜିନିଷ ଆଣିବେ । ଭଙ୍ଗା ଘରେ ରହିବେ । ଗରିବ ଲୋକଙ୍କ ମଧ୍ୟରେ ସେହି ପରିସ୍ଥିତିରେ ରହିବେ । ଏହାପରେ ଆପଣ ଉନ୍ନତ ଚିନ୍ତାଧାରା କରିପାରିବେ ନାହିଁ । ଆପଣଙ୍କ ସନ୍ତାନମାନେ ମଧ୍ୟ ସେହି ପରିସ୍ଥିତିରେ ରହି ସେମିତି ହୋଇଯିବେ । ସେମାନଙ୍କ ଚିନ୍ତାଧାରା ମଧ୍ୟ ଛୋଟ ହୋଇଯିବ । ପରିସ୍ଥିତିର ପ୍ରଭାବ ସମସ୍ତଙ୍କ ଉପରେ ପଡ଼ିବ ।

ତେବେ କାହିଁକି ଆପଣ ଦାରିଦ୍ର୍ୟତାକୁ ଗ୍ରହଣ କରୁଛନ୍ତି ?

କାହିଁକି ତାକୁ ନିମନ୍ତ୍ରଣ କରୁଛନ୍ତି ?

ମନରେ ସେହି ବିଚାର ଆସିବାକୁ ଦିଅନ୍ତୁ ନାହିଁ ।

ଭଲ କଥା ଚିନ୍ତା କରନ୍ତୁ, ଭଲ ଓ ଉତ୍ତମ ଜିନିଷ ପାଇବାକୁ ଇଚ୍ଛା କରନ୍ତୁ, ସର୍ବୋତ୍ତମକୁ ପାଇବାର ଚେଷ୍ଟା କରନ୍ତୁ ଓ ସର୍ବୋତ୍ତମ ରହିବା ପାଇଁ ଆଶା ରଖନ୍ତୁ । ହସି-ହସି ସର୍ବୋତ୍ତମ ଜୀବନ ଜିଇଁବାର ସଂକଳ୍ପ କରନ୍ତୁ । ଆପଣ ଦାରିଦ୍ର୍ୟତାରେ ଚଳିବା ସ୍ୱଭାବକୁ ପାଳନ୍ତୁ ନାହିଁ, ମନା କରିଦିଅନ୍ତୁ । ଦାରିଦ୍ର୍ୟତାର ସ୍ୱଭାବ ହିଁ ତିଆରି କରନ୍ତୁ ନାହିଁ ।

ଆପଣଙ୍କ ଆଡ଼କୁ ସେହିସବୁ ଉତ୍ତମ ଜିନିଷ ଆପେ ଆକର୍ଷିତ ହେବାକୁ ଲାଗିବେ ଯାହାର ଇଚ୍ଛା କରିବେ । ଦୃଢ଼ ଇଚ୍ଛାଶକ୍ତି, ସଂକଳ୍ପ, ଧୈର୍ଯ୍ୟ, ଆଶା ଓ ଭଗବାନ ତଥା ନିଜ ଉପରେ ବିଶ୍ୱାସ ରଖିଲେ ଏହା ସମ୍ଭବ ହେବ । ସ୍ୱଭାବ ଏମିତି ହେବା ଦରକାର ଯେ, ଯେକୌଣସି ଅବସ୍ଥାରେ ପ୍ରସନ୍ନତା ହରାନ୍ତୁ ନାହିଁ ଓ ଖରାପ ଦିଗକୁ ମନ ବଳାନ୍ତୁ ନାହିଁ ।

ପରିସ୍ଥିତି ଓ ଜୀବନ :

ଆପଣ ଏଭଳି ଦୁଇଟି ବ୍ୟକ୍ତିଙ୍କୁ ଦେଖନ୍ତୁ, ଯେଉଁମାନେ ପିଲାବେଳେ ଏକାଠି ଥିଲେ, ଏକାଠି ପଢ଼ିଥିଲେ, ସମାନ ପରିସ୍ଥିତିରେ ଜନ୍ମ ହୋଇଥିଲେ ଓ ସମାନ ଶିକ୍ଷା ପାଇଥିଲେ । ଏହାସତ୍ତ୍ୱେ ଯୁବାବସ୍ଥାରେ ଜଣକର ଜୀବନ ସ୍ତର ବହୁତ ଉନ୍ନତ, ଭଲ ଘରେ ରହୁଛି, କାର୍‌ରେ ବୁଲୁଛି, ଭଲ ଖାଉଛି, ଲବ୍‌ଧ ପ୍ରତିଷ୍ଠିତ, ସଭ୍ୟ ଲୋକଙ୍କ ମଧ୍ୟରେ ରହୁଛି, ପ୍ରସନ୍ନତା ଓ ଆନନ୍ଦରେ ପରିପୂର୍ଣ୍ଣ ଅଛି । ଆଉଜଣେ ବସ୍ତିରେ ଏକ ଝୁମ୍ପୁଡ଼ି ଘରେ ରହୁଛି, ଘରେ ସବୁ ଶସ୍ତା ଜିନିଷ ରଖିଛି, ଯେଉଁଠି କାମ କରୁଛି ସେଠାରେ ମଧ୍ୟ ଅଳିଆ ଆବର୍ଜନା ଭରିରହିଛି । ସବୁବେଳେ ସେ ମନସ୍ତାପ କରୁଛି, ବିଳାପ କରୁଛି, କାନ୍ଦୁଛି ।

ଏହି ଅନ୍ତର କାହିଁକି ରହିଛି ? ସିଏ କାହିଁକି ଗରିବ ହୋଇଛି ?

ଏହାର କାରଣ ହେଉଛି ତା'ର ଭଗବାନଙ୍କ ଉପରେ ଦୃଢ଼ ବିଶ୍ୱାସର ଅଭାବ ଓ ଆତ୍ମବିଶ୍ୱାସର ଅଭାବ । ବିଚାର ଶକ୍ତିର ଅଭାବ ଓ ତାହାର ଖରାପ ମନୋବୃତ୍ତି । ତା'ର ଶସ୍ତା ଜିନିଷରେ ଚଳିବା ସ୍ୱଭାବର ବିକାଶ ହେବା ।

ଜଣକର ରୁଚି ଉନ୍ନତ । ଯାହାକୁ ଦାରିଦ୍ର୍ୟତା ଓ ଶସ୍ତାପଣ ପସନ୍ଦ ନୁହେଁ । ସେ ଦୃଢ଼ ଆତ୍ମବିଶ୍ୱାସ, ଭଗବାନଙ୍କ ଉପରେ ବିଶ୍ୱାସ, ଇଚ୍ଛାଶକ୍ତି ଓ ଚେଷ୍ଟାରେ ପରିବର୍ତ୍ତନ କରି ପରିଶ୍ରମ କରିଛି ଓ ସେ ଯାହା ଆଶା କରିଛି ତାହା ପାଇଛି । ତା' ମନର ଅବସ୍ଥା ଯେମିତି, ତା' ରୁଚି ମଧ୍ୟ ସେମିତି ।

ଉତ୍ତମ ରୁଚି ଥିଲେ ଉତ୍ତମ ଜିନିଷ ପ୍ରାପ୍ତ କରିବେ ।

ରୁଚି ଖରାପ ହେଲେ ଖରାପ ଜିନିଷ ପାଇବେ ।

ଆମେ ଉତ୍ତମକୁ ପାଇ ହସି-ହସି ବଞ୍ଚିବା ପାଇଁ ସାଧନ ଯୋଗାଡ଼ କରିଥାଉ, ପ୍ରସନ୍ନତା ଆସିଥାଏ, ଯେତେବେଳେକି ଖରାପ ବାତାବରଣରେ କେବଳ ଦୁଃଖ ଓ କଷ୍ଟ ଆସିଥାଏ ।

ତେବେ ଆପଣ କାହିଁକି ହସି-ହସି ବଞ୍ଚିବା ପାଇଁ ନିଜ ମନର ଅବସ୍ଥାକୁ, ନିଜ ରୁଚିକୁ ଉନ୍ନତ ଓ ଉତ୍ତମ ନକରିବେ ।

ବ୍ୟର୍ଥ କୃପଣତା :

ବଦଖର୍ଚ୍ଚକୁ ପ୍ରାୟତଃ ଭଲ ବୋଲି କୁହାଯାଏନାହିଁ । ଯେଉଁ ଜିନିଷର ଆବଶ୍ୟକତା ନାହିଁ, ସେଗୁଡ଼ିକୁ କିଣିବା ବଦଖର୍ଚ୍ଚ ହୋଇପାରେ କିନ୍ତୁ ଆବଶ୍ୟକ ଜିନିଷକୁ ନକିଣିବା ଅଥବା ଖରାପ ଜିନିଷ କିଣି ଅର୍ଥ ବଞ୍ଚାଇବା କୃପଣତା କୁହାଯିବ ।

କୃପଣତା ସର୍ବଦା ଖରାପ ଅଟେ । ସବୁବେଳେ ଭଲ ଓ ଉତ୍ତମ ଜିନିଷ କମ୍ ଦାମ୍‌ରେ କିଣିବାକୁ ଚେଷ୍ଟା କରିବା ଉଚିତ ।

କିଛି ଲୋକ ନିତିଦିନିଆ ଜୀବନରେ ନିଜର ଅତ୍ୟନ୍ତ ଆବଶ୍ୟକ ଜିନିଷର ଖର୍ଚ୍ଚରୁ କାଟି ଭବିଷ୍ୟତ ପାଇଁ ଅଥବା ସଙ୍କଟ ପାଇଁ ସଞ୍ଚୟ କରନ୍ତି । ଆଶଙ୍କିତ ସଙ୍କଟ ଉପରେ ସେମାନଙ୍କ ଧ୍ୟାନ ରହିଥାଏ । ସୁତରାଂ ସେମାନଙ୍କ ଅର୍ଥ ପ୍ରାୟତଃ ସଙ୍କଟରେ ବ୍ୟୟ ହୋଇଥାଏ । ଯେହେତୁ ସେମାନେ ନିଜେ ସଙ୍କଟକୁ ଆକର୍ଷିତ କରୁଥାନ୍ତି ।

କୃପଣତା ଅଣନିଶ୍ୱାସୀ କରିଦିଏ !

କୃପଣ ଲୋକଙ୍କ ଘରେ ପ୍ରସନ୍ନତା ଓ ହସର ଅଭାବ ରହିଥାଏ । ସେଠାରେ ଏକ ଅଶୁଭକର ବାତାବରଣର ଦର୍ଶନ ଥାଏ । ଏହା ଏକ ସଂକୀର୍ଣ୍ଣ ମନୋବୃତ୍ତି ଅଟେ, ଯାହା ବାତାବରଣକୁ ଅଶୁଭକର ଓ ଅଣନିଶ୍ୱାସୀ କରିଦିଏ ଏବଂ ଖୁସି ଛଡ଼ାଇନିଏ । ସୁତରାଂ ବ୍ୟର୍ଥ କୃପଣତାର ମନୋବୃତ୍ତିକୁ ତିଳମିଶ୍ରିତ ଜଳାଞ୍ଜଳି ଦେବା ଉଚିତ । ଶରୀରକୁ କଷ୍ଟ ଦେଇ, ମନକୁ ଦବାଇ କରାଯାଇଥିବା ସଞ୍ଚୟ ସର୍ବଦା ଅନୁଚିତ ଅଟେ । ଏହି ସ୍ୱଭାବ ବଦଖର୍ଚ୍ଚ ଠାରୁ ମଧ୍ୟ ଖରାପ ।

କିଛି ଲୋକ ସରଳତା ଓ ସଂଯମର କଥା କୁହନ୍ତି । ସରଳତା ଓ ସଂଯମ ସେତିକିବେଳେ କରିବା ଉଚିତ ଯେତେବେଳେ ଆପଣ ସମର୍ଥ ହୋଇଥିବେ । ଯେତେବେଳେ ଆପଣଙ୍କ ଚାରିଆଡ଼େ ଆନନ୍ଦ ଥିବ । ଜୋତା କିଣିବା ପାଇଁ ପଇସା ନଥିଲେ ଖୋଲା ପାଦରେ ବୁଲୁଥିବା ବ୍ୟକ୍ତି ନିରାଡ଼ମ୍ବର ନୁହେଁ, ଅସହାୟ ଅଟେ । ଅସହାୟତାର ଅର୍ଥ ନିରାଡ଼ମ୍ବର ନୁହେଁ । ଶକ୍ତିଶାଳୀର ସଂଯମତାରେ ଅର୍ଥ ଥାଏ, ହେଲେ ଦୁର୍ବଳର ସଂଯମ କ'ଣ ?

ସୁତରାଂ ଯେକୌଣସି ଜିନିଷର ଅତ୍ୟଧିକ ମାତ୍ରାକୁ ଖରାପ ବୋଲି ଭାବନ୍ତୁ ।

ଅତ୍ୟଧିକ ବ୍ୟୟ ମଧ୍ୟ ଖରାପ ଓ ଅଧିକ ସଂଯମ ଅଥବା କୃପଣତା ମଧ୍ୟ ଖରାପ ।

ମନୋବସ୍ଥା ପରିଷ୍କୃତ ଓ ଉନ୍ନତ ହେବା ଉଚିତ । ସର୍ବଦା ସେହି ବାଟ ଗ୍ରହଣ

କରିବା ଉଚିତ ଯାହା ସନ୍ତୁଳନ ବଜାୟ ରଖିପାରିବ । ଜୀବନ ଆନନ୍ଦଭରା ହୋଇଥିବ ।

ଉଦାର, ବିଶାଳ ଓ ପରିଷ୍କୃତ ମନୋବୃତ୍ତି ରଖନ୍ତୁ ।

ସଂକୀର୍ଣ୍ଣତା, ଜଡ଼ତା ଓ ନୀଚତାକୁ ପାଖ ପୁରାଇ ଦିଅନ୍ତୁ ନାହିଁ । ହୃଦୟକୁ ବିଶାଳ କରନ୍ତୁ, ଯଦ୍ଦ୍ୱାରା ଆପଣଙ୍କ ଚେତନା ବିରାଟ ହେବ । ଆପଣଙ୍କ ଚିନ୍ତାଧାରା ଉଦାରପୂର୍ଣ୍ଣ ହେବ ତଥା ଆପଣଙ୍କ ଭାବନା ଉଦାର ହେବ । ତେବେ ଯାଇ ଆପଣ ନିଜର ଓ ସମାଜର ମଙ୍ଗଳ କରିପାରିବେ ।

ଆପଣ ଯାହା ଚାହିବେ, ସେଇୟା ପାଇବେ । ଆପଣ ଯେଉଁ ଜିନିଷର ଇଚ୍ଛା କରିବେ ତାହାହିଁ ମିଳିବ, କିନ୍ତୁ ଯେତେବେଳେ ଆଶା ଥିବ, ଯେତେବେଳେ ତାକୁ ପାଇବାର ଦୃଢ଼ ବିଶ୍ୱାସ ଥିବ । ମନର ଅନ୍ୟ କୌଣସି ଶକ୍ତି ଆଶା ସମକକ୍ଷ ଶକ୍ତିଶାଳୀ ନୁହେଁ ।

ଆନନ୍ଦର ସନ୍ଧାନ :

ଆନନ୍ଦ ଓ ସମ୍ପନ୍ନତାର ରହସ୍ୟ ହେଉଛି ନିରନ୍ତର ସେହି ସନାତନ ସତ୍ୟର ସନ୍ଧାନ କରିବା, ଯେଉଁଥିରେ ଆନନ୍ଦର ଭଣ୍ଡାର ରହିଛି । ତାହା ଦୂରରେ ନାହିଁ, ଆପଣଙ୍କ ପାଖରେ ଅଛି । ଆପଣଙ୍କ ଭିତରେ ଅଛି, ଆପଣ ଅନୁଭବ କରନ୍ତୁ ଓ ପାଆନ୍ତୁ । ଏହା ଆପଣଙ୍କର ଦୃଢ଼ ଆଶା ଓ ଇଚ୍ଛାଶକ୍ତି ଅଟେ ।

ତାହା ଆପଣଙ୍କର ପ୍ରଜ୍ଞା ଅଟେ ।

ତୀବ୍ର ବୁଦ୍ଧି ଓ ବିବେକ ଅଟେ ।

ଏହାକୁ କାମରେ ଲଗାନ୍ତୁ ।

ଉଦାସୀନତା, ଶୋକ, ଭୟ, ଆତଙ୍କ, ଅବିଶ୍ୱାସ ଓ ଅକର୍ମଣ୍ୟତା ଏହି ବୁଦ୍ଧି, ପ୍ରଜ୍ଞା ଅଥବା ବିବେକକୁ କୁଣ୍ଠିତ କରିଦିଅନ୍ତି । ଆମେ ଅନୁଭବ କରିପାରୁନା ଯେ, ଯେଉଁ ଜିନିଷଗୁଡ଼ିକୁ ଆମେ କାମନା କରୁ, ଲାଳସା କରୁ, ଆଶା କରୁ, ସେହିସବୁ ଆମର ଅବଚେତନ ମନରେ ଅଛି । ଯେତେବେଳେ ଆମ ପ୍ରଜ୍ଞାର ସମ୍ପର୍କ ମନ ସହିତ ହୁଏ ତେବେ ସେହି ଜିନିଷଗୁଡ଼ିକ ଆମ ଆଡ଼କୁ ଆକର୍ଷିତ ହୁଅନ୍ତି । ସେଗୁଡ଼ିକ ଆମ ପାଖକୁ ଆସିବାକୁ ଲାଗନ୍ତି ଓ ଆମେ ସେଗୁଡ଼ିକୁ ସାକାର ରୂପରେ ପାଇଚାଲୁ ।

ସଂସାରର ସମସ୍ତ ରଚନା ନିରାକାର ଓ ବିଚାର ରୂପରେ ପ୍ରଥମେ ମଣିଷ ମନରେ, ମସ୍ତିଷ୍କରେ ଜନ୍ମ ନିଏ, ଏହାପରେ ସାକାର ରୂପରେ ଆସିଥାଏ । ଦାରିଦ୍ର୍ୟତା ଓ ସମ୍ପନ୍ନତା ପ୍ରଥମେ ଆପଣଙ୍କ ମସ୍ତିଷ୍କରେ ଉତ୍ପନ୍ନ ହୋଇଥାଏ ।

ସଂସାରରେ ଏମିତି ବହୁତ କିଛି ଅଛି ଯାହାକୁ ଆମେ ଛୁଇଁପାରିବା ନାହିଁ, ଦେଖିପାରିବା ନାହିଁ, ଶୁଣିପାରିବା ନାହିଁ, ଶୁଙ୍ଘିପାରିବା ନାହିଁ, କିନ୍ତୁ ସେହିସବୁ ବାସ୍ତବରେ ଥାଆନ୍ତି । ସେସବୁ ଇନ୍ଦ୍ରିୟ-ଜ୍ଞାନର ଊର୍ଦ୍ଧ୍ୱରେ ଅଟନ୍ତି । ଆପଣ ପୃଥିବୀର ମାଧ୍ୟାକର୍ଷଣ ଶକ୍ତିକୁ ଜାଣନ୍ତି,

ଅନୁଭବ କରନ୍ତି, ଦେଖନ୍ତି ନାହିଁ। ଫୁଲର ସୁଗନ୍ଧ, ବିଦ୍ୟୁତ୍ ଶକ୍ତି, ମହୁର ମଧୁରତା ଆଦିକୁ ଦେଖିପାରିବେ ନାହିଁ। କୌଣସି ଜିନିଷକୁ କେବଳ ଅନୁଭବ କରିପାରିବେ, ଆଉ କାହାକୁ କେବଳ ଗୋଟିଏ ଇନ୍ଦ୍ରିୟରେ ଜାଣିପାରିବେ। କୌଣସି ଜିନିଷକୁ କୌଣସି ଇନ୍ଦ୍ରିୟ ଦ୍ୱାରା ମଧ୍ୟ ଜାଣିପାରିବେ ନାହିଁ। ବହୁତ କିଛି ଏମିତି ଅଛି ଯାହାକୁ ଇନ୍ଦ୍ରିୟ ଦ୍ୱାରା ଗ୍ରହଣ କରିପାରିବେ ନାହିଁ। ପ୍ରକୃତରେ ପ୍ରଥମେ ଶକ୍ତିଗୁଡ଼ିକର କୌଣସି ରୂପ ନଥାଏ, ପରେ ଦିଆଯାଇଥାଏ। ପ୍ରଥମେ ସେଗୁଡ଼ିକର ବିଚାର-ନକ୍ସା, ମସ୍ତିଷ୍କରେ ତିଆରି ହୁଏ। ପରେ ସେଗୁଡ଼ିକୁ ସାକାର ରୂପ ଦିଆଯାଇଥାଏ। ପ୍ରତ୍ୟେକ ଜିନିଷ ମନର ଦ୍ୱାର ଦେଇ ଜୀବନରେ ପ୍ରବେଶ କରିଥାଏ। ସମସ୍ତ ବ୍ୟବସାୟର ଉତ୍ପତ୍ତି ପ୍ରଥମେ ମନରେ ହୋଇଥାଏ।

କଳା, ବିଜ୍ଞାନ ସମସ୍ତଙ୍କ ଉତ୍ପତ୍ତି ସ୍ଥଳ ହେଉଛି ମନ। କଳା ଓ ବିଜ୍ଞାନ କ୍ଷେତ୍ରରେ ଯେଉଁ ଉପଲବ୍ଧି ରଚନାମାନ ରହିଛି, ଯେଉଁ ସୃଜନ ରହିଛି, ଏସବୁ ପରେ ଆସିଛି।

ଏହିଭଳି ସମୃଦ୍ଧି ମଧ୍ୟ ପ୍ରଥମେ ମନରେ ଉତ୍ପନ୍ନ ହୋଇଥାଏ। ପରେ ସାକାର ରୂପରେ ଆମ ପାଖକୁ ଆସିଥାଏ। ସୁତରାଂ ପ୍ରଥମେ ମନରେ ଧନ-ସମ୍ପତ୍ତି ଅଥବା ଆନନ୍ଦ-ମର୍ଯ୍ୟାଦାର ବିଚାର ଉତ୍ପନ୍ନ କରନ୍ତୁ, ତାହାର ନିରାକାର ରୂପ, ତାହାର ଗୋଟିଏ ନକ୍ସା ପ୍ରସ୍ତୁତ କରନ୍ତୁ, ଏହାପରେ ତାକୁ ସାକାର ରୂପ ଦିଅନ୍ତୁ। ନିଜ ବାତାବରଣକୁ ବଦଳାଇଦିଅନ୍ତୁ, ନିଜ ବିଚାରରେ କ୍ରାନ୍ତି ଆଣନ୍ତୁ, ନିଜ ଜୀବନର ସ୍ଥିତିକୁ ବଦଳାଇଦିଅନ୍ତୁ। ଯାହା ହେବାକୁ ଇଚ୍ଛା କରୁଛନ୍ତି ସେଥିପାଇଁ ଚେଷ୍ଟା କରିବାକୁ ଲାଗନ୍ତୁ। ଆପଣଙ୍କ ଆଶା ପ୍ରସନ୍ନତାରେ ଭରିଯିବ। ଉଦାସୀନତା ଆପଣଙ୍କୁ ଛୁଇଁପାରିବ ନାହିଁ। ଯଦି ଆପଣ ଜୀବନ ପ୍ରତି ନିଜ ବିଚାର, ନିଜର ମନୋବୃତ୍ତି, ଚିନ୍ତନ କରିବା ଢଙ୍ଗ ବଦଳାଇଦେବେ, ମନରୁ ଉଦାସୀନତା, ଭୟ, ଆଶଙ୍କା ଓ ଅବିଶ୍ୱାସକୁ ବାହାର କରିଦେବେ ଓ ନିଷ୍ଠା, ପରିଶ୍ରମରେ, ଆଶା ରଖି, ବିଶ୍ୱାସର ସହ, ପ୍ରସନ୍ନତାପୂର୍ବକ ନିଜର ବାଞ୍ଛିତ ମାର୍ଗରେ ଆଗେଇ ଚାଲିବେ ତେବେ ଆପଣଙ୍କର ସମସ୍ତ ଆଶା ନିଶ୍ଚିତ ରୂପେ ସମ୍ପୂର୍ଣ୍ଣ ହୋଇଯିବ।

ଖାଲି ଏତିକି କରନ୍ତୁ ଯେ, ଆପଣ ପ୍ରସନ୍ନତା ଓ ଆଶାକୁ କୌଣସି ପରିସ୍ଥିତିରେ ଛାଡ଼ନ୍ତୁ ନାହିଁ।

୭. ଖୁସି ପାଇଁ ସନ୍ତୁଳନ ଆବଶ୍ୟକ

ଚିନ୍ତା ଉପରେ ଅଙ୍କୁଶ ଲଗାନ୍ତୁ । ଚିନ୍ତା କରନ୍ତୁ କିନ୍ତୁ ବ୍ରେକ୍ ଥାଉ-ଲଗାମ ଥାଉ । ଧୈର୍ଯ୍ୟ ଓ ସଂଯମ ଅଧିକ ଆବଶ୍ୟକ । ବିନା ସନ୍ତୁଳନରେ, ଜୀବନର ସମସ୍ତ କାର୍ଯ୍ୟରେ ବିଶୃଙ୍ଖଳା ହୋଇପାରେ ।

ହସି-ହସି ବଞ୍ଚିବା ଓ ପ୍ରସନ୍ନ ରହିବା ପାଇଁ ଜୀବନରେ ସନ୍ତୁଳନର ମହତ୍ତ୍ୱକୁ ଅଣଦେଖା କରାଯାଇପାରିବ ନାହିଁ । ଦେହ ଓ ମନର ସନ୍ତୁଳନ ନହେଲେ ବ୍ୟକ୍ତି ଲାଭ ସ୍ଥାନରେ ସବୁବେଳେ କ୍ଷତି ସହିଥାଏ । କୌଣସି ବ୍ୟକ୍ତି ଯଦି ନିଜ ଜୀବନର ଦୌଡ଼ରେ ଆଗେଇବାକୁ ଚାହେଁ, ଯଦି ଚେଷ୍ଟା କରୁଛି, ଆଂଶିକ ରୂପେ ସଫଳତା ମଧ୍ୟ ପାଉଛି, କିନ୍ତୁ ସେ ଅବିରତ ଦୌଡୁଛି, ଆଗକୁ-ଆଗକୁ ଆଗେଇଚାଲୁଛି, ପ୍ରତି ମୁହୂର୍ତ୍ତ, ପ୍ରତି କ୍ଷଣ ସେ ସେହି ଦୌଡ଼ ବିଷୟରେ ଚିନ୍ତା କରୁଛି, ସେଥିରେ ନିମଗ୍ନ ରହୁଛି, କୌଣସି ସଂଯମ କିମ୍ବା ଧୈର୍ଯ୍ୟ ନାହିଁ, ଟିକିଏ ସନ୍ତୁଷ୍ଟି ନାହିଁ, ଟିକିଏ ବିଶ୍ରାମ ନାହିଁ, ଟିକିଏ ହେଲେ ନିଜ ଇଚ୍ଛା, କାର୍ଯ୍ୟ ଓ ତୀବ୍ରତା ଉପରେ ନିୟନ୍ତ୍ରଣ ନାହିଁ, ତେବେ ପରିଣାମ କ'ଣ ହେବ ? ସେ ଧନଶାଳୀ

ତ' ହୋଇପାରିବ, ଭୌତିକ ସୁବିଧା ପାଇପାରିବ, କିନ୍ତୁ ତାହାର ମନ ଅଶାନ୍ତ ରହିବ । ସେ ଥକିଯିବ । ତାହାର ସମସ୍ତ ଶକ୍ତି କ୍ଷୀଣ ହୋଇଯିବ । ତାହାର ଶିରା-ପ୍ରଶିରା ଥକିଯିବ, ତା' ମସ୍ତିଷ୍କର ତନ୍ତୁଗୁଡ଼ିକ ଝାଉଁଳିଯିବ ଓ ବହୁତ ଶୀଘ୍ର ସେ ବୃଦ୍ଧ ହୋଇଯିବ ।

କିଛି ଲୋକ ଉନ୍ନତି କରିବା ପାଇଁ ଅବିରତ ଚିନ୍ତାରେ ବୁଡ଼ିରୁହନ୍ତି । ଆଗକୁ ଯିବା ପାଇଁ ଚିନ୍ତା କରୁଥାନ୍ତି । ସେମାନେ ନିଜ ଶରୀରକୁ ବିଗାଡ଼ି ଦିଅନ୍ତି । ଚିନ୍ତା ଶରୀରକୁ ଦୁର୍ବଳ କରିଦିଏ । କାର୍ଯ୍ୟଦକ୍ଷତା ନଷ୍ଟ କରିଦିଏ, ଯେତେବେଳେକି କାର୍ଯ୍ୟଦକ୍ଷତା ବଢ଼ିବା ଉଚିତ । ଚିନ୍ତା ଉପରେ ଅଙ୍କୁଶ ଲଗାନ୍ତୁ । ଚିନ୍ତା କରନ୍ତୁ, କିନ୍ତୁ ବ୍ରେକ୍ ଥାଉ-ଲଗାମ ଥାଉ । ଧୈର୍ଯ୍ୟ ଓ ସଂଯମ ଅଧିକ ଆବଶ୍ୟକ । ବିନା ସନ୍ତୁଳନରେ, ଜୀବନର ସମସ୍ତ କାର୍ଯ୍ୟରେ ବିଶୃଙ୍ଖଳା ହୋଇପାରେ ।

ଏକାଗ୍ର ମନ :

ମନର ଏକାଗ୍ରତା ବିନା କୌଣସି ସର୍ଜନା ହୋଇପାରିବ ନାହିଁ । ପ୍ରତ୍ୟେକ ରଚନାତ୍ମକ କାର୍ଯ୍ୟ ପାଇଁ ମନର ଏକାଗ୍ରତା ଦରକାର । କିନ୍ତୁ ଚିନ୍ତା, ଆଶଙ୍କା ଓ ଭୟ, ମନର ଏହି ଏକାଗ୍ରତାକୁ ଭଙ୍ଗ କରନ୍ତି ତଥା ଆମର ଅଧିକାଂଶ କାର୍ଯ୍ୟ ବିଗିଡ଼ିଯାଏ । ସଠିକ୍ ଏକାଗ୍ରତା ଦ୍ୱାରା ହିଁ କାର୍ଯ୍ୟ ହୋଇପାରିବ ଓ ଏକାଗ୍ରତା ସେତେବେଳେ ସ୍ଥାୟୀ ରୁହେ ଯେତେବେଳେ ମନ ଉପରେ ସନ୍ତୁଳନ ଥିବ, ଚିନ୍ତା, ଭୟ, ଆଶଙ୍କା ଉପରେ ନିୟନ୍ତ୍ରଣ ଥିବ, ସଂଯମ ଥିବ ।

ଅଧିକାଂଶ ଲୋକ ସର୍ବଦା ନିଜ ମାର୍ଗରେ କେବଳ ବାଧା ଦେଖିବାର ଅଭ୍ୟସ୍ତ ହୋଇଯାଆନ୍ତି । ସେହି ନିରାଶାବାଦୀମାନେ ସବୁବେଳେ ଅନ୍ଧାର ପକ୍ଷକୁ ଦେଖନ୍ତି, ଅଳ୍ପ କଷ୍ଟର କଳ୍ପନା ମଧ୍ୟ ସେମାନଙ୍କୁ ଭୟଭୀତ କରିଦିଏ । ଏହାର କାରଣ ହେଉଛି ସେମାନଙ୍କୁ ଚିନ୍ତାର ପୁରୁଣା ରୋଗ ଥାଏ । ସେମାନେ ଆଶଙ୍କିତ ଥାନ୍ତି । ଏକାଗ୍ରତା ଅଭାବରୁ ସେମାନଙ୍କ କାର୍ଯ୍ୟଦକ୍ଷତା ଚାଲିଯାଇଥାଏ ଓ ଏକାଗ୍ରତାର ଅଭାବ ଅସନ୍ତୁଳନରୁ ଆସିଥାଏ । ସେମାନଙ୍କ ଜୀବନ ଅସନ୍ତୁଳିତ ହୋଇଥାଏ ।

ଭୟଭୀତ ଓ ଶଙ୍କାଗ୍ରସ୍ତ ବ୍ୟକ୍ତି ନିଜ ଜୀବନରେ ନିଜେ ଅସନ୍ତୁଳନ ଉତ୍ପନ୍ନ କରିଥାନ୍ତି । ଯେତେବେଳେ ଆପଣଙ୍କ ଚିନ୍ତାଧାରା ନିରାଶା, ଚିନ୍ତା ଓ ଭୟରେ ଭରିଯାଏ, ସେତେବେଳେ ଆପଣ ଜାଣିନେବା ଉଚିତ ଯେ, ଆପଣ ନିଜ ଜୀବନରେ ଅସନ୍ତୁଳନକୁ ଉତ୍ପନ୍ନ କରିସାରିଛନ୍ତି । ଏହି ଅସନ୍ତୁଳନ, ଭୟ ଓ ଚିନ୍ତା ଆପଣଙ୍କ ଅବଚେତନ ମନକୁ ଇଚ୍ଛା ପୂରଣ କରିବାରେ ବାଧା ଦିଏ । ଏହି ଚିନ୍ତା ଅଥବା ସନ୍ଦେହ କାର୍ଯ୍ୟରେ ମୁଖ୍ୟ ବାଧା ହୋଇଥାଏ ।

ଭୟ ଓ ଚିନ୍ତା ଅତିଶୀଘ୍ର ଛାଡ଼ନ୍ତୁ ଓ ଜୀବନରେ ସନ୍ତୁଳନ ଆଣନ୍ତୁ । ଅସନ୍ତୁଳିତ, ଅଶାନ୍ତ ଓ ବେଲଗାମ୍ ମନ କେବେହେଲେ ଠିକ୍ ଚିନ୍ତନ କରିପାରେ ନାହିଁ । ପ୍ରଭାବଶାଳୀ

ଢଙ୍ଗରେ କାର୍ଯ୍ୟ କରିବାର ଶକ୍ତି ଜୁଟାଇପାରେ ନାହିଁ । ଯେହେତୁ ସେତେବେଳେ ମନର ସ୍ୱାଭାବିକ ଚିନ୍ତନ-ଶକ୍ତି ନଷ୍ଟ ହୋଇଯାଏ ।

ସନ୍ତୁଳିତ ଜୀବନ :

ଜୀବନରେ ସନ୍ତୁଳନର ମହତ୍ୱ ଆତ୍ମସିଦ୍ଧ ଅଟେ । ଆପଣ କୌଣସି ଦେବାଳିଆ ବ୍ୟବସାୟୀଙ୍କ ଭଳି ପରିସ୍ଥିତିରେ ମଧ୍ୟ ବଳକା ମାନସିକ ଶକ୍ତିର ପୁଞ୍ଜିକୁ କାହିଁକି ବ୍ୟର୍ଥରେ ଖର୍ଚ୍ଚ କରୁଛନ୍ତି ? ତାକୁ ଉଚିତ୍ କାର୍ଯ୍ୟରେ ଲଗାନ୍ତୁ ଓ ତାହାର ସଦୁପଯୋଗ କରନ୍ତୁ ।

ଭୟର ବିଚାର ଆପଣଙ୍କ ମାନସିକ କାର୍ଯ୍ୟଶକ୍ତିକୁ ନଷ୍ଟ କରିଥାଏ । ଆପଣଙ୍କ ଉତ୍ସାହକୁ ଧିମା କରେ ଓ କାର୍ଯ୍ୟକୁ ଅସମ୍ଭବ କରିଦିଏ । ଆପଣ ଯେଉଁ କାର୍ଯ୍ୟର ଚିନ୍ତା କରନ୍ତି, ଯେଉଁଥିରେ ଆସିବାକୁ ଥିବା ସମସ୍ୟା ପ୍ରତି ଭୟଭୀତ ହୁଅନ୍ତି, ଚିନ୍ତା ସେହି କାର୍ଯ୍ୟକୁ ଅସମ୍ଭବ କରିଦିଏ । ଆପଣ ଯେଉଁ ଚିନ୍ତା ଦ୍ୱାରା କବଳିତ ଅଛନ୍ତି, ଯେଉଁ ସମସ୍ୟାରେ ଆଲୋଡ଼ିତ ଅଛନ୍ତି ଓ ନିଦ ଆସୁନାହିଁ, ତାହା ଆପଣଙ୍କ କାର୍ଯ୍ୟ କରିବାର ଶକ୍ତିକୁ ମଧ୍ୟ ଛଡ଼ାଇନିଏ ଓ ସମସ୍ୟା ସେମିତି ରହିଥାଏ । ଯଦି ଆପଣ ଥକିଗଲେ, ଭାଙ୍ଗିଗଲେ, ଦୁର୍ବଳ ହୋଇଗଲେ, ତେବେ ସମସ୍ୟା କିମ୍ବା କାର୍ଯ୍ୟ ସେମିତି ପଡ଼ି ରହିଯାଏ ।

ଯେଉଁ ଚିନ୍ତା କାର୍ଯ୍ୟଶକ୍ତି ଛଡ଼ାଇନେଇଛି, ତାକୁ ନିଜ ମନରେ ସ୍ଥାନ ଦେଇ ନିଜ ଜୀବନର ସନ୍ତୁଳନ କାହିଁକି ହରାଉଛନ୍ତି ଓ ପ୍ରସନ୍ନତାରୂପୀ ପାଣିକୁ କାହିଁକି ଉଡ଼ାଉଛନ୍ତି ?

ଦୁଗ୍ଧ ଦେଉଥିବା ଗାଈ-ମଇଁଷିଙ୍କୁ ଦେଖନ୍ତୁ, ଯଦି ମାଛି କିମ୍ବା ମଶା ହଇରାଣ କରନ୍ତି ତେବେ ସେମାନେ କମ୍ ଦୁଗ୍ଧ ଦିଅନ୍ତି କିମ୍ବା ମୋଟେ ଦିଅନ୍ତି ନାହିଁ । ମଶା କିମ୍ବା ମାଛି ହଇରାଣ କଲେ ସେମାନେ ଚିନ୍ତିତ ଅଥବା ଆଲୋଡ଼ିତ ହୋଇଯାଆନ୍ତି । ପ୍ରସନ୍ନତା ନରହିବାରୁ ଦୁଗ୍ଧ ଉତ୍ପନ୍ନ ହୁଏନାହିଁ । ଠିକ୍ ସେହିପରି ଅବସ୍ଥା ଆମ ମନ ଓ ଶରୀରର ହୋଇଥାଏ । ଯଦି କୌଣସି କ୍ଳେଶ ଆମ ଚିନ୍ତାଧାରାରେ ଥିବ, କୌଣସି ଚିନ୍ତା ମସ୍ତିଷ୍କର ତନ୍ତୁଗୁଡ଼ିକୁ ବ୍ୟଥିତ କରୁଥିବ, ତେବେ ମସ୍ତିଷ୍କ ମଧ୍ୟ ଠିକ୍ ଭାବେ କାମ କରିପାରିବ ନାହିଁ ।

ସନ୍ତୁଳିତ କାର୍ଯ୍ୟ ହେଉଛି ଉତ୍ତମ କାର୍ଯ୍ୟ ଓ ସନ୍ତୁଳିତ କାର୍ଯ୍ୟ ସେତେବେଳେ ହୋଇଥାଏ, ଯେତେବେଳେ ମନ ଓ ଶରୀରର ସନ୍ତୁଳନ ଠିକ୍ ରହିଥାଏ । ଭୟ ଓ ଚିନ୍ତା ଆପଣଙ୍କ ସ୍ନାୟୁ ପ୍ରଣାଳୀକୁ ବିଗାଡ଼ିଦିଏ । ସ୍ଥାୟୀ ରୂପେ ଯଦି ଗଡ଼ବଡ଼ ହୋଇଯାଏ ତେବେ ସ୍ନାୟୁରୋଗ ଅଥବା ପାଗଳାମୀ ବାହାରିପାରେ ।

ଯୋଗ୍ୟତାକୁ ନଷ୍ଟ କରୁଥିବା କୌଣସି ଶତ୍ରୁ ଚିନ୍ତାଠାରୁ ବଡ଼ ନୁହେଁ । ଚିନ୍ତାର ସ୍ଥାୟୀରୋଗ ହେଉଛି ସମସ୍ତ ରୋଗଠାରୁ ବଡ଼ ଓ ତାହା ଏମିତି ରୋଗ, ଯାହାକୁ ଆପଣ ବର୍ତ୍ତମାନ ବିନା କୌଣସି ଔଷଧ ଓ ଡାକ୍ତର ସାହାଯ୍ୟରେ ମୂଳରୁ ଉପାଡ଼ି ଫିଙ୍ଗିପାରିବେ ।

ନିଜ ସଫଳତାର ଏହି ଶତ୍ରୁକୁ ମନରେ କାହିଁକି ସ୍ଥାନ ଦେଉଛନ୍ତି ?

ଯେଉଁ ଶତ୍ରୁ ଆପଣଙ୍କ ଭବିଷ୍ୟତକୁ ନଷ୍ଟ କରେ, ଆପଣଙ୍କ ଅଭିଳାଷକୁ ସମ୍ପୂର୍ଣ୍ଣ ହେବାକୁ ଦିଏନାହିଁ, ଆପଣ ସେହି ଶତ୍ରୁ ଅର୍ଥାତ୍ ଚିନ୍ତାକୁ ହତ୍ୟା କରନ୍ତୁ । ଯେହେତୁ ଚିନ୍ତାର ବୋଝ ଉଠାଇବା ଯୋଗୁ କାର୍ଯ୍ୟର ବୋଝ ଉଠାଇବା ପାଇଁ ଶକ୍ତି ରୁହେନାହିଁ । ଏହି ବୋଝକୁ ଓହ୍ଲାଇ ଫିଙ୍ଗିଦିଅନ୍ତୁ ।

ଚିନ୍ତାର ଅନ୍ୟ ନାମ ହେଉଛି ବିଶ୍ୱାସର ଅଭାବ ।

ବିଶ୍ୱାସର ଅଭାବ ନଥିଲେ ଚିନ୍ତା ହୁଅନ୍ତା ନାହିଁ । ଦୃଢ଼ନିଷ୍ଠା, ସକ୍ରିୟତାରେ ବିଶ୍ୱାସ ରଖିଥାଏ । ଲକ୍ଷ୍ୟ ଉପରେ ତାହାର ଦୃଷ୍ଟି ଥାଏ । ଚିନ୍ତା କରିବା ଦ୍ୱାରା ଚିନ୍ତା ଆହୁରି ବଢ଼ିଥାଏ । ଏହା, ଗୁଣାତ୍ମକ ରୂପରେ ବଢ଼ିଥାଏ ଓ ଏଥିରୁ ଚିନ୍ତାରୋଗ ହୋଇଯାଏ ।

ଜୀବନରେ ସନ୍ତୁଳନ ଆଣନ୍ତୁ, ଶରୀର ସହିତ ମନର ସାମଞ୍ଜସ୍ୟ ରଖନ୍ତୁ, ତେବେଯାଇ ନିଶ୍ଚିନ୍ତ ହୋଇ ଉନ୍ନତି ପଥରେ ଆଗେଇଚାଲନ୍ତୁ । ସେତେବେଳେ ପ୍ରସନ୍ନତାର ଦ୍ୱାର ଖୋଲିଯିବ ଓ ହସର ଧନାଗାର ଆପଣଙ୍କୁ ମିଳିବ ।

୮. ମନୋରଞ୍ଜନ ଓ ଆନନ୍ଦାନୁଭୂତି

ପ୍ରତ୍ୟେକଙ୍କ ଜୀବନରେ ଅନେକ ଥର କଠିନତା ଆସିଥାଏ । ସେହି କଠିନତାକୁ ସେହି ମଣିଷ ପାର୍ କରିପାରିବ ଯିଏ କେବେ କୌଣସି ଜିନିଷର ଅନ୍ଧାର ପକ୍ଷକୁ ଦେଖେନାହିଁ ଓ ଯାହାର ହସ-କୌତୁକ କରିବାର ସ୍ୱଭାବ ଥାଏ ।

ଆନନ୍ଦ ଓ ପ୍ରସନ୍ନତା ଜୀବନରୁ ହିଁ ଗ୍ରହଣ କରାଯାଇଥାଏ । ଏଗୁଡ଼ିକୁ ଗ୍ରହଣ କରିବାର କଳା ଯେଉଁ ମଣିଷ ଜାଣିଥାଏ, ସେ ଜୀବନରେ ସୁଖୀ, ସନ୍ତୁଷ୍ଟ ଓ ଆନନ୍ଦିତ ରହିଥାଏ । ଏହି କଳାକୁ ଜାଣିଥିବା ବ୍ୟକ୍ତି ଦୈନିକ ଜୀବନରେ ସବୁ ପରିସ୍ଥିତିରେ ଆନନ୍ଦ ଖୋଜିନିଏ । ସେ ଆଦର୍ଶ ପରିସ୍ଥିତିର ଅପେକ୍ଷା କରେନାହିଁ, ବରଂ ନିଜର ବର୍ତ୍ତମାନ ଅବସ୍ଥାରେ ମଧ୍ୟ ଆନନ୍ଦ ଖୋଜିଥାଏ । ସେ ପ୍ରତ୍ୟେକ ଅବସ୍ଥାରେ ଆନନ୍ଦର ଅନୁଭବ କରିପାରେ । ଆନନ୍ଦ ଓ ସୁଖକୁ ସେ ବାନ୍ଧିରଖେ, ନିଜ ଆଡ଼କୁ ଆକର୍ଷିତ କରି ରଖିଥାଏ ।

ଆପଣ ନିଜ ଭିତରୁ ହିଁ ଆନନ୍ଦ ପ୍ରାପ୍ତ କରିବା ଶିଖିପାରିବେ । ଏହି ଆନନ୍ଦର ଅନୁଭବ ହିଁ ହେଉଛି ସ୍ୱର୍ଗର ଆନନ୍ଦ । ଏହି ସ୍ୱର୍ଗକୁ ହାସଲ କରନ୍ତୁ । ଆପଣ ନିଶ୍ଚିତ ପାଇପାରିବେ ।

ମଣିଷ କାର୍ଯ୍ୟ କରିବା ସମୟରେ ଥକେନାହିଁ । କାର୍ଯ୍ୟ କରିବା ପରେ ଥକିଯାଏ ।

ସାରା ଦିନର କାର୍ଯ୍ୟ ସମ୍ପୂର୍ଣ୍ଣ କରିବା ପରେ ବନ୍ଦ କରିଦେବା ଉଚିତ । କାମ ବନ୍ଦ କରି ଭରପୂର ମନୋରଞ୍ଜନ କରିବା ଉଚିତ୍ । ମନୋରଞ୍ଜନ ଦ୍ୱାରା ଥକିଯାଇଥିବା ଶରୀର ଓ ମସ୍ତିଷ୍କ ଭାରୀ ଲାଗେନାହିଁ, ହାଲୁକା ହୋଇଯାଏ । ସୁତରାଂ ହସିବା ଓ ମନୋରଞ୍ଜନ କରିବା ଆବଶ୍ୟକ ଅଟେ ।

ଅନେକ ବିଚାରକଙ୍କ ମତରେ ମଣିଷକୁ ନିଜ ସମୟର କିଛି ଅଂଶ ହସିବା ଅଥବା ମନୋରଞ୍ଜନ କରିବାରେ ନିଶ୍ଚିତ ବିତାଇବା ଉଚିତ । ହସ, ଲୋକଙ୍କ ଜୀବନ-ରକ୍ଷକ ଅଟେ । ଏହା ସାହାଯ୍ୟରେ ବହୁତ ଲୋକ ଜୀବିତ ରୁହନ୍ତି ।

କେହିଜଣେ ସତ କହିଛନ୍ତି ଯେ, ଜୀବନ ପ୍ରସନ୍ନଚିତ୍ତତାର ନାମ ଅଟେ ।

ଆମେରିକାର ରାଷ୍ଟ୍ରପତି ଲିଙ୍କନ କଠିନ ପରିସ୍ଥିତିରେ ମଧ୍ୟ ପ୍ରସନ୍ନ ରହୁଥିଲେ । ଦେଶ ଉପରେ ସଙ୍କଟ ଥିବା ସମୟରେ ମଧ୍ୟ ସେ ଥଟ୍ଟା-ପରିହାସ କରୁଥିଲେ ।

ହାସ୍ୟପ୍ରିୟତା :

ମଣିଷର ସବୁଠାରୁ ବଡ଼ ଗୁଣ ହେଉଛି ହାସ୍ୟପ୍ରିୟତା ।

ହାସ୍ୟପ୍ରିୟ ବ୍ୟକ୍ତି ଦୁଃଖିତ ରହିପାରେ ନାହିଁ । ଜୀବନରେ ହସ ଟିକିଏ ନଥିଲେ ମଣିଷ ଜୀବିତ ରହିପାରିବ ନାହିଁ । ହସ-ଖୁସି ଜୀବନରେ ସତେଜତା ଭରିଦିଏ ।

କମ୍ ବୟସରୁ ହିଁ ପ୍ରତ୍ୟେକ କାର୍ଯ୍ୟ କିମ୍ବା ଜିନିଷର ଭଲ ଦିଗକୁ ଦେଖିବାର ଅଭ୍ୟାସ କରିବା ଉଚିତ । ପିଲାମାନଙ୍କୁ ମଧ୍ୟ ଏମିତି ସ୍ୱଭାବ ଶିଖାଇବା, ଯେମିତି ସେମାନେ ଭଲ ଦିଗକୁ ଦେଖିବେ । ଖରାପ ଦିଗକୁ ଦେଖିବାର ଅଭ୍ୟାସ କରିବାକୁ ଦିଅନ୍ତୁ ନାହିଁ ।

ଯାହାକୁ ଆରମ୍ଭରୁ ଭଲ ଦିଗ ଦେଖିବାର ସ୍ୱଭାବ ହୋଇଯାଏ, ସେ କଠିନରୁ କଠିନ ପରିସ୍ଥିତିରେ ମଧ୍ୟ ଉଦ୍‌ବିଗ୍ନ ହୁଏନାହିଁ, ସେ ବଡ଼ବଡ଼ ସଙ୍କଟକୁ ମଧ୍ୟ ହସି-ହସି ସହିଯାଏ । ଗ୍ଲେଡ୍‌ଷ୍ଟନ୍ ଅଳ୍ପ ବୟସରୁ ହିଁ ନିଜର ଏଭଳି ସ୍ୱଭାବ କରିଦେଇଥିଲେ, ଏଥିପାଇଁ ସେ ସଙ୍କଟଗୁଡ଼ିକୁ ହସି-ହସି ପାର୍ କରୁଥିଲେ । କୌଣସି କାର୍ଯ୍ୟର ଚିନ୍ତାରେ ତାଙ୍କୁ ଅନିଦ୍ରା ହେବାକୁ ପଡୁନଥିଲା ।

ପ୍ରତ୍ୟେକଙ୍କ ଜୀବନରେ ଅନେକ ଥର ସମସ୍ୟା ଆସିଥାଏ । ଯିଏ କେବେ କୌଣସି ଜିନିଷର ଖରାପ ଦିଗକୁ ଦେଖେନାହିଁ ଓ ଯାହାର ସବୁବେଳେ ହସିବା ସ୍ୱଭାବ ଥାଏ, ସେହି ମଣିଷ ସମସ୍ୟାଗୁଡ଼ିକୁ ପାର୍ କରିପାରିବ ।

ଖେଳ ଓ କୌତୁକ ଦ୍ୱାରା ମନୋରଞ୍ଜନ ହୋଇପାରେ । ଏବେ ମନୋରଞ୍ଜନର ସାଧନଗୁଡ଼ିକ ମଧ୍ୟରେ ଫିଲ୍ମ, ଥିଏଟର୍ ଓ ସଂଗୀତ କାର୍ଯ୍ୟକ୍ରମ ପ୍ରମୁଖ ଅଟେ । ଅନେକ ପ୍ରକାରର ଖେଳ ଓ ହାସ୍ୟ-ପରିହାସ ମନୋରଞ୍ଜନର ସାଧନ ହୋଇପାରିବ । ଅଧିକାଂଶ ଲୋକ ପ୍ରକୃତିରୁ ମଧ୍ୟ ଆନନ୍ଦ ପାଇଯାଆନ୍ତି । ସେମାନଙ୍କୁ ପ୍ରାକୃତିକ ଦୃଶ୍ୟ, ବାୟୁ, ନଦୀ, ସମୁଦ୍ର, ବୃକ୍ଷ, ଫୁଲ, ମେଘ ଓ ପର୍ବତରେ ମଧ୍ୟ ମନୋରଞ୍ଜନର ସ୍ରୋତ ଦେଖାଯାଇଥାଏ ।

ପ୍ରକୃତ କଥା ହେଉଛି ଯଦି ମନ ପ୍ରସନ୍ନ ଅଛି, ଯଦି ଅମେ ନିଜେ ସନ୍ତୁଷ୍ଟ ଅଛେ, ତେବେ ଆମକୁ ସବୁ ଜିନିଷରେ ଆନନ୍ଦ ମିଳିବ । ଆମେ ସବୁ ଜିନିଷ ସହ ମନୋରଞ୍ଜନ କରିପାରିବା । ପ୍ରସନ୍ନ ରହିବା ଶିଖିଗଲେ ସମସ୍ତ ପ୍ରକୃତି ଆମକୁ ହସୁଥିବା ଦେଖାଯିବ । ଦଲକାଏ ଶୀତଳ ପବନରେ ମଧ୍ୟ ମନୋରଞ୍ଜନ ମିଳିଯିବ । ସୂର୍ଯ୍ୟ, ଚନ୍ଦ୍ର ଓ ତାରାମାନେ ସୌନ୍ଦର୍ଯ୍ୟ ବିଞ୍ଚିଦେବେ ।

ପ୍ରାକୃତିକ ସୁନ୍ଦରତା :

ପ୍ରକୃତି କେତେ ସୁନ୍ଦର ଅଟେ !

ଜୀବନ କେତେ ମହାନ୍ ଅଟେ !

ମହାନ୍ ଜୀବନକୁ ପ୍ରକୃତିର ସୌନ୍ଦର୍ଯ୍ୟ ଦ୍ୱାରା ଆହୁରି ସୁନ୍ଦର କରନ୍ତୁ ।

ସକାଳୁ ଉଠି ଦେଖନ୍ତୁ । ବିଶୁଦ୍ଧ ପବନ ଆପଣଙ୍କ ଶରୀରକୁ ଆନନ୍ଦ ଦେବ, ଆପଣଙ୍କ ଫୁସ୍‌ଫୁସ୍‌କୁ ସତେଜତାରେ ଭରିଦେବ ଓ ଆପଣଙ୍କୁ ଖେଳ ଭଳି ଆନନ୍ଦ ମିଳିଯିବ ।

ଯେତେବେଳେ ସୂର୍ଯ୍ୟୋଦୟ ହୁଏ ଓ ଉଦିତ ସୂର୍ଯ୍ୟ ନିଜ କିରଣ ଭୂଇଁ ଉପରେ ବିଞ୍ଚିଦିଏ, ତେବେ ପ୍ରକୃତିର ରୂପକୁ ଦେଖନ୍ତୁ । ଆପଣ ଆନନ୍ଦିତ ହୋଇଯିବେ ।

ଏହି ଆନନ୍ଦ ଦ୍ୱାରା ଆପଣଙ୍କ ଲୋମମୂଳ ଆପେ ଆନନ୍ଦିତ ଓ ପୁଲକିତ ହେବ । ସାରା ଶରୀର ଓ ମସ୍ତିଷ୍କ ତଥା ଶିରା-ପ୍ରଶିରାରେ ସ୍ଫୂର୍ତ୍ତି ଓ ଶକ୍ତିର ଅନୁଭବ ହେବାକୁ ଲାଗିବ ।

ଜୀବନ ନିଜକୁ ନିଜେ ଏକ ଅତି ଶ୍ରେଷ୍ଠ ଓ ଉତ୍ତମ ରଚନା । ଆପଣ ଏଥି ମଧ୍ୟରୁ ଆନନ୍ଦ ନିଅନ୍ତୁ । ଏହା ଆନନ୍ଦର ଅକ୍ଷୟ ଭଣ୍ଡାର ।

ଯେଉଁ ସଂସାରରେ ଆମେ ରହୁଛେ, ତାହା ବହୁତ ଭଲ । ଏଥିରୁ ଦୋଷ ଖୋଜନ୍ତୁ ନାହିଁ । ଏହାର ଅଭିଯୋଗ କରନ୍ତୁ ନାହିଁ । ଏହାର ନିନ୍ଦା ମଧ୍ୟ କରନ୍ତୁ ନାହିଁ ।

କଳ୍ପନା କରନ୍ତୁ ଯେ, ଏହାଠାରୁ ସୁନ୍ଦର ଆଉ କେଉଁଠି ମିଳିପାରିବ ? ମଣିଷ ବିଜ୍ଞାନ କ୍ଷେତ୍ରରେ ବହୁତ ଉନ୍ନତି କରିସାରିଛି । ମଣିଷ ଚନ୍ଦ୍ରରେ ପାଦ ଥାପି ସାରିଲାଣି । ମଙ୍ଗଳ ଗ୍ରହ ବିଷୟରେ ମଧ୍ୟ ସୂଚନା ପ୍ରାପ୍ତ କରିସାରିଛି । ସେମାନଙ୍କ ମଧ୍ୟରୁ କେହି ଏମିତି ନାହାନ୍ତି, ଯିଏ ଆପଣଙ୍କ ପୃଥିବୀର ମୁକାବିଲା କରିପାରିବ ।

କୌଣସି ଗ୍ରହ ପୃଥିବୀ ଠାରୁ ସୁନ୍ଦର ନୁହେଁ ।

କୌଣସି ଗ୍ରହରେ ଖାଲି ବରଫ ଅଛି, କେଉଁଠି ପାହାଡ଼ ଅଛି ତ' କେଉଁଠି ଖାଲି ଧୂଆଁ, ହେଲେ ଆପଣଙ୍କ ପୃଥିବୀରେ କେତେ ସୌନ୍ଦର୍ଯ୍ୟ ଭରିରହିଛି ! ଏଠାରେ ସମୁଦ୍ର ଅଛି, ନଦୀ ଅଛି, ସମତଳ ଶସ୍ୟ-ଶ୍ୟାମଳ ଉର୍ବର ଭୂମି ଅଛି, ସୁନ୍ଦର ଜଙ୍ଗଲ ଅଛି, ନାନା ପ୍ରକାରର ଜୀବଯନ୍ତୁ ଅଛନ୍ତି । ଆପଣ ଏହି ସୁନ୍ଦର ଦୁନିଆକୁ ଖରାପ କହୁଛନ୍ତି ! ଏଥିରୁ ଆପଣ ଦୋଷ ବାହାର କରୁଛନ୍ତି !

ଚାରିଆଡ଼େ ଆନନ୍ଦ ହିଁ ଆନନ୍ଦ ରହିଛି, ତାକୁ ଖୋଜିବାର କଳା ଶିଖିବା କଠିନ ନୁହେଁ । ଖାଲି ଅଭ୍ୟାସ କରିବାର ଆବଶ୍ୟକତା ରହିଛି ।

ସ୍ୱଭାବ, ଅଭ୍ୟସ୍ତ ହୋଇଗଲେ ଆପଣ ପ୍ରତ୍ୟେକ ଜିନିଷରେ, ପ୍ରତ୍ୟେକ ସ୍ଥାନ ଓ ପ୍ରତ୍ୟେକ ସମୟରେ ଆନନ୍ଦର ଅବକାଶ ଖୋଜିନେବେ ।

ଗେଟେଙ୍କ କହିବାନୁସାରେ ପ୍ରତ୍ୟେକ ମଣିଷକୁ ନିଜ ଦୈନନ୍ଦିନ ଜୀବନରେ ଗୋଟିଏ ଗୀତ ପ୍ରତିଦିନ ଶୁଣିବା ଉଚିତ, ଏକ ସୁନ୍ଦର କବିତା ପଢ଼ିବା ଉଚିତ, ସୁନ୍ଦର ଚିତ୍ର ଦେଖିବା ଉଚିତ । କିଛି ମିଠା-ମିଠା ଶବ୍ଦ ମଧ୍ୟ କହିବା ଉଚିତ ।

ଏ ସବୁଥିରେ ଆନନ୍ଦ ମିଳିବ । ଏହି ଆନନ୍ଦକୁ ଆମେ ଅନ୍ୟମାନଙ୍କୁ ମଧ୍ୟ ବାଣ୍ଟିବା । ଏହା ହେଉଛି ଆମର କର୍ତ୍ତବ୍ୟ । ଆନନ୍ଦକୁ ବାଣ୍ଟି ଚାରିଆଡ଼େ ଖେଳାଇଦିଅନ୍ତୁ ।

ଏଥିରେ ଏକ ଆନନ୍ଦର ଅନୁଭୂତି ହେବ । ଅନ୍ୟମାନଙ୍କୁ ଆନନ୍ଦ ଦେଲେ ନିଜେ ମଧ୍ୟ ଆନନ୍ଦିତ ହେବେ । ଆନନ୍ଦ ଗୁଣାତ୍ମକ ରୂପରେ ବଢ଼ିଥାଏ ।

ଯେତେବେଳେ ଆପଣଙ୍କ ସାମ୍ନାରେ କୌଣସି ଲକ୍ଷ୍ୟ ଥାଏ, ଯେତେବେଳେ ଆପଣ ଲକ୍ଷ୍ୟ ହାସଲ କରିବା ପାଇଁ ବ୍ୟାକୁଳ ହୁଅନ୍ତି, ସେତେବେଳେ ମଧ୍ୟ ଆପଣଙ୍କ ଭିତରେ ଥିବା ସଂଗୀତ, ଲୟ, ଗତି, କାବ୍ୟ ନଷ୍ଟ ହୁଏନାହିଁ । ସେଗୁଡ଼ିକ ଶାଶ୍ୱତ ଅଟନ୍ତି । ମାନବ ଜୀବନର ଗୋଟିଏ ଗୋଟିଏ ସତ୍ୟ ଅଟନ୍ତି । ମାନବ ଜୀବନର ଅଙ୍ଗ ଅଟନ୍ତି, ଏଗୁଡ଼ିକୁ ଜାଗ୍ରତ ରଖନ୍ତୁ ।

ବୁଦ୍ଧିମାନ ସିଏ, ଯିଏ ପ୍ରତିଦିନ ନିଜ ମନୋରଞ୍ଜନର ବ୍ୟବସ୍ଥା କରେ, ଯିଏ କାମ କରିବା ପରେ ମଧ୍ୟ ମନୋରଞ୍ଜନ ଦ୍ୱାରା ଆନନ୍ଦ ପାଇଥାଏ ।

ଯେପର୍ଯ୍ୟନ୍ତ ଜୀବନରେ ଭଲ ଗୁଣ ସହିତ ସ୍ୱଭାବରେ ମଧୁରତା, ସ୍ପଷ୍ଟ ନିର୍ଣ୍ଣୟଶକ୍ତି ତଥା ସାମଞ୍ଜସ୍ୟପୂର୍ଣ୍ଣ କାର୍ଯ୍ୟଶକ୍ତି ନଥିବ, ସେପର୍ଯ୍ୟନ୍ତ ଜୀବନ ଅସମ୍ପୂର୍ଣ୍ଣ ଅଟେ ।

ରାଷ୍ଟ୍ରପତି ଆବ୍ରାହମ୍ ଲିଙ୍କନ କିଛି ନା କିଛି "ହାସ୍ୟ-ପରିହାସ" ରଚନା ନିଜ ପାଖରେ ରଖୁଥିଲେ । ଯେତେବେଳେ ସେ କ୍ଳାନ୍ତ ହେଉଥିଲେ ଅଥବା କୌଣସି ଚିନ୍ତା ହେଉଥିଲା ତେବେ ସେ ତାକୁ ପଢ଼ି ଆନନ୍ଦ ପାଉଥିଲେ ଓ ହସୁଥିଲେ । ଏହିଭଳି ତାଙ୍କୁ ବିଶ୍ରାମ, ସତେଜତା ଓ ମନୋରଞ୍ଜନର ଆନନ୍ଦ ମିଳିଯାଉଥିଲା ।

ହାସ୍ୟ ଓ ବିନୋଦନ, ବୁଦ୍ଧିକୁ ନିର୍ମଳ କରିଥାଏ, ପ୍ରସନ୍ନ ଓ ସକ୍ରିୟ କରିଥାଏ । ହାସ୍ୟ ସ୍ୱର୍ଗୀୟ ବରଦାନ ଅଟେ ।

ଫ୍ରାଙ୍କଲିନ ଲେଖିଛନ୍ତି- "ଗୋଟିଏ କାରଖାନାରେ ସଂଯୋଗବଶତଃ ମୁଁ ଜଣେ ଏମିତି କାରିଗରଙ୍କୁ ଦେଖିଲି, ଯିଏ ସର୍ବଦା ପ୍ରସନ୍ନଚିତ୍ତ ରହୁଥିଲେ... ସେ ଯାହା ସହିତ ସାକ୍ଷାତ କରୁଥିଲେ, ପଦେ ମଧୁର କଥା କହି ହସିଦିଅନ୍ତି । ଯେକୌଣସି ପରିସ୍ଥିତିରେ ତାଙ୍କ ମୁହଁରେ ହସ ଭରିରହୁଥିଲା । ଦିନେ ସକାଳେ ଯେତେବେଳେ ମୋର ତାଙ୍କ ସହିତ ଦେଖାହେଲା ତେବେ ମୁଁ ତାଙ୍କର ଏହି ଆନନ୍ଦର ରହସ୍ୟ ପଚାରିଲି ।"

ସେ କହିଲେ- "ଏଥିରେ କୌଣସି ରହସ୍ୟ ନାହିଁ । ମୋର ପତ୍ନୀ ଜଣେ ଦକ୍ଷ ଗୃହିଣୀ ଅଟନ୍ତି । ଯେତେବେଳେ ମୁଁ ମୋ କାମ ପାଇଁ ଘରୁ ବାହାରେ ସେତେବେଳେ ସେ ନିଜ ମଧୁର କଥାରେ ମୋତେ ପ୍ରୋତ୍ସାହିତ କରନ୍ତି । ଯେତେବେଳେ କାମରୁ ଫେରେ ତେବେ ସେ ଘରେ ମୋର ସ୍ୱାଗତ ହସ ଓ ଚୁମ୍ବନ ସହିତ କରନ୍ତି । ଚାହା ପିଇବା ପରେ ମୋର କ୍ଳାନ୍ତି ଦୂର ହୋଇଯାଏ । ସେ ଦିନସାରା ଏଭଳି ଛୋଟ-ଛୋଟ କାମ କରିଥାନ୍ତି ଯାହାକୁ ଦେଖି ମୁଁ ପ୍ରସନ୍ନ ହୋଇଯାଏ ।"

ଏହିଭଳି ହିଁ ସର୍ବୋତ୍ତମ ଓ ଆନନ୍ଦପୂର୍ଣ୍ଣ ଘରେ ସୁଖର ରହସ୍ୟ ଲୁଚି ରହିଥାଏ । ଏମାନଙ୍କୁ ତ' ଆଦର୍ଶ ପରିଜନବର୍ଗ କୁହାଯାଏ ।

ବୁଦ୍ଧିମାନ ବ୍ୟକ୍ତିତ୍ୱ :

ଯେଉଁଠି ବିବେକିତା, ଶାନ୍ତି ଓ ପ୍ରେମ ଅଛି, ସେଭଳି ଘରକୁ ଦାମିକା ଗାଲିଚା, ଆସବାବପତ୍ର ଓ ବିଳାଶିତ ଜିନିଷର ଆବଶ୍ୟକତା ନାହିଁ । ସେଠାରେ ତ' ସନ୍ତୋଷ, ଶ୍ରଦ୍ଧା ଓ ନିସ୍ୱାର୍ଥ ପ୍ରେମ ରହିଥାଏ । ପରିବାରର ପ୍ରତ୍ୟେକ ବ୍ୟକ୍ତି ଜଣେ ଜଣକର ପ୍ରସନ୍ନତା ପାଇଁ ଯୋଗଦାନ କରିଥାନ୍ତି ।

ସନ୍ତୁଷ୍ଟ ଓ ପ୍ରସନ୍ନ ବ୍ୟକ୍ତିର ଘରେ ସମସ୍ତଙ୍କ ମନ ସ୍ଥିର ଥାଏ । ସମସ୍ତଙ୍କ ହୃଦୟ ଆନନ୍ଦରେ ଭରି ରହିଥାଏ ।

ପୁରୁଷ ଓ ମହିଳା ଉଭୟଙ୍କ ମେଳ ଓ ଚାରିତ୍ରିକ ସାମଞ୍ଜସ୍ୟ ଦ୍ୱାରା ଉଭୟଙ୍କ ଚରିତ୍ରର ବିକାଶ ହୋଇଥାଏ, ଉଭୟେ ମହାନ୍ ହୁଅନ୍ତି ।

ଗୃହଲକ୍ଷ୍ମୀ ଅଥବା ଘରର ରାଣୀ ସେହି ସ୍ତ୍ରୀକୁ କୁହାଯାଇପାରିବ ଯାହା ଭିତରେ ଅସୀମ ପ୍ରେମ ଓ ପ୍ରତିଭା ଥିବ ।

ୱାସିଂଟନ୍ ଇରୱିଙ୍ଗ୍ କୁହନ୍ତି- "ସ୍ତ୍ରୀ ନିଜର ଚାତୁର୍ଯ୍ୟ ଦ୍ୱାରା ଦୁର୍ଭାଗ୍ୟପୂର୍ଣ୍ଣ ପରିସ୍ଥିତିଗୁଡ଼ିକୁ ମଧ୍ୟ ଆନନ୍ଦରେ ପରିବର୍ତ୍ତନ କରିଦିଅନ୍ତି । ପୁରୁଷର ଉତ୍ସାହକୁ ଭଙ୍ଗ କରୁଥିବା ଦୁର୍ଘଟଣା, ଯେଉଁଥିରେ ପୁରୁଷ ଭାଙ୍ଗିଯାଏ, ଯୋଗ୍ୟ ଓ ଚତୁର ସ୍ତ୍ରୀ ସେହି ଦୁର୍ଘଟଣାର ପ୍ରଭାବକୁ ମଧ୍ୟ ଦୂର କରିବାରେ ସକ୍ଷମ ହୁଅନ୍ତି । ସ୍ତ୍ରୀ ନିଜର ସମସ୍ତ ଶକ୍ତି ଲଗାଇ ପୁରୁଷକୁ ଏତେ ପ୍ରେରଣା ଦେଇଥାଏ ଯେ, ସେ ସଫଳତା ପାଇଯାଏ ।"

ଯେଉଁ ଘରେ ସ୍ତ୍ରୀ ଗୃହର ବାତାବରଣକୁ ଆନନ୍ଦପୂର୍ଣ୍ଣ, ମଧୁର ଓ ସ୍ୱଚ୍ଛ କରିପାରିବ ନାହିଁ, ଯେଉଁଠି ସ୍ୱାମୀକୁ ସଠିକ୍ ବିଶ୍ରାମ ମିଳେନାହିଁ, ଶାନ୍ତି ମିଳେନାହିଁ ଓ ସୁଖ ମିଳେନାହିଁ, କ୍ଳାନ୍ତି ଦୂର ହୁଏନାହିଁ, କଷ୍ଟ ଭୁଲିହୁଏ ନାହିଁ, ସେହି ଘର, ଘର ନୁହେଁ ନରକ ଅଟେ ।

ଲଙ୍ଗ୍‌ଫେଲୋଙ୍କ କହିବାନୁସାରେ ଯେଉଁମାନେ ଅନ୍ତରରୁ ଘରର ଉତ୍ତମ ପରିଚାଳନା କରନ୍ତି, ସେଠାରେ ସମସ୍ତେ ଆନନ୍ଦିତ ରୁହନ୍ତି ।

ଉତ୍ତମ ପତ୍ନୀ, ଉତ୍ତମ ମାତା-ପିତା, ଉତ୍ତମ ସନ୍ତାନ ଧରା ପୃଷ୍ଠରେ ସ୍ୱର୍ଗୀୟ ବରଦାନ

ଅଟେ । ଏହି ବରଦାନ ଏତେ ମହାନ୍ ହୋଇଥାଏ ଯେ, ଭଗବାନଙ୍କ ଅସୀମ ଶକ୍ତି ବ୍ୟତୀତ ତାହାର ମହତ୍ୱକୁ ମାପିବାର ଶକ୍ତି ଆଉ କାହାର ନାହିଁ । ଯୋଗ୍ୟ ସ୍ତ୍ରୀମାନେ ହିଁ ଘରକୁ ଉତ୍ତମ ଭାବେ ଗଢ଼ିତୋଳନ୍ତି । ଘରର ପ୍ରତ୍ୟେକ ବ୍ୟକ୍ତିଙ୍କ ହୃଦୟକୁ ଶୀତଳତା ପ୍ରଦାନ କରନ୍ତି । ନିଜ ପରିବାରକୁ ଉତ୍କୃଷ୍ଟ କରିବା ସହିତ ସେମାନେ ସମାଜକୁ ମଧ୍ୟ ଉତ୍କୃଷ୍ଟ କରିଥାନ୍ତି ।

ସେଣ୍ଟ୍ ଜେମ୍ସଙ୍କ କୋର୍ଟରେ ମନ୍ତ୍ରୀ ଜୋସେଫ୍‌ଙ୍କୁ ରାତ୍ରି ଭୋଜନ ସମୟରେ ଥରେ ପଚରାଗଲା ଯେ, ଯଦି ତାଙ୍କ ଭିତରେ ନିଜର ଚରିତ୍ର ନାହିଁ ତେବେ ସେ କାହାର ଚରିତ୍ର ପାଇବାକୁ ଚାହିଁବେ । ଟିକିଏ ଚୁପ୍ ରହିବା ପରେ ସେ ନିଜର ପତ୍ନୀଙ୍କ ଆଡ଼କୁ ଦେଖି କହିଲେ- "ମୋ ଭିତରେ ଯଦି କୌଣସି ଚରିତ୍ର ନାହିଁ ତେବେ ମୁଁ ୟାଙ୍କ ଚରିତ୍ରକୁ ପାଇବାକୁ ଚାହିଁବି ।" ତାଙ୍କ ପତ୍ନୀ ନିଜର ମଧୁର କଥାରେ ତାଙ୍କର ମନୋରଞ୍ଜନ କରୁଥିଲେ । ପତ୍ନୀଙ୍କର ଉତ୍ତମ ଚରିତ୍ର ତାଙ୍କୁ ପ୍ରସନ୍ନ ରଖୁଥିଲା ।

ମଧୁରଭାଷୀ :

ମଧୁର କଥା ମହୁ ଭଳି ଦେହ-ମନ ଉଭୟକୁ ମଧୁରତାରେ ଭରିଦିଏ । ଛୋଟ-ଛୋଟ ଦୋଷ ଖୋଜିବା, କଥା-କଥାରେ ବିବାଦ ଓ ଭର୍ତ୍ସନା, କ୍ରୋଧ ଓ ବିରୋଧତା ଜୀବନରେ ବିଷ ମିଶାଇଦିଅନ୍ତି ।

ଯେଉଁ ଘରେ ସ୍ୱାମୀ ଖାଇବା ଟେବୁଲ୍‌କୁ ହସି-ହସି ଆସେ, ମୁଖମଣ୍ଡଳ ପ୍ରସନ୍ନ ଥାଏ- ଯେମିତି ତା' ଭାଗ୍ୟ ଖୋଲିଯାଇଛି, ସେହି ଘରେ ବହୁତ ଆନନ୍ଦ ଥାଏ ।

ବାଇବଲ୍‌ରେ କୁହାଯାଇଛି- "ପିଲାମାନଙ୍କୁ ରାଗିବା ପାଇଁ ପ୍ରବର୍ତ୍ତାନ୍ତୁ ନାହିଁ ।"

ପିଲାମାନେ ଅଶୁଭଙ୍କର, ପ୍ରେମ ବିହୀନ, ଆନନ୍ଦ ବିହୀନ ଜୀବନ ଥିବା ସଂସାରରେ ଅଛନ୍ତି ବୋଲି ଅନୁଭବ କରାଇବା ଉଚିତ ନୁହେଁ । ବରଂ ଘରର ବାତାବରଣ ଏଭଳି ଆନନ୍ଦମୟ ହେବା ଉଚିତ, ଯାହା ସେମାନଙ୍କ ଜୀବନକୁ ଆଲୋକିତ କରିବ । ସେମାନଙ୍କ ହୃଦୟ ଆନନ୍ଦମୟ କରିବା ଉଚିତ । ପ୍ରତି କଥାରେ ଆନନ୍ଦ ପ୍ରକଟ କରିବା ଶିଖାଇବା ଉଚିତ ।

ମନୋରଞ୍ଜନ ଦ୍ୱାରା କେତେ ଆନନ୍ଦ ଓ ପ୍ରସନ୍ନତା ମିଳିଥାଏ, ଏହି କଥାକୁ ପିଲାମାନେ ବଡ଼ମାନଙ୍କ ଠାରୁ ଅଧିକ ବୁଝନ୍ତି । ପିଲାମାନେ କାହିଁକି ଅଧିକ ଖେଳିବାକୁ ପସନ୍ଦ କରନ୍ତି ? ଖେଳରୁ ପିଲାମାନଙ୍କୁ ଆନନ୍ଦ ମିଳିଥାଏ । ପିଲାମାନେ ଖେଳ ଓ ମନୋରଞ୍ଜନଧର୍ମୀ କାର୍ଯ୍ୟକ୍ରମରେ ଏତେ ରୁଚି ରଖନ୍ତି ଯେ, ସେମାନେ ଖାଇବା-ପିଇବା ମଧ୍ୟ ଭୁଲିଯାଆନ୍ତି । ପିଲାମାନଙ୍କ ମଧ୍ୟରେ ଏହି ପ୍ରବୃତ୍ତି ଜନ୍ମଗତ ଅଟେ । ଏହା ଭଗବାନଙ୍କ ଦାନ । ଭଗବାନ ଚାହାନ୍ତି ଯେ, ତାଙ୍କ ସୃଷ୍ଟିରେ ସମସ୍ତେ ପ୍ରସନ୍ନ ରୁହନ୍ତୁ ତଥା ତାଙ୍କ ସନ୍ତାନ ହସୁଥାନ୍ତୁ ।

ଆମେମାନେ ତାଙ୍କର ସନ୍ତାନ । ସେହି ପିତାଙ୍କ ସନ୍ତାନ ହୋଇ ଆମେ କାହିଁକି

ଦୁଃଖିତ ହେବା ? ହସିବାନି କାହିଁକି ? ତାଙ୍କ ଇଚ୍ଛା କାହିଁକି ପୂରଣ ନକରିବା ?

ତାଙ୍କର ଇଚ୍ଛା ପାଇଁ ଆମକୁ ହସିବାର କୌଣସି ସୁଯୋଗ ହାତଛଡ଼ା କରିବା ଉଚିତ୍ ନୁହେଁ । ମନୋରଞ୍ଜନର କୌଣସି ମୁହୂର୍ତ୍ତ ହରାଇବା ଉଚିତ୍ ନୁହେଁ ।

ଆମକୁ ମନୋରଞ୍ଜନର ଅନ୍ୱେଷଣ କରିବା ଉଚିତ । ଯେତେବେଳେ, ଯେଉଁଠି ଏମିତି ସୁଯୋଗ ମିଳିବ ଯେ, ମନୋରଞ୍ଜନ ହୋଇପାରିବ, ହସିବା-ହସାଇବାର ପରିସ୍ଥିତି ଉତ୍ପନ୍ନ କରାଯାଇପାରିବ ଓ ଆନନ୍ଦର ଉପଲବ୍ଧି ହୋଇପାରିବ; ସେଠାରେ ପଛଘୁଞ୍ଚା ଦେବା ଉଚିତ ନୁହେଁ ।

ନିଜର ବ୍ୟବସାୟ, କୃଷି ଅଥବା ଚାକିରି କରି ମଧ୍ୟ ମନୋରଞ୍ଜନ କରିପାରିବେ । କୌଣସି ବ୍ୟକ୍ତି ଚବିଶ ଘଣ୍ଟା କାମ କରେନାହିଁ । ସେ ଖାଇବା-ପିଇବା, ଶୌଚ ହେବା ଓ ଶୋଇବାରେ ମଧ୍ୟ ସମୟ ଅତିବାହିତ କରେ । ଲୋକଙ୍କ ସହ ଆବଶ୍ୟକ କଥାବାର୍ତ୍ତା ମଧ୍ୟ ହୁଏ । ଘରର ଆବଶ୍ୟକ ଜିନିଷ ମଧ୍ୟ କିଣିଥାଏ । ବାହାଘର, ବ୍ରତଘର, ମେଳା-ମହୋତ୍ସବକୁ ମଧ୍ୟ ଯାଏ । ଏତେ କାମ ପାଇଁ ଯେତେବେଳେ ସେ ସମୟ ଦେଇଥାଏ ତେବେ ଖେଳ ଓ ମନୋରଞ୍ଜନ ପାଇଁ ମଧ୍ୟ ସମୟ ଦେଇପାରିବ ।

ସେତିକି ସମୟ ବାହାର କରାଯାଇପାରିବ ।

ଯେତେବେଳେ ଅନ୍ୟସବୁ କାମ ଓ କଥାରେ ସମୟ ଦିଆଯାଇପାରୁଛି, ତେବେ ମନୋରଞ୍ଜନ ଭଳି ଆବଶ୍ୟକ ଜିନିଷ ପାଇଁ କାହିଁକି ସମୟ ଦେଉନାହାନ୍ତି ?

ଯେଉଁ ମନୋରଞ୍ଜନ ଆମକୁ ଆନନ୍ଦ ଦେଇଥାଏ, ପ୍ରସନ୍ନତା ଦେଇଥାଏ, ସ୍ୱାସ୍ଥ୍ୟ ଓ କାର୍ଯ୍ୟଦକ୍ଷତା ବୃଦ୍ଧି କରିଥାଏ, କ୍ଳାନ୍ତି ଦୂର କରେ, ସେହି ଅମୂଲ୍ୟ ଜିନିଷକୁ କାହିଁକି ଛାଡୁଛନ୍ତି ?

ମନୋରଞ୍ଜନ ଭଳି ଅମୂଲ୍ୟ ଜିନିଷକୁ, ପ୍ରତି ଜିନିଷ ଭିତରେ ଖୋଜିବା ଉଚିତ । ଯେଉଁଠି, ଯେତେବେଳେ ସୁଯୋଗ ମିଳୁଛି, ମନୋରଞ୍ଜନ କରନ୍ତୁ ଓ କାମ କରିସାରିବା ପରେ ତ' ମନୋରଞ୍ଜନ ପାଇଁ ନିୟମିତ କିଛି ସମୟ ଦେବା ଉଚିତ ।

୯. ସର୍ବଦା ଆନନ୍ଦ ବାଣ୍ଟନ୍ତୁ

ଯେତେବେଳେ କେହିଜଣେ ଆମର ପ୍ରଶଂସା କରେ, ଧନ୍ୟବାଦ ଦିଏ, ଶୁଭକାମନା କରେ, ତେବେ କେତେ ଭଲ ଲାଗିଥାଏ । କେତେ ଆନନ୍ଦ ମିଳିଥାଏ । ଯାହାକୁ ଆମେ ଦେଇଥାଉ, ସେ ମଧ୍ୟ ପ୍ରସନ୍ନ ହୋଇ ପ୍ରତିବଦଳରେ ଧନ୍ୟବାଦ ଦେଇଥାଏ । ଏହିପରି ଉଭୟ ଆନନ୍ଦିତ ହୋଇଥାନ୍ତି ।

ଥରେ ଫ୍ରାନ୍ସର ଜଣେ ପ୍ରସିଦ୍ଧ ଚିତ୍ରକରଙ୍କୁ ଧନୀରୁ ଗରିବ ହୋଇଯାଇଥିବା ବ୍ୟକ୍ତିର ଚିତ୍ର ଆଙ୍କିବା ପାଇଁ ମଡଲ୍‌ର ଆବଶ୍ୟକ ପଡ଼ିଲା । ଚିତ୍ରକରଙ୍କ ବନ୍ଧୁ ବିଶ୍ୱବିଖ୍ୟାତ ଧନୀ ବେରିନ୍ ଜେମ୍ସ ରୋଥ୍‌ଚାଇଲ୍ଡ ଏଥିପାଇଁ ନିଜକୁ ପ୍ରସ୍ତୁତ କରିଦେଲେ । ଦିନେ ଯେତେବେଳେ ରୋଥିଚାଇଲ୍ଡ ସେହି ଚିତ୍ରକର ବନ୍ଧୁଙ୍କ ଷ୍ଟୁଡିଓକୁ ଗଲେ, ତେବେ ସେଠାରେ ସେ ନଥିଲେ, ତାଙ୍କ ଶିଷ୍ୟମାନେ ଥିଲେ । ଜଣେ ଶିଷ୍ୟ ତାଙ୍କୁ ଭିକାରୀ ଭାବି ପଇସାଟିଏ ଦେଲା । ପରେ ଯେତେବେଳେ ଚିତ୍ରକର ଓ ରୋଥଚାଇଲ୍ଡ ଦେଖାହେଲେ, ତେବେ ସେ ସେହି କଥା ଚିତ୍ରକର ବନ୍ଧୁଙ୍କୁ ଜଣାଇଲେ । ଚିତ୍ରକର କହିଲେ ଯେ, ଭିକ ଦେଇଥିବା ତାଙ୍କର ସେହି ଶିଷ୍ୟ ଗରିବ, କିନ୍ତୁ ବହୁତ ପ୍ରତିଭାଶାଳୀ । ରୋଥ୍‌ଚାଇଲ୍ଡ ସେହି ଶିଷ୍ୟକୁ ପଢ଼ିବା ପାଇଁ ଦଶହଜାର ଫ୍ରାଙ୍କ୍ ଦେଲେ ଓ ଚିଠିରେ ଲେଖିଲେ ଯେ, ଦାନର ଫଳ ମିଳିଥାଏ । ସେ ପ୍ରସନ୍ନ ହୋଇଥିବାରୁ ସେହି ଶିଷ୍ୟକୁ ଦଶହଜାର ଫ୍ରାଙ୍କ୍ ଦେଲେ ।

ରୋଥ୍‌ଚାଇଲ୍ଡଙ୍କୁ ଏହି ଅର୍ଥ ଦେବାରେ ମଧ୍ୟ ବହୁତ ପ୍ରସନ୍ନତା ମିଳିଥିବ । ଆନନ୍ଦର ଅନୁଭୂତି ହୋଇଥିବ । ରୋଥ୍‌ଚାଇଲ୍ଡଙ୍କୁ ଭିକାରୀ ଭାବି ପଇସାଟିଏ ଦେବା ସମୟରେ ସେହି ଶିଷ୍ୟଙ୍କୁ ମଧ୍ୟ ପ୍ରସନ୍ନତା ହୋଇଥିବ । କେତେ ଆନନ୍ଦ ମିଳିଥିବ ।

ଏହାର ସିଧା ଅର୍ଥ ହେଉଛି, ଦାନ ଦ୍ୱାରା ପ୍ରସନ୍ନତା ଓ ଆନନ୍ଦ ମିଳିଥାଏ । ଆମେ ଯେତେବେଳେ କାହାକୁ ସାହାଯ୍ୟ କରୁ ଅଥବା କିଛି ଦାନ ଦେଉ, ତେବେ ଆମକୁ ଅସୀମ ଆନନ୍ଦର ଅନୁଭୂତି ହୋଇଥାଏ । ହୃଦୟ ପୁଲକିତ ହୋଇଉଠେ । ଯେତେବେଳେ କେହିଜଣେ ଆମକୁ ପ୍ରଶଂସା କରେ, ଧନ୍ୟବାଦ ଦିଏ, ଶୁଭକାମନା କରେ, ତେବେ କେତେ ଭଲ ଲାଗିଥାଏ । କେତେ ଆନନ୍ଦ ମିଳିଥାଏ । ଯାହାକୁ ଆମେ ଦେଇଥାଉ, ସେ ମଧ୍ୟ ପ୍ରସନ୍ନ ହୋଇ ପ୍ରତିବଦଳରେ ଧନ୍ୟବାଦ ଦେଇଥାଏ । ଏହିପରି ଉଭୟ ଆନନ୍ଦିତ ହୋଇଥାନ୍ତି ।

ଆପଣ କାହାକୁ ଆନନ୍ଦ ଦେଲେ ଆପଣଙ୍କୁ ମଧ୍ୟ ଆନନ୍ଦ ମିଳିବ । ଆମେ ଯଦି ନିଜ କର୍ତ୍ତବ୍ୟର ପାଳନ କରିବା ତେବେ ମଧ୍ୟ ଆମକୁ ପ୍ରସନ୍ନତା ଓ ଆନନ୍ଦ ମିଳିବ ।

ନିଜର ପ୍ରତ୍ୟେକ ଦିନ ବଦାନ୍ୟତାରେ ବିତାଇ, କର୍ତ୍ତବ୍ୟର ପାଳନ କରିବା ଉଚିତ । ପ୍ରତ୍ୟେକ ମୁହୂର୍ତ୍ତରେ ଆନନ୍ଦ ପ୍ରାପ୍ତ କରିବା ଉଚିତ ।

ଏହାର ଚିନ୍ତା କରିବାର ଆବଶ୍ୟକତା ନାହିଁ ଯେ, ଆପଣଙ୍କ କାମ ଅଥବା କର୍ତ୍ତବ୍ୟ ପାଳନ ଦ୍ୱାରା ଆପଣଙ୍କୁ ଆନନ୍ଦ ମିଳିବ କି ନାହିଁ । ଆନନ୍ଦ ତ' ଆପେ-ଆପେ ମିଳିଥାଏ । ନିଶ୍ଚିତ ମିଳିଥାଏ । କଲା କର୍ମର ଫଳ ନିଶ୍ଚିତ ମିଳିଥାଏ ।

କାମ ଓ ବିଶ୍ରାମ :

ବିଶ୍ରାମର ଅର୍ଥ ପ୍ରତ୍ୟେକ ପ୍ରକାରର କାମ ଅଥବା ଶ୍ରମଠାରୁ ଦୂରେଇଯିବା ନୁହେଁ । ଗୋଟିଏ କାମରେ ଥକିଗଲେ ଯଦି ଅନ୍ୟ କାମ କରିବା ତେବେ ସେଥିରେ ମଧ୍ୟ ବିଶ୍ରାମ ମିଳିଥାଏ । ବହି ପଢ଼ିବାରେ ଥକିଗଲେ ଖୋଲା ଜାଗାକୁ ଯାଇ ବ୍ୟାୟାମ କରନ୍ତୁ । ପ୍ରକୃତିର ବିଧାନ ଓ ନିୟମ ବିଚିତ୍ର ଅଟେ । ଯେତେବେଳେ ଆମେ ଶୋଇଯାଉ, ସେତେବେଳେ ମଧ୍ୟ ଆମ ହୃଦୟ ସ୍ପନ୍ଦିତ ହୁଏ । ଯେଉଁ ବ୍ୟକ୍ତି ନିଜକୁ ପ୍ରକୃତିର ନିକଟତର ଅନୁଭବ କରେ, ପ୍ରକୃତିର ଅନୁକରଣ କରେ, ସେ ସୁଖନିଦ୍ରାରେ ଶୁଏ । ତାହାର ହଜମ ଠିକ୍ ହୁଏ । ତାହାର ଶକ୍ତି ସୁରକ୍ଷିତ ରୁହେ ଓ ବଢ଼ିଥାଏ । ସେ ଦୀର୍ଘଜୀବୀ ହୋଇଥାଏ ଓ ସମାଜର ଏକ ଉପଯୋଗୀ ଅଙ୍ଗ ହୁଏ, ସମାଜର କଲ୍ୟାଣ କରେ, ଅନ୍ୟମାନଙ୍କୁ ସେ ଦୀର୍ଘ ସମୟ ପର୍ଯ୍ୟନ୍ତ ଆନନ୍ଦ ବାଣ୍ଟିଥାଏ । ଯେହେତୁ ଯିଏ ନିଜେ ଆନନ୍ଦିତ ରୁହେ, ସିଏ ଅନ୍ୟମାନଙ୍କୁ ଆନନ୍ଦିତ କରିଥାଏ ।

ସବୁଠାରୁ ବୁଦ୍ଧିମତାପୂର୍ଣ୍ଣ କାମ, ଅନ୍ୟର ଆନନ୍ଦ ବଢ଼ାଇବାରେ ରହିଛି । ଅନ୍ୟମାନଙ୍କୁ ଆନନ୍ଦ ଦେବାରେ ରହିଛି । ହାଥୋର୍ନ କହିଛନ୍ତି ଯେ, ଆନନ୍ଦ ବାଣ୍ଟିବାରେ ଯେଉଁ ଆନନ୍ଦ ଅଛି, ତାହା ହିଁ ହେଉଛି ସର୍ବୋତ୍ତମ ଆନନ୍ଦ ।

ଅନ୍ୟମାନଙ୍କ ସେବା କରି ଅପାର ଆନନ୍ଦ ମିଳିଥାଏ । ଦେଶ ଓ ସମାଜର ସେବା ଦ୍ୱାରା

ନାମ ହୋଇଥାଏ ଓ ଲୋକଙ୍କ ମଧ୍ୟରେ ଆମର ମର୍ଯ୍ୟାଦା ତିଆରି ହୁଏ । ସେଥିରୁ କେତେ ଆନନ୍ଦ ମିଳିଥାଏ !

ଆବ୍ରାହମ୍ ଲିଙ୍କନ କୁହନ୍ତି ଯେ ଭଗବାନ ମଧ୍ୟ ସାଧାରଣ ଲୋକଙ୍କୁ ଅଧିକ ଭଲ ପାଇଥାନ୍ତି । ଯେହେତୁ ସଂସାରରେ ସାଧାରଣ ଲୋକଙ୍କ ସଂଖ୍ୟା ଅଧିକ, ବିଶିଷ୍ଟ ଲୋକ ତ' ବହୁତ କମ୍ ଅଛନ୍ତି ।

ଯଦି ସାଧାରଣ ଲୋକଙ୍କୁ ଭଗବାନ ଭଲ ପାଉଛନ୍ତି, ତେବେ ଆପଣ ମଧ୍ୟ ସେମାନଙ୍କୁ ଭଲ ପାଆନ୍ତୁ । ଆପଣଙ୍କ ହୃଦୟ ଆନନ୍ଦରେ ଭରିଯିବ ।

ଯଦି ଆପଣ ପ୍ରସନ୍ନ ଅଛନ୍ତି ତେବେ ଅନ୍ୟମାନଙ୍କୁ ମଧ୍ୟ ଟିକିଏ ପ୍ରସନ୍ନତା ବାଣ୍ଟନ୍ତୁ ।

ଅନ୍ୟମାନଙ୍କୁ ପ୍ରସନ୍ନ କରିବାଠାରୁ ବଳି କୌଣସି ପରୋପକାର ନାହିଁ ।

ଏହା ଏକ ଦୈବୀ କାର୍ଯ୍ୟ ଅଟେ । ଏହି କାର୍ଯ୍ୟ କରିବା ଶ୍ରେଷ୍ଠ କାର୍ଯ୍ୟ ଅଟେ ।

ସୁକର୍ମର ସୁଫଳ :

ସମସ୍ତଙ୍କ ମଙ୍ଗଳ କାମନା କରିବା ଉଚିତ, କେବଳ ନିଜର ମଙ୍ଗଳ କଥା ଭାବିବା ସ୍ୱାର୍ଥ ଅଟେ । ସ୍ୱାର୍ଥରେ କେବେ ଆନନ୍ଦ ମିଳେନାହିଁ, ସ୍ୱାର୍ଥପର ବ୍ୟକ୍ତି ଆନନ୍ଦିତ ହୁଏନାହିଁ । ଯିଏ ନିଜେ ଆନନ୍ଦିତ ହୁଏନାହିଁ, ସେ ଆନନ୍ଦ ବାଣ୍ଟିପାରିବ ନାହିଁ । ଯିଏ ଆନନ୍ଦ ବାଣ୍ଟିପାରେ ନାହିଁ, ସେ ପ୍ରକୃତ ଆନନ୍ଦ କ'ଣ ଜାଣିପାରିବ ନାହିଁ ।

ଅନ୍ୟମାନଙ୍କ ଅନ୍ଧାର ଜୀବନରେ ଯେଉଁମାନେ ଆଲୋକ ଦେଖାନ୍ତି, ସେମାନେ ସଂସାରରେ ଅମର ହୁଅନ୍ତି । ସେମାନଙ୍କ ନାମ ସର୍ବଦା ଅମର ରୁହେ ।

ଧନରୁ ମଣିଷକୁ କେବେ ଆନନ୍ଦ ମିଳେନାହିଁ । ଧନର ସ୍ୱଭାବରେ ଏମିତି କଥା ନାହିଁ ଯାହା ଆନନ୍ଦ ଉତ୍ପନ୍ନ କରିବ । ଆନନ୍ଦ ତ' ନିଜ ଧନ ଦ୍ୱାରା ଅନ୍ୟମାନଙ୍କର ମଙ୍ଗଳ କରିବାରେ ପ୍ରାପ୍ତ ହୋଇଥାଏ । ନିଜ ଧନର କିଛି ଭାଗ ଯେତେବେଳେ କୌଣସି ବ୍ୟକ୍ତି ଅନ୍ୟ ଲୋକଙ୍କ ସେବାରେ ଖର୍ଚ୍ଚ କରିଥାଏ, ତେବେ ତା' ହୃଦୟ ଆନ୍ତରିକ ଆନନ୍ଦରେ ଭରିଯାଏ ।

ଇଙ୍ଗଲୀ ନିଜ ପୁସ୍ତକର ବିକ୍ରିରୁ ହେଉଥିବା ଆୟର ଅଧିକ ଭାଗ ଗରିବମାନଙ୍କୁ ଦାନ କରୁଥିଲେ । ସେ ଲେଖିକା ସପ୍ତାହରେ ଛତିଶ ଜଣ ଗରିବ ଲୋକଙ୍କୁ ଭୋଜନ ଦେଉଥିଲେ । ଏହି ଲେଖିକା-କବୟିତ୍ରୀଙ୍କୁ ଏଭଳି କାର୍ଯ୍ୟରେ ପ୍ରସନ୍ନତା ଓ ଆନନ୍ଦ ମିଳୁଥିଲା ।

ରସ୍କିନ୍ ଗରିବ ଛାତ୍ରଛାତ୍ରୀଙ୍କ ଶିକ୍ଷାର ବ୍ୟବସ୍ଥା, ଗରିବ ମହିଳା-ପୁରୁଷଙ୍କ ପାଇଁ ଘର, ଗୋଚର ଭୂମିକୁ ଉର୍ବର କରିବା ଭଳି ପୁଣ୍ୟ କାର୍ଯ୍ୟ କରି ଆନନ୍ଦ ପ୍ରାପ୍ତ କରୁଥିଲେ ।

ସେ ବହୁତ ଲୋକଙ୍କୁ ଜୀବିକା ଦେଇଛନ୍ତି । ବହୁତ ଲୋକଙ୍କୁ ଆନନ୍ଦ ଦେଇଛନ୍ତି । ଏଭଳି ଆନନ୍ଦ ବାଣ୍ଟିବା ଦ୍ୱାରା ତାଙ୍କୁ ମଧ୍ୟ ଆନନ୍ଦ ମିଳିଲା ।

ସ୍ଥିତିର ଅବଲୋକନ :

ଯେଉଁ ଲୋକେ ଦୁଃଖିତ ରୁହନ୍ତି, ଯାହାଙ୍କ ମୁହଁରେ ପ୍ରସନ୍ନତା ନାହିଁ ସେମାନେ ସାରା ଦୁନିଆର ସ୍ଥିତିକୁ ଅବଲୋକନ କରିବା ଆବଶ୍ୟକ । ସେମାନେ ଦେଖନ୍ତୁ ଯେ, ଦୟନୀୟ ଅବସ୍ଥାରେ କୋଟି-କୋଟି ଲୋକ ଅଛନ୍ତି, ଯେଉଁମାନେ ତାଙ୍କଠାରୁ ସାହାଯ୍ୟ ପାଇପାରିବେ ।

ସେମାନେ ଅନେକଙ୍କର ସହାୟତା କରିପାରିବେ । ତାଙ୍କ ପାଖରେ ସବୁ ଜିନିଷ ଏତେ ମାତ୍ରାରେ ଅଛି ଯେ, ସେମାନେ ବାଣ୍ଟିପାରିବେ । ଏତେ ଧନ ଅଛି ଯେ, ସେମାନେ ଦାନ କରିପାରିବେ । ଏତେ ଖୁସି ଅଛି ଯେ, ଅନ୍ୟମାନଙ୍କୁ ଖୁସି କରିପାରିବେ । ଏତେ ପ୍ରସନ୍ନତା ଓ ଆନନ୍ଦ ଅଛି ଯେ, ସେମାନେ ବାଣ୍ଟିପାରିବେ ।

ଯେତେବେଳେ ସେମାନେ ବାଣ୍ଟିବା ଆରମ୍ଭ କରିବେ ତେବେ ଦେଖାଯିବ ଯେ, ସେହି ଜିନିଷ ଆହୁରି ଅଧିକ ଫେରିଆସୁଛି । ଯେହେତୁ ଆନନ୍ଦ ଯେତିକି ବାଣ୍ଟିବେ, ସେତିକି ବଢ଼ିବ । ଏହା କମେନାହିଁ, ବଢ଼ିଥାଏ ।

ଆପଣ ନିଜର ଉଦାସୀନତାକୁ ଭୁଲିଯାଆନ୍ତୁ । ନିଜର ହାର୍ଦ୍ଦିକ ଆଶା ସହିତ ଆଗେଇଚାଲନ୍ତୁ । ନିଜର ଆଶା ସହିତ ଆନନ୍ଦିତ ହୋଇ ରାସ୍ତାରେ ଫୁଲ ବିଛାଇଚାଲନ୍ତୁ ।

ପଛରେ ଆସୁଥିବା ବ୍ୟକ୍ତି ଆପଣଙ୍କୁ ଧନ୍ୟବାଦ ଦେବେ । ଯଦି ଆପଣ ଅନ୍ୟମାନଙ୍କ ଜୀବନ ସଜାଡ଼ିବାରେ ସହାୟକ ହେବେ, ତେବେ ଭାବିନିଅନ୍ତୁ ଯେ, ଆପଣ ଜୀବନର ଉତ୍ତମ ଫଳ ଏକତ୍ରିତ କରିପାରିବେ ।

କୌଣସି ଆହତର ବ୍ୟାଣ୍ଡେଜ୍ କରି ଯେଉଁ ଆନନ୍ଦ ମିଳେ, ତାହା ମନୋରମ ଆନନ୍ଦ ହୋଇଥାଏ । ଆତ୍ମ ବଳିଦାନର ଶିକ୍ଷା ଦିଅନ୍ତୁ ଓ ନିଜେ ମଧ୍ୟ ନିଜର ଚରିତ୍ର ଓ ସ୍ୱଭାବକୁ ସେମିତି ଗଢ଼ନ୍ତୁ ।

ଭଗବାନ ମଧ୍ୟ ଆପଣଙ୍କ ଉପରେ ପ୍ରସନ୍ନ ହେବେ ।

ଯିଏ ନିଜକୁ ଅନ୍ୟମାନଙ୍କ ପାଇଁ ନଷ୍ଟ କରିବାକୁ ପ୍ରସ୍ତୁତ ଥାଏ, ନିଜ ଆନନ୍ଦପୂର୍ଣ୍ଣ ମନ ଭିତରେ ତ୍ୟାଗର ଭାବନା ରଖିଥାଏ, ତାକୁ ଲୋକେ ଭଗବାନଙ୍କ ଭଳି ପୂଜା କରନ୍ତି ।

ସେହି ଲୋକମାନଙ୍କୁ ମହାନ୍ କୁହାଯାଏ, ଯେଉଁମାନେ ନିଜ ସ୍ୱାର୍ଥକୁ ଅବହେଳା କରି ଅନ୍ୟମାନଙ୍କ ପାଇଁ ତ୍ୟାଗ କରିବାକୁ ତତ୍ପର ରହିଥାନ୍ତି । ସେମାନଙ୍କ କାର୍ଯ୍ୟ ଦ୍ୱାରା ଅନ୍ୟମାନଙ୍କ ଜୀବନ ଆଶାପୂର୍ଣ୍ଣ ହୋଇଥାଏ । ସେମାନେ ଅନ୍ୟମାନଙ୍କୁ ଆନନ୍ଦ ଦିଅନ୍ତି ଏବଂ ନିଜେ ମଧ୍ୟ ଆନନ୍ଦର ଅନୁଭୂତି ପ୍ରାପ୍ତ କରିଥାନ୍ତି ।

ସାଧାରଣତଃ ଆମେମାନେ ନିଜର ଆନନ୍ଦ ଓ ପ୍ରସନ୍ନତାକୁ ନିଜ ହୃଦୟରେ ଚାପି ରଖିଥାଉ । ହସରେ, ସହାନୁଭୂତି ଶବ୍ଦରେ କୃପଣତା କାହିଁକି ? ଯଦି ଆପଣଙ୍କ ପାଖରେ ଅଛି, ତେବେ ବାଣ୍ଟନ୍ତୁ, ସୁଧ ସହିତ ମିଳିବ । ଯଦି ଆପଣଙ୍କ ମିଠା କଥାରେ କାହାକୁ କିଛି ମିଳୁଛି, ତେବେ ଏଥିରେ ଆପଣଙ୍କର କ୍ଷତି ତ' ହେବନାହିଁ, ବରଂ ଲାଭ ନିଶ୍ଚିତ ହେବ ।

ଜ୍ୟୋତି ଦ୍ୱାରା ଜ୍ୟୋତି ଜଳିଥାଏ । ହସ ଦ୍ୱାରା ହସର ଜ୍ୟୋତି ଜଳାନ୍ତୁ । ହସର ମେଳା ଲାଗିଯିବ । ଚାରିଆଡ଼େ ଫୁଲ ବିଛେଇହେବ ।

ହସର ଦୀପ ଦ୍ୱାରା ଆପଣ ପ୍ରକାଶର ଆନନ୍ଦ ପାଇବେ ଓ ଦୁନିଆ ମଧ୍ୟ ଆଲୋକିତ ହେବ ।

ଆପଣ ଯଦି ଗୋଟିଏ ଲୋକକୁ ପ୍ରତିଦିନ ପ୍ରସନ୍ନତା ବାଣ୍ଟୁଛନ୍ତି, ତେବେ ଦଶ ବର୍ଷରେ

ଆପଣ ସହସ୍ରାଧିକ ଲୋକଙ୍କୁ ପ୍ରସନ୍ନତାର ଦାନ ଦେଇସାରିଥିବେ । ଏତେ ସଂଖ୍ୟାରେ ଆପଣଙ୍କ ଦ୍ୱାରା ଆନନ୍ଦିତ ହୋଇଥିବା ଲୋକଙ୍କୁ ଦେଖି ଆପଣ ମଧ୍ୟ ପ୍ରଫୁଲ୍ଲିତ ହେବେ ।

ଯଦି କୌଣସି ବ୍ୟକ୍ତି ଅଧଘଣ୍ଟା ପାଇଁ କୌଣସି ଶିଶୁକୁ ପ୍ରସନ୍ନ କରୁଛି-ଆନନ୍ଦିତ କରୁଛି, ତେବେ ସେ ଭଗବାନଙ୍କ ସହାୟକ ଅଟେ । ଏହାର ସିଧା ଅର୍ଥ ହେଉଛି, ଭଗବାନ ମଧ୍ୟ ଶିଶୁମାନଙ୍କୁ ଭଲପାଆନ୍ତି । ଭଗବାନ ମଧ୍ୟ ଶିଶୁମାନଙ୍କୁ ପ୍ରସନ୍ନ ରଖିବାକୁ ଚାହାନ୍ତି । ଯାହା ଭଗବାନ ଚାହାନ୍ତି, ଆପଣ ସେଇୟା କରନ୍ତୁନା !

ଆପଣ କୌଣସି ବ୍ୟକ୍ତିକୁ ପ୍ରସନ୍ନ କରୁଛନ୍ତି, ହସାଉଛନ୍ତି ଓ ସେ ହସିଦେଉଛି, ତେବେ ଏହାଦ୍ୱାରା ଆପଣ ମଧ୍ୟ ପ୍ରସନ୍ନତାର ଅନୁଭବ କରିବେ ଓ ଆପଣ ହସିଉଠିବେ । ହସିବା ଦ୍ୱାରା ଯେଉଁ ଲାଭ ହୋଇଥାଏ, ତାହା ଆପଣଙ୍କୁ ମିଳିବ ।

ଥରେ ଜଣେ ରାଜାଙ୍କ ଛୋଟିଆ ପୁଅକୁ "ପ୍ରସନ୍ନ ନରହିବାର ରୋଗ" ହୋଇଗଲା । ରାଜା ସମସ୍ତ ସୁବିଧା ଯୋଗାଇଦେଲେ, ପୁଅକୁ ପ୍ରସନ୍ନ କରିବାର ସମସ୍ତ ବ୍ୟବସ୍ଥା କରିଦେଲେ, କିନ୍ତୁ ରାଜାଙ୍କ ପୁଅ ଅସନ୍ତୁଷ୍ଟ ରହିଲା, ଅନାସକ୍ତ ରହିଲା, ହସିଲା ନାହିଁ, ପ୍ରସନ୍ନ ହେଲାନାହିଁ ।

ସେତିକି ବେଳେ ଜଣେ ଜାଦୁଗର ଦରବାରରେ ଉପସ୍ଥିତ ହେଲା ।

ସେହି ଜାଦୁଗର, ରାଜାଙ୍କ ଠାରୁ ନିଜର ପୁରସ୍କାର ସ୍ଥିର କରି ରାଜକୁମାରଙ୍କୁ ହସାଇବାର ପ୍ରତିଶ୍ରୁତି ଦେଲା ।

ଜାଦୁଗର ରାଜକୁମାରକୁ ଗୋଟିଏ କୋଠରିକୁ ନେଇ ଏକ ସାଧା କାଗଜ ଦେଲା ଓ ମହମବତୀ ଜଳାଇ କହିଲା, ମୁଁ ବାହାରକୁ ଗଲାପରେ ଏହି କାଗଜକୁ ମହମବତୀରେ ଉତ୍ତପ୍ତ କରିବ ।

ଜାଦୁଗର ରାଜକୁମାରକୁ କୋଠରିରେ ଏକୁଟିଆ ଛାଡ଼ିଦେଇ ବାହାରକୁ ଆସିଲା । ରାଜକୁମାର ଯେତେବେଳେ ସାଧା କାଗଜକୁ ମହମବତୀରେ ଉତ୍ତପ୍ତ କଲେ ତେବେ ନୀଳ ରଙ୍ଗର ଅକ୍ଷର ଦେଖାଗଲା- "ପ୍ରତିଦିନ କୌଣସି ଜଣେ ବ୍ୟକ୍ତି ଉପରେ ନିଶ୍ଚିତ ଦୟା କରନ୍ତୁ ।"

ରାଜକୁମାରଙ୍କ ମନ ବଦଳିଗଲା ।

ତାଙ୍କ ମସ୍ତିଷ୍କ ଯେମିତି ଗୋଳମାଳ ହୋଇଗଲା ।

ସେ ପ୍ରସନ୍ନ ହେବାକୁ ଲାଗିଲେ । ତାଙ୍କର ସ୍ୱଭାବ କୃପାଳୁ ହୋଇଗଲା ଓ ସେ ଅନ୍ୟର ସହାୟତା କରି ଅପାର ଆନନ୍ଦର ଅନୁଭୂତି କରିବାକୁ ଲାଗିଲେ । ରାଜାଙ୍କୁ ଆଉ କେବେ ରାଜକୁମାରଙ୍କୁ ଚିନ୍ତିତ ଥିବା ଦେଖିବାର ସୁଯୋଗ ମିଳିଲା ନାହିଁ । ବଡ଼ ହେଲାପରେ ମଧ୍ୟ ସେ ସର୍ବଦା ନ୍ୟାୟବନ୍ତ, ପରୋପକାରୀ ଓ ପ୍ରସନ୍ନଚିତ୍ତ ରାଜା ହୋଇ ରହିଲେ । ଅନ୍ୟମାନଙ୍କୁ ପ୍ରସନ୍ନ ରଖି ସେ ପ୍ରସନ୍ନତା ପାଇଚାଲିଲେ । ଆନନ୍ଦ ବାଣ୍ଟି ଆନନ୍ଦ ପାଇଚାଲିଲେ ।

ପ୍ରସନ୍ନତା ରୂପୀ ଅଳଙ୍କାରରେ ଅନେକ ଛୋଟ-ଛୋଟ ରତ୍ନ ଅଛି, ଯେଉଁଥିରେ ପ୍ରମୁଖ ରତ୍ନ ହେଉଛି ବଦାନ୍ୟତା, କଲ୍ୟାଣକାରୀ ଓ ସଙ୍କୋଚତାର ଛୋଟ-ଛୋଟ କାର୍ଯ୍ୟ ବ୍ୟବହାର,

ଅନ୍ୟର ବିଚାର ବୁଝିବାର ଚେଷ୍ଟା, ଅନ୍ୟମାନଙ୍କୁ ସାହାଯ୍ୟ କରିବା, ଅନ୍ୟମାନଙ୍କୁ ସହାନୁଭୂତି ଦେଖାଇବା, ନିସ୍ୱାର୍ଥ ଭାବନା ରଖିବା, ଦୋଷାରୋପ ନକରିବା, କାହାରି ଭାବନାକୁ ଆଘାତ ନଦେବା, ଉଦାର ନୀତି ଆଦି ସଦ୍‌ଗୁଣ ଓ ଛୋଟ-ଛୋଟ କଥା । ପ୍ରସନ୍ନତାର ଅଳଙ୍କାରରେ ଏହିସବୁ ବିଷୟ ଯୋଡ଼ିହୋଇ ରହିଛି । ପ୍ରସନ୍ନତା ଏହି ଛୋଟ-ଛୋଟ କଥାରେ ଥାଏ । ଏଥି ସମ୍ବନ୍ଧିତ ବହୁତ ଛୋଟ-ଛୋଟ ବିଷୟ ଓ ଘଟଣା ପ୍ରତିଦିନ ପ୍ରସନ୍ନତା ଦେଇଥାନ୍ତି । ବିଶେଷ ସୁଯୋଗ ତ' ବେଳେ-ବେଳେ ଆସିଥାଏ । କୌଣସି ଅସାଧାରଣ ଓ ବଡ଼ କଥା ତ' ବହୁ ବିଳମ୍ବରେ କେବେ-କେବେ ହୋଇଥାଏ ।

ଆମ ଜୀବନ :

ଆମ ଜୀବନ ମଧ୍ୟ ଛୋଟ-ଛୋଟ କଥାରେ, ଛୋଟ-ଛୋଟ ଅଧ୍ୟାୟରେ ତିଆରି ହୁଏ । ସାଧାରଣ ଘଟଣା ପ୍ରତିଦିନ ଘଟିଥାଏ ଯାହାକୁ ଆମେ ମନେରଖୁ ନାହିଁ । ଏମିତି ଅନେକ କଥା ଥାଏ, ଯାହାକୁ ଆମେ ଭୁଲିଯାଉ । ଆମ ଭିତରେ ଗୋଟିଏ ବିଶେଷତା ନିଶ୍ଚିତ ରହିବା ଉଚିତ ଯେ, ଯେକେହି ଆମ ସମ୍ପର୍କରେ ଆସୁଛି, ଆମେ ତାହାର କିଛିନା କିଛି ଭଲ ନିଶ୍ଚିତ କରିବା । ସହାନୁଭୂତି, ଦୟା ଓ ପ୍ରେମର ପ୍ରଦର୍ଶନ ଆମକୁ ପ୍ରସନ୍ନତା ଦେବ ଓ ଆମେ ଆନନ୍ଦିତ ହେବା ।

ଗୋଟିଏ-ଗୋଟିଏ ଘଟଣା ଆପଣଙ୍କୁ ସହାୟତାର ସୁଯୋଗ ଦେଇଥାଏ । ସବୁ ଜାଗାରେ ଆପଣ ଏମିତି ଅନୁଭବ କରିପାରିବେ ଯେ, ଯେମିତି ସେଠାରେ ଆପଣଙ୍କ ଆବଶ୍ୟକତା ରହିଛି ।

"ଫିଲିପ୍ସ ବ୍ରୁକ୍ସ"ଙ୍କ ବିଷୟରେ କୁହାଯାଏ ଯେ, ସେ ପ୍ରତ୍ୟେକ ସ୍ଥାନରେ ପ୍ରତ୍ୟେକଙ୍କ ସହାୟତା କରି ଆନନ୍ଦ ପ୍ରାପ୍ତ କରିପାରୁଥିଲେ ।

ଥରେ ସେ ଏକ ରେଳଗାଡ଼ିରେ ଯାତ୍ରା କରୁଥିଲେ । ଗାଡ଼ି ପ୍ରୋବିଡେନ୍ସରୁ ବୋଷ୍ଟନ ଯାଉଥିଲା । ତାଙ୍କ ବଗିରେ ଜଣେ ମହିଳା ନିଜ ବୃଦ୍ଧ ଏବଂ ଅର୍ଦ୍ଧବିକ୍ଷିପ୍ତ ପିତାଙ୍କ ସହ ବୋଷ୍ଟନ ଯାଉଥିଲେ । ମହିଳାଙ୍କ ଅର୍ଦ୍ଧବିକ୍ଷିପ୍ତ ପିତା ହଠାତ୍ ଜିଦି କଲେ ଯେ ଗାଡ଼ି ଅଟକାଅ, ସେ ବଗିରୁ ବାହାରକୁ ଯାଇ ବୁଲିବାକୁ ଚାହୁଁଥିଲେ । ମହିଳା ସେହି ବୃଦ୍ଧଙ୍କୁ ସମ୍ଭାଳିବାରେ ବହୁତ କଷ୍ଟ ପାଉଥିଲେ, ଯାହାଙ୍କ ନିକଟରେ ବସି ଫିଲିପ୍ସ ବ୍ରୁକ୍ସ ଦେଖୁଥିଲେ । ସେ ଉଠି ତାଙ୍କ ପାଖକୁ ଆସିଲେ ଓ ମହିଳାଙ୍କୁ କହିଲେ- "ମୁଁ ଆପଣଙ୍କ କଷ୍ଟ ସମୟରେ କିଛି ସହାୟତା କରିପାରିବି ?"

ମହିଳାଜଣକ ଏହା ଚାହୁଁଥିଲେ । ସେ ସବୁ କଥା ଜଣାଇ "ହଁ" କହିଲେ, ତେବେ ବ୍ରୁକ୍ସ ବୃଦ୍ଧଙ୍କ ସାମ୍ନାରେ ଝୁଙ୍କି ତାଙ୍କ ନାମ ଧରି ଡାକିଲେ ଓ ହାତ ମିଳାଇ ନମସ୍କାର କଲାପରେ ମଜାଳିଆ କଥାରେ ବ୍ୟସ୍ତ କରିଦେଲେ । ଏହାପରେ ସେ ରେଳଗାଡ଼ିରୁ ଓହ୍ଲାଇବାର କଥା ଭୁଲିଗଲେ । ବୋଷ୍ଟନ ପର୍ଯ୍ୟନ୍ତ ବୃଦ୍ଧ ପ୍ରସନ୍ନ ଥିଲେ । ବ୍ରୁକ୍ସ ଷ୍ଟେସନ୍‌ରେ ଓହ୍ଲାଇବା ପରେ ମଧ୍ୟ ସେମାନଙ୍କୁ ଘୋଡ଼ାଗାଡ଼ିରେ ବସାଇଲେ ।

ପରୋପକାର ଅଥବା ଅନ୍ୟର ସହାୟତା ଦ୍ୱାରା ପ୍ରସନ୍ନତା ପ୍ରାପ୍ତ କରିବା ପାଇଁ ଦୂରକୁ ଯିବାକୁ ପଡ଼େନାହିଁ । ଆପଣ ନିଜ ଆଖପାଖକୁ ଦେଖୁଥାନ୍ତୁ । ଆଖି ଖୋଲା ରଖନ୍ତୁ । ସବୁ ସ୍ଥାନରେ ଏମିତି ସୁଯୋଗ ଉପସ୍ଥିତ ଥାଏ ଯେଉଁଠି ଆପଣ ପ୍ରସନ୍ନତା ପାଇପାରିବେ । ପ୍ରସନ୍ନତା ବାଣ୍ଟିବା ଦରକାର । ଆପଣଙ୍କ ପାଇଁ ତୁରନ୍ତ ସେହିଠାରେ ଉପଲବ୍ଧ ହେବ ।

ବୀଚରଙ୍କ କହିବାନୁସାରେ ଏହା ଏକ ସୁନ୍ଦର ବରଦାନ ଯେ, ମଣିଷ ସମସ୍ତଙ୍କୁ ଭଲରୁ ଆହୁରି ଭଲ, ପ୍ରସନ୍ନରୁ ଆହୁରି ପ୍ରସନ୍ନ କରିବାକୁ ଚେଷ୍ଟା କରିଚାଲୁ, ଏହା ନଭାବୁ ଯେ, ସେ କୌଣସି ଉପକାର କରୁଛି ।

କାହାକୁ ଟିକିଏ ସାହାଯ୍ୟ କରି ଆପଣ ତା' ଉପରେ ଉପକାର କରନ୍ତି ନାହିଁ । ଏହା ଆପଣ ତା' ପାଇଁ କରନ୍ତି ନାହିଁ । ଏଥିରୁ ତ' ଆପଣଙ୍କୁ ଅଧିକ ଲାଭ ମିଳିଥାଏ । ଅନେକ ଆର୍ଥିକ ଲାଭ ପାଇବା ଅପେକ୍ଷା ଥରେ ପ୍ରସନ୍ନତା ପାଇବା ଯଥେଷ୍ଟ ।

ଯେଉଁଭଳି ଫୁଲ ନିଜର ସୁନ୍ଦରତା ବିଷୟରେ ଜାଣିନଥାଏ, କି ସେ କୁହେନାହିଁ ଯେ, ସେ କାହାକୁ ଆନନ୍ଦିତ କରୁଛି । ସେହିପରି ପରୋପକାରୀ ଅଥବା କୃପାଳୁ ବ୍ୟକ୍ତିକୁ ମଧ୍ୟ କହିବାର ଆବଶ୍ୟକତା ନାହିଁ । ତା' ଗୁଣର ସୁଗନ୍ଧ ଆପେଆପେ ଖେଳିଯାଏ । ମୋ ଫୁଲଦାନୀର ଫୁଲଗୁଡ଼ିକୁ କ'ଣ ଜଣାଅଛି ଯେ, ମୁଁ ତାଙ୍କଠାରୁ କ'ଣ ପାଉଛି, ସେମାନଙ୍କ ପ୍ରତି କି ଚିନ୍ତାଧାରା ରଖୁଛି । ସେମାନେ କେତେ ବଡ଼ କାମ କରୁଛନ୍ତି ।

କେତେ ଉଦାର ଓ ଉର୍ଦ୍ଧ୍ୱରେ ସେହି ମହାପୁରୁଷ, ଯାହା ପାଖରେ ପ୍ରସନ୍ନତା, ଶାନ୍ତି, ଉତ୍ସାହ, ମାଧୁର୍ଯ୍ୟ, ଆଶାବାଦ ଭଳି ଅନୁପମ ଗୁଣ ରହିଛି ଓ ସେ ଏତେ ମହାନ୍ ବୋଲି ନିଜେ ମଧ୍ୟ ଜାଣିନାହିଁ ! ଭଲ ସ୍ୱଭାବ ଓ ବିଶାଳ ହୃଦୟ ଥିବା ଏକ ଦୃଢ଼ ଚରିତ୍ର ବ୍ୟକ୍ତି ଜୀବନର ସ୍ୱାଭାବିକ ଅଂଶ ହୋଇଥାଏ । ଏହି ଐଶ୍ୱରୀୟ ଗୁଣ ଥିବା ପୁରୁଷ ହିଁ ସମାଜର ମାର୍ଗଦର୍ଶନ କରିଥାନ୍ତି ।

ଏଭଳି ମହାପୁରୁଷଙ୍କ ତେଜରେ ସଂସାର ଆଲୋକିତ ହୁଏ । ନିଜ କାର୍ଯ୍ୟ ଦ୍ୱାରା ସେମାନେ ସମସ୍ତଙ୍କୁ ପ୍ରସନ୍ନ କରିଥାନ୍ତି ।

ପ୍ରସନ୍ନତା ପାଇଁ ଆବଶ୍ୟକ ନୁହେଁ ଯେ, ସେମାନେ କୌଣସି ବୟସର ହୋଇଥିବେ ଅଥବା କୌଣସି ଖାସ୍ ଗଢ଼ଣୀ କିମ୍ବା ବୃତ୍ତିର ଲୋକଙ୍କ ପାଖରେ ଥିବ । ଏହା ସମସ୍ତଙ୍କ ପାଖରେ ରହିପାରିବ ଓ ସମସ୍ତେ ସମସ୍ତଙ୍କୁ ଦେଇପାରିବେ । ଯେମିତି ଫୁଲର ମାଳକୁ ଯେକେହି ପିନ୍ଧିପାରିବେ ଓ କାହାକୁ ମଧ୍ୟ ପିନ୍ଧାଇପାରିବେ, ସେମିତି ସମସ୍ତେ ପ୍ରସନ୍ନତାକୁ ଗ୍ରହଣ କରିପାରିବେ ।

ଡାକ୍ତର ଚାମର୍ କୁହନ୍ତି ଯେ, ଭଲକାମ କରି ନିଜ ପଛରେ ଆପଣଙ୍କ ସଦ୍‌ଗୁଣର ସ୍ମୃତି ଛାଡ଼ିଯାଆନ୍ତୁ । ଲୋକଙ୍କୁ ଭଲପାଆନ୍ତୁ, ସେମାନଙ୍କ ହୃଦୟ ଜିତନ୍ତୁ, ଲୋକେ ଆପଣଙ୍କୁ ଭୁଲିପାରିବେ ନାହିଁ । ଲୋକମାନେ ଆପଣଙ୍କ ଗୁଣଗାନ କରିବେ । ଆପଣଙ୍କ କାମକୁ ସ୍ମରଣ କରାଯିବ ଓ ଆପଣଙ୍କୁ ସମ୍ମାନ କରାଯିବ ।

ସମ୍ମାନ ସଫଳତା ପ୍ରଦାନ କରିଥାଏ ।

ସମ୍ମାନ ବିନା ସଫଳତା ମିଳିବାର ସମ୍ଭାବନା କମ୍ ହୋଇଥାଏ । ଆନନ୍ଦ ମଧ୍ୟ ଆତ୍ମାର ନିର୍ମଳତା ଦ୍ୱାରା ମିଳିଥାଏ ।

ଯେଉଁ ବ୍ୟକ୍ତି କେବଳ ନିଜ ପାଇଁ ବଞ୍ଚେ, ତା' ପାଇଁ ଜୀବନର କୌଣସି ମୂଲ୍ୟ ନାହିଁ ।

ଜୀବନର ମୂଲ୍ୟ ଓ ଉପଯୋଗୀତା ତାହାର ଥାଏ, ଯିଏ ଭଲକାମ କରେ, ଯିଏ ଅନ୍ୟମାନଙ୍କ ପାଇଁ ବଞ୍ଚେ । ଯିଏ ନିଜ କାମରେ ଅନ୍ୟମାନଙ୍କୁ ଲାଭାନ୍ୱିତ କରିଥାଏ, ଅନ୍ୟମାନଙ୍କ ପାଇଁ ପ୍ରସନ୍ନତାର ମଞ୍ଜି ବୁଣେ ।

ଧନ ଉପାର୍ଜନ କରିବା ସେତେ ବଡ଼ ଉପଲବ୍ଧି ନୁହେଁ, ଯେତିକି ଚାରିଆଡ଼େ ପ୍ରସନ୍ନତା ଖେଳାଇବା ।

ସମାଜରେ ସେହି ଲୋକ ପୂଜା ପାଆନ୍ତି, ଯେଉଁମାନେ ଶୁଭ କରନ୍ତି, ଯେଉଁମାନେ ଭଲଗୁଣ ଓ ପ୍ରସନ୍ନତା ବ୍ୟାପ୍ତ କରନ୍ତି । ଏମିତି ଲୋକଙ୍କ ଜୀବନ ସମାଜ ପାଇଁ ବରଦାନ ହୋଇଥାଏ ।

ଏକ ଲୋକୋକ୍ତି- "ଯିଏ ନିଜକୁ ନିଜେ ପ୍ରସନ୍ନ ହୋଇପାରେ ନାହିଁ, ସେ ଅନ୍ୟ କେଉଁଠି ପ୍ରସନ୍ନତା ପାଇବ ନାହିଁ ।"

ପ୍ରକୃତରେ ପ୍ରସନ୍ନତା ଆପଣଙ୍କ ଭିତରେ ଅଛି । ଏଥିପାଇଁ ଭଥଭ୍ରଷ୍ଟ ହେବା ଆବଶ୍ୟକ ନାହିଁ । ଏହାକୁ, ମଣିଷ ନିଜଠାରୁ ହିଁ ନେଇପାରିବ । ନିଜ ବ୍ୟବହାରରୁ, ନିଜ କାର୍ଯ୍ୟରୁ, ନିଜ କ୍କଥାରୁ, ନିଜ ତ୍ୟାଗ ଓ ସେବାରୁ ନେଇପାରିବ ।

ଆପଣଙ୍କ ଆତ୍ମାକୁ ଦୃଢ଼ ଓ ଶକ୍ତିଶାଳୀ କରୁଛି- ଆପଣଙ୍କ ସ୍ୱାସ୍ଥ୍ୟ ଓ ପବିତ୍ର ବିଚାର, ମହାନ୍ ଆକାଂକ୍ଷା, ସତ୍ୟ ଏବଂ ପରୋପକାରର ଉଦାର ଭାବନା, ଭଲ ଉଦ୍ଦେଶ୍ୟ ଓ ସ୍ୱାର୍ଥର ତ୍ୟାଗ । ଏଗୁଡ଼ିକ ଆପଣଙ୍କ ଆତ୍ମାକୁ ପବିତ୍ର, ନିର୍ମଳ, ଶକ୍ତିଶାଳୀ ଓ ସୁନ୍ଦର କରନ୍ତି । ଆପଣଙ୍କ ଭିତରେ ଆତ୍ମବିଶ୍ୱାସ ଜାଗ୍ରତ କରନ୍ତି । ସେତେବେଳେ ଆପଣଙ୍କର ଏହି ବିଶ୍ୱାସ ଦୃଢ଼ ହେବ ଯେ, ଆପଣ ହେଉଛନ୍ତି ସେହି ଦିବ୍ୟଶକ୍ତିର ଅଂଶ- ଯିଏ ପରମପିତା ଓ ସୃଷ୍ଟିକର୍ତ୍ତା ଅଟନ୍ତି ।

ଆପଣ ଯଦି ସେହି ସୃଷ୍ଟିକର୍ତ୍ତା ପରମାତ୍ମାଙ୍କର ଅଂଶ, ତେବେ ତାଙ୍କ ଭଳି କିଛି ଗୁଣ ନିଜ ଭିତରକୁ ଆଣନ୍ତୁ । ତାଙ୍କ ଗୁଣଗୁଡ଼ିକୁ ପ୍ରକାଶିତ କରନ୍ତୁ ।

ତାଙ୍କର ସବୁଠୁ ବଡ଼ ଗୁଣ ହେଉଛି, ସେ ନ୍ୟାୟବନ୍ତ ଓ କୃପାଳୁ । ଆପଣ ମଧ୍ୟ ଦୟାର ସ୍ରୋତ ହୁଅନ୍ତୁ । ପରୋପକାର କରନ୍ତୁ । ଆପଣ ଅନ୍ୟମାନଙ୍କୁ ଆନନ୍ଦ ବାଣ୍ଟିଲେ ନିଜେ ଆନନ୍ଦର ଅଥଳ ସାଗରରେ ବୁଡ଼ିଚାଲିବେ ।

୧୦. ମଙ୍ଗଳମୟ ବିଚାର

ଅଯଥା କଥାରେ ଆଲୋଡ଼ିତ ହେବାରେ କିଛି ଲାଭ ନାହିଁ । କ୍ରୋଧ କିମ୍ବା ଶୋକକୁ ଆପଣ କାହିଁକି ପାଳୁଛନ୍ତି ? ଆପଣଙ୍କ ପାଇଁ ଏଗୁଡ଼ିକ ହେଉଛନ୍ତି ବିଷାକ୍ତ ସାପ, ତେବେ ଆପଣ ଏହି ସାପକୁ କ୍ଷୀର ପିଆଇ ପାଳିବାର ମୂର୍ଖାମୀ କାହିଁକି କରୁଛନ୍ତି ?

ପ୍ରତ୍ୟେକ ବିଚାରର ସିଧା ପ୍ରଭାବ ଶରୀର ଉପରେ ପଡ଼ିଥାଏ । ଖରାପ ଚିନ୍ତାଧାରା ଶରୀରକୁ ଦୁର୍ବଳ ଓ ଅସୁସ୍ଥ କରିଦିଏ । ଉତ୍ତମ ଚିନ୍ତାଧାରା ଶରୀର ଓ ମନକୁ ସୁସ୍ଥ କରିଥାଏ । ଆନନ୍ଦପୂର୍ଣ୍ଣ ବିଚାର ମନକୁ ଆନନ୍ଦିତ କରି ଶରୀରକୁ ସୁସ୍ଥ ରଖେ, ଏହିଭଳି ଆନନ୍ଦପୂର୍ଣ୍ଣ ବିଚାର ଦ୍ୱାରା ମଣିଷକୁ ଶାରୀରିକ ଓ ମାନସିକ ସୁସ୍ଥତା ପ୍ରାପ୍ତି ହୋଇଥାଏ ।

ଖରାପ ଚିନ୍ତାଧାରାର ଦୂଷିତ ପ୍ରଭାବ ଶରୀରର ଉପକାରୀ ଅଙ୍ଗଗୁଡ଼ିକର କାର୍ଯ୍ୟ ଉପରେ ମଧ୍ୟ ପ୍ରଭାବ ପକାଇଥାଏ ଓ ସେଗୁଡ଼ିକୁ ଅସୁସ୍ଥ କରି ପାଚନ କ୍ରିୟାକୁ ବିଗାଡ଼ିଦିଏ । ମନର ପ୍ରତ୍ୟେକ ବିଚାର ଦ୍ୱାରା ଶରୀରର ପ୍ରତ୍ୟେକ ତନ୍ତୁରେ ନିଶ୍ଚିତ

ପ୍ରତିକ୍ରିୟା ହୋଇଥାଏ। ଆପଣ ଯଦି ମନକୁ ଅବିରତ ଏକନିଷ୍ଠ କରିବାର ଅଭ୍ୟାସ କରିବେ, ତେବେ ଆପଣ ନିଜ ଭିତରେ ପରିବର୍ତ୍ତନ ସ୍ପଷ୍ଟ ଦେଖିପାରିବେ।

କ୍ରୋଧ ମଣିଷର ଅନେକ ଗ୍ରନ୍ଥି ଉପରେ ପ୍ରଭାବ ପକାଇଥାଏ। ଜୀବନ ପାଇଁ ଘାତକ ବିଷ ଗ୍ରନ୍ଥି ଝରିବା ତିଆରି କରେ।

ଯେକୌଣସି ଉଗ୍ର ଭାବନା ମସ୍ତିଷ୍କକୁ ଆଘାତ ଦେଲେ ତନ୍ତୁଗୁଡ଼ିକ ଆଲୋଡ଼ିତ ହୁଅନ୍ତି ଓ ହୃଦୟ ଦୁର୍ବଳ ହୋଇଯାଏ। ମସ୍ତିଷ୍କ ଦୁର୍ବଳ ଥିବା ସମୟରେ ଏହି ଆକସ୍ମିକ ଧକ୍‌କା ପାଗଳ କରିପାରେ। ସୁତରାଂ ଏଭଳି ଭାବନା ଉପରେ ନିୟନ୍ତ୍ରଣ ରଖିବା ଉଚିତ୍। ଅଯଥା କଥାରେ ଆଲୋଡ଼ିତ ହେବାରେ କିଛି ଲାଭ ନାହିଁ। କ୍ରୋଧ କିମ୍ବା ଶୋକକୁ ଆପଣ କାହିଁକି ପାଳୁଛନ୍ତି ? ଆପଣଙ୍କ ପାଇଁ ଏଗୁଡ଼ିକ ହେଉଛନ୍ତି ବିଷାକ୍ତ ସାପ, ତେବେ ଆପଣ ଏହି ସାପଙ୍କୁ କ୍ଷୀର ପିଆଇ ପାଳିବାର ମୂର୍ଖାମୀ କାହିଁକି କରୁଛନ୍ତି ? କୋଧ ମା' କ୍ଷୀରକୁ ବିଷାକ୍ତ କରି ଶିଶୁର ସ୍ୱାସ୍ଥ୍ୟ ଓ ଜୀବନ ଉପରେ ପ୍ରଭାବ ପକାଇଥାଏ। ଶିଶୁ ଅସୁସ୍ଥ ହେବା ସହ ମୃତ୍ୟୁବରଣ କରିଥିବା ମଧ୍ୟ ଦେଖାଯାଇଛି।

କ୍ରୋଧ ଏବଂ ଯନ୍ତ୍ରଣା :

କ୍ରୋଧ ଏକ ପ୍ରକାରର ଏମିତି ନିଆଁ, ଯାହା ନିଜକୁ ଜଳାଏ ଓ ଅନ୍ୟମାନଙ୍କୁ ମଧ୍ୟ ଜଳାଏ। ସୁତରାଂ କ୍ରୋଧର ଭାବନାକୁ ମନରେ ସ୍ଥାନ ଦେବା ଉଚିତ ନୁହେଁ। ଯାହା ଉପରେ କ୍ରୋଧ କରାଯାଏ, ତା' ମନରେ ପ୍ରତିକ୍ରିୟା ସ୍ୱରୂପ କ୍ରୋଧ ଅଥବା ଭୟ ଉତ୍ପନ୍ନ ହୋଇଥାଏ। ଭୟ ଦ୍ୱାରା ଲୋକଙ୍କୁ ହୃଦୟ ରୋଗ ଓ ପାଣ୍ଡୁରୋଗ ହେଉଥିବା ଦେଖାଯାଇଛି। ତେଣୁ ଭାବପ୍ରବଣ ଅନୁଚିତ ଓ ଏହା ଭଗବାନଙ୍କ ନିୟମର ବିରୁଦ୍ଧ ଅଟେ।

ଭାବପ୍ରବଣ ଓ କ୍ରୋଧ ଉପରେ ଆନନ୍ଦପୂର୍ଣ୍ଣ ବିଚାର ଦ୍ୱାରା ନିୟନ୍ତ୍ରଣ କରାଯାଇପାରିବ। ଭାବନାଗୁଡ଼ିକୁ ଆୟତ୍ତ କରିବାର ଶକ୍ତି ଆମ ଭିତରେ ଅଛି। ସେହି ଶକ୍ତିର ବିକାଶ କରାଯାଇ ପାରିବ। ସେହି ଶକ୍ତିର ପ୍ରୟୋଗ ଦ୍ୱାରା ଭାବନା ଉପରେ ନିୟନ୍ତ୍ରଣ ରଖାଯାଇପାରିବ। ଯେଉଁ ମଣିଷ ନିଜ ମନର ଭାବନାକୁ ନିୟନ୍ତ୍ରଣ କରିପାରେ, ସେ ନିଜ ଶରୀରକୁ ମଧ୍ୟ ନିୟନ୍ତ୍ରଣରେ ରଖିଥାଏ।

ଯିଏ ବିଚାର ଓ ଭାବନା ଉପରେ ବିଜୟ ପାଇଥାଏ, ସେ ପ୍ରକୃତ ଅର୍ଥରେ ମାନବ ବୋଲାଇବାର ଅଧିକାରୀ ଅଟେ। ସେ ପ୍ରତ୍ୟେକ ଉଗ୍ର ଭାବନାର ପ୍ରତିରୋଧକ ଭାବନାକୁ ଉତ୍ପନ୍ନ କରିବା ଜାଣିଥାଏ। ସେ ଜାଣିଥାଏ ଯେ, କିଭଳି ପରିସ୍ଥିତିରେ କେତେବେଳେ ଓ କେମିତି ବିଚାର କରିବାର ଆବଶ୍ୟକତା ରହିଛି।

ମଣିଷକୁ ଯେତେବେଳେ ଘୃଣା, ଈର୍ଷା ଓ ପ୍ରତିଶୋଧର ଉଗ୍ର ଭାବନା କବଳିତ କରେ, ତେବେ ମାନସିକ ଶକ୍ତି ସହିତ ଶାରୀରିକ ଶକ୍ତି ମଧ୍ୟ କ୍ଷୀଣ ହୋଇଯାଏ, ମଣିଷ

ଥକିଯାଏ । ଏମିତି ପରିସ୍ଥିତି ବାରମ୍ବାର ଆସିଲେ ମଣିଷ କ୍ଳାନ୍ତ, ନିରୁତ୍ସାହୀ ଓ ଅଳସୁଆ ହେବାକୁ ଲାଗେ, ଅକର୍ମଣ୍ୟ ହୋଇଯାଏ, ସମୟ ପୂର୍ବରୁ ବୁଢ଼ା ହୋଇଯାଏ । ଏହି ବିଷ ଶରୀରକୁ ନଷ୍ଟ କରନ୍ତି ।

କିନ୍ତୁ ଏହି ବିଷ ପାଇଁ ଆମ ମନ ଭିତରେ ଔଷଧ ମଧ୍ୟ ଅଛି ।

ଘୃଣାର ବିଷର ପ୍ରଭାବ ପ୍ରେମ ଦ୍ୱାରା ସମାପ୍ତ କରାଯାଇପାରିବ । ପ୍ରେମର ଭାବନାକୁ ଜାଗ୍ରତ କରିବା ପାଇଁ ଆନନ୍ଦପୂର୍ଣ୍ଣ ବିଚାରଗୁଡ଼ିକୁ ମନ ଭିତରେ ଉତ୍ପନ୍ନ କରନ୍ତୁ । ଶୁଭ ବିଚାର ଦ୍ୱାରା ମନର ସବୁ ଦୋଷ ଦୂର କରାଯାଇପାରିବ ।

କଳୁଷିତ ଭାବନା :

କିଏଜାଣେ କେତେ ଲୋକଙ୍କ ବହୁମୂଲ୍ୟ ଜୀବନ କଳୁଷିତ ଭାବନାର ବିଷ ପ୍ରଭାବ ଯୋଗୁ ନଷ୍ଟ ହୋଇଛି । ସେହି ଲୋକମାନେ ଯଦି ଏହି ବିଷ କବଳରୁ ଉଦ୍ଧାର ପାଇବାର ଉପାୟ ଜାଣିଥାନ୍ତେ, ତେବେ ଅସମୟରେ ନଷ୍ଟ ହୋଇନଥାନ୍ତେ । ପ୍ରେମ ଏକ ଏମିତି ଜିନିଷ ଯାହା ସମସ୍ତ ଖରାପ ଭାବନା ଉପରେ ନିୟନ୍ତ୍ରଣ ରଖିବାରେ ସାହାଯ୍ୟକାରୀ ଅଟେ । ପ୍ରେମର ଅମୋଘ ଔଷଧ ଦ୍ୱାରା ଅନେକ ମାନସିକ ବ୍ୟାଧି ଦୂର କରାଯାଇପାରିବ । ପ୍ରେମର ରସରେ ଏତେ ଶକ୍ତି ଅଛି ଯେ, ଏହାର ପ୍ରଭାବ ପଡ଼ିଲେ ଲୋଭ, ସ୍ୱାର୍ଥ, ଘୃଣା, ଈର୍ଷା, ସବୁକିଛି ନଷ୍ଟ ହୋଇଯାଏ । ପ୍ରେମର ବିଚାର ଆନନ୍ଦପୂର୍ଣ୍ଣ ଓ ଶୁଭ ବିଚାର ଅଟେ ।

ପ୍ରେମର ଆନନ୍ଦପୂର୍ଣ୍ଣ ବିଚାର ଦ୍ୱାରା ଦ୍ୱେଷ ଭଳି ମଇଳା ଧୋଇ ସଫା ହୋଇଯାଏ । ମଣିଷର ସ୍ୱଭାବ ଖରାପ ହୋଇନଥାଏ, ସେ ଅପରାଧୀ ହୋଇନଥାଏ ଓ ନା ସେ ଜାଣି-ଶୁଣି ନିର୍ବୋଧତା କରିଥାଏ ।

ଦୋଷ ତା'ର ପରିସ୍ଥିତି, ଶିକ୍ଷା ଓ ତା' ଜ୍ଞାନର ସ୍ତରରେ ହୋଇଥାଏ । ସେ ଯେତିକି ଅନ୍ୟମାନଙ୍କ ଠାରୁ ଶିଖିଥାଏ ସେତିକିରେ ଚାଲେ ।

କିଏ ଚାହେଁ ଯେ, ଖରାପ ବିଚାର ମନକୁ ଆସୁ ? ସମସ୍ତେ ଶୁଭ ବିଚାର ଚାହାନ୍ତି । ସମସ୍ତେ ଆନନ୍ଦିତ ରହିବାକୁ ଚାହାନ୍ତି ।

କିନ୍ତୁ ସେମାନେ ଜାଣିନଥାନ୍ତି ଯେ, ଖରାପ ବିଚାର କବଳରୁ କେମିତି ମୁକ୍ତି ମିଳିବ । ଘୃଣାକୁ କେମିତି ବାହାର କରାଯିବ ।

ଏଭଳି ଲୋକଙ୍କୁ ପ୍ରେମର ମହତ୍ତ୍ୱ ବୁଝିବାର ଆବଶ୍ୟକତା ରହିଛି । ଏହା ମଧ୍ୟ ଜାଣିବାର ଆବଶ୍ୟକତା ଅଛି ଯେ, ପ୍ରେମର ଔଷଧ କେମିତି ପ୍ରୟୋଗ କରାଯାଏ । ସେମାନଙ୍କୁ ପ୍ରଥମେ ହୃଦୟଙ୍ଗମ କରିବା ଉଚିତ୍ ଯେ, ଅଶୁଭ ବିଚାରକୁ ଦୂର କରିବା ପାଇଁ ମନକୁ ଶୁଭ ଓ ଶୁଦ୍ଧ ବିଚାରର ଆବଶ୍ୟକତା ଅଛି ଓ ପ୍ରେମର ଭାବନା ଏକ ଶୁଭ ଭାବନା ଅଟେ । ଆନନ୍ଦପୂର୍ଣ୍ଣ ବିଚାର ଶୁଭ ବିଚାର ଅଟେ ।

ଆପଣ ନିଜ ମନରେ ପ୍ରେମର ଭାବନା ଆଣନ୍ତୁ । ସମସ୍ତଙ୍କୁ ନିଜର ସ୍ନେହର ପାତ୍ର ଭାବନ୍ତୁ । ଯାହାକୁ ଆପଣ ଘୃଣା କରୁଛନ୍ତି, ତାକୁ ମଧ୍ୟ ଭଲପାଆନ୍ତୁ, ଏହାପରେ ଆପଣ ଦେଖିବେ ଯେ, ଆପଣ ବଦଳୁଛନ୍ତି ।

ଯେତେବେଳେ ଆପଣଙ୍କୁ ଭୟ, ସନ୍ଦେହ, ଚିନ୍ତା ଆଦି ଭାବନା ଆଲୋଡ଼ିତ କରିବ, ଆପଣ ଏମାନଙ୍କ ବିରୋଧୀ ବିଚାରଗୁଡ଼ିକୁ ମନରେ ଆଣିବାକୁ ଚେଷ୍ଟା କରନ୍ତୁ । ବିଶ୍ୱାସ, ନିର୍ଭୟତା ଓ ନିଶ୍ଚିନ୍ତତାର ଭାବନା ଉତ୍ପନ୍ନ କରନ୍ତୁ । ଯେଉଁଭଳି ସୂର୍ଯ୍ୟଙ୍କ ଆଗରେ ଅନ୍ଧାରର ସ୍ଥିତି ନାହିଁ, ସେହିଭଳି ଶୁଭ ଓ ଆନନ୍ଦପୂର୍ଣ୍ଣ ବିଚାର ଆଗରେ ଅଶୁଭ ଓ ଖରାପ ବିଚାରର ସ୍ଥାୟିତ୍ୱ ରହିବ ନାହିଁ । ପ୍ରତ୍ୟେକ ସତ୍ୟ ଓ ଶୁଭ ବିଚାର ଖୁବ୍‌ଶୀଘ୍ର ନିଜଭଳି ବିଚାରକୁ ଜନ୍ମ ଦିଏ ।

ମନରେ ଯେତେବେଳେ ଭଲ ବିଚାର ଏକତ୍ର ହୁଅନ୍ତି, ତେବେ ଭଲ ବିଚାରର ଭଣ୍ଡାର ତିଆରି ହୁଏ । ସମସ୍ତ ଖରାପ ବିଚାର ଚାଲିଯାଏ । ବିଚାର ସ୍ପଷ୍ଟ ହୋଇ, ଲକ୍ଷ୍ୟ ଓ ଗନ୍ତବ୍ୟ ମଧ୍ୟ ସ୍ପଷ୍ଟ ଦେଖାଯାଏ, ଓ ଜୀବନ ଉନ୍ନତି ଆଡ଼କୁ ଆଗେଇଚାଲେ । ବ୍ୟକ୍ତି ଯଦି ସତ୍ୟପରାୟଣ ହୋଇଯାଏ ତେବେ ମିଛ ଚାଲିଯାଏ, ମନ ଓ ବାଣୀ ପବିତ୍ର ହୋଇଯାଏ ତଥା ବ୍ୟକ୍ତି ମହାନ୍ ହୋଇଯାଏ ।

ଯେଉଁ ବିଚାର ଆପଣଙ୍କ ଶରୀର ଓ ମନକୁ କ୍ଷତି କରନ୍ତି, ସେଗୁଡ଼ିକ ହେଉଛି ଶତ୍ରୁ ବିଚାର ।

ଯେଉଁ ବିଚାର ଶରୀର ଓ ମନ ପାଇଁ ଲାଭଦାୟକ, ସେଗୁଡ଼ିକ ହେଉଛି ମିତ୍ର ବିଚାର ।

ଯେତେବେଳେ ଆପଣଙ୍କ ଶରୀର ଓ ମନ ଉପରେ ଶତ୍ରୁ ବିଚାର ଆକ୍ରମଣ କରିବେ, ତେବେ ତୁରନ୍ତ ନିଜ ମିତ୍ର ବିଚାରଗୁଡ଼ିକୁ ସୂଚିତ କରନ୍ତୁ, ସତର୍କ କରନ୍ତୁ, ଅତଏବ ସେମାନେ ଶତ୍ରୁକୁ ପରାସ୍ତ କରି ଆପଣଙ୍କୁ ରକ୍ଷା କରିବେ ।

ଆପଣଙ୍କ ମିତ୍ର ବିଚାର ଯଦି ସୁସ୍ଥ ଓ ଶକ୍ତିଶାଳୀ ହୋଇଥିବ, ତେବେ ସେମାନଙ୍କୁ ପରାସ୍ତ କରିଦେବେ ।

ମିତ୍ର ବିଚାର ଦ୍ୱାରା ଆପଣଙ୍କ ମନ ପ୍ରଫୁଲ୍ଲିତ ଓ ଆନନ୍ଦିତ ରହିବ । ଶରୀର ସୁସ୍ଥ ରହିବ, ଯେହେତୁ ସେମାନେ ସୁରକ୍ଷିତ ଅଛନ୍ତି ।

ଅବିରତ ଅଭ୍ୟାସ ଦ୍ୱାରା ଆପଣ ମିତ୍ର ବିଚାରଗୁଡ଼ିକୁ ଦୃଢ଼, ସୁସ୍ଥ ଓ ଶକ୍ତିଶାଳୀ କରିପାରିବେ ।

ନିଜ ଶରୀର ଓ ମନକୁ ସବୁବେଳେ ପ୍ରଫୁଲ୍ଲିତ ଓ ଆନନ୍ଦିତ ରଖିପାରିବେ । ଆପଣଙ୍କ ମନ ସବୁ ସମୟରେ ସୌମ୍ୟ, ପ୍ରସନ୍ନ, ଆନନ୍ଦିତ ଓ ସୁଖୀ ରହିପାରିବ । ଲୋକେ ଆପଣଙ୍କୁ ପ୍ରଶଂସା କରିବେ, ସମ୍ମାନ ଦେବେ । ବିଚାରର ପ୍ରଭାବ କେବଳ ମସ୍ତିଷ୍କ ଉପରେ ନୁହେଁ, ବରଂ ସମସ୍ତ ଶରୀର ଉପରେ ପଡ଼ିଥାଏ ।

ଏହି ଶରୀର ଜୀବକୋଷଗୁଡ଼ିକର ସମୁଦ୍ର ଅଟେ । ବିଚାରର ପ୍ରଭାବ ସମସ୍ତ ଜୀବକୋଷ ଉପରେ ପଡ଼ିଥାଏ । ଶରୀରର ଅଙ୍ଗପ୍ରତ୍ୟଙ୍ଗ ଉପରେ ପଡ଼ିଥାଏ ।

ଯେକୌଣସି ଅଶୁଭ ସମାଚାର କେବଳ ମସ୍ତିଷ୍କ ଉପରେ ନୁହେଁ ହୃଦୟ, ଆମାଶୟ, ରକ୍ତ ସଞ୍ଚାଳନ, ସ୍ନାୟୁ ବ୍ୟବସ୍ଥା ଉପରେ ପ୍ରଭାବ ପକାଇଥାଏ । ସାରା ଶରୀର ନିସ୍ତବ୍ଧ ହୋଇପାରେ । ତେବେ ମସ୍ତିଷ୍କରେ ଅଶୁଭ ବିଚାର କାହିଁକି ଭରିବା ?

ମସ୍ତିଷ୍କରେ ଶୁଭ ଓ ଆନନ୍ଦମୟ ବିଚାର ସଞ୍ଚାର କରନ୍ତୁ, ଯାହା ଆମ ଭିତରେ ଉତ୍ସାହ, ସ୍ଫୂର୍ତ୍ତି, ସତେଜତା ଓ ଶକ୍ତି ଭରିପାରିବ ।

ଏହା ଆମର କର୍ତ୍ତବ୍ୟ ଯେ, ଆମେ ଆମ ଶରୀରର ସମଗ୍ର କୋଶିକାଗୁଡ଼ିକୁ ବଳିଷ୍ଠ ଓ ସୁସ୍ଥ ରଖିବା । କୌଣସି ଜୀବକୋଷ କ୍ଷୀଣ ଓ ରୁଗ୍ଣ ରହିବା ଉଚିତ ନୁହେଁ, ସେତେବେଳେ ଯାଇ ଆମେ ସୁସ୍ଥ ଓ ନିରୋଗ ରହିପାରିବା ।

କ୍ରୋଧ, ଆବେଗ ଭୁଲିଯାଆନ୍ତୁ । ଅଯୋଗ୍ୟତା, ଝଗଡ଼ା ଓ ଅନ୍ୟ ଯେତେ ଅପରାଧ ଅଛି, ସେ ସବୁର ମୂଳ କାରଣ ହେଉଛି ଅଶୁଭ ବିଚାର, ଭୁଲ୍ ଢଙ୍ଗରେ ଚିନ୍ତନ କରାଯାଇଥିବା କଥା, ଯେଉଁଥିରୁ ଶରୀରର ସମସ୍ତ ଜୀବକୋଷ ପ୍ରଭାବିତ ହୋଇଥାଏ ।

ସମ୍ପୂର୍ଣ୍ଣ ସୁସ୍ଥ ବ୍ୟକ୍ତି ଅପରାଧ କରିବାକୁ ଚାହେନାହିଁ । ଭୁଲ୍ କାମ ଅଥବା ଅପରାଧ ସେହି ବ୍ୟକ୍ତି କରିଥାଏ, ଯାହା ଶରୀରର ଜୀବକୋଷ ଦୁର୍ବଳ ହୋଇଯାଆନ୍ତି । ଯେପର୍ଯ୍ୟନ୍ତ ମଣିଷ ଶରୀରର ଜୀବକୋଷ ଠିକ୍ ଓ ସୁସ୍ଥ ଅଛି, ସେପର୍ଯ୍ୟନ୍ତ ସେ ସମ୍ପୂର୍ଣ୍ଣ, ସୁସ୍ଥ, ଉଚ୍ଚ, ପ୍ରସନ୍ନ ଓ ଦକ୍ଷ ଅଟେ ।

ବିରୋଧାଭାଷ :

ଯେତେବେଳେ ମଣିଷ ବିରୋଧାଭାଷରେ ବଞ୍ଚେ, ପରସ୍ପର ବିରୋଧୀ ବିଚାର ଯୋଗୁ କିଂକର୍ତ୍ତବ୍ୟବିମୂଢ଼ ହୋଇଯାଏ, ବିପଥଗାମୀ ହୋଇ ପଥଭ୍ରଷ୍ଟ ହୁଏ ଓ ନିଜର ଗନ୍ତବ୍ୟ ସ୍ଥଳ ଭୁଲିଯାଏ, ଲକ୍ଷ୍ୟ ଭୁଲିଯାଏ, ସେତେବେଳେ ସେ ବହୁତ ଦୁଃଖ ପାଇଥାଏ । ଯାହାର ବିଚାରରେ ଜଟିଳତା ନଥାଏ, ବିରୋଧାଭାଷ ନଥାଏ, ସେହି ବ୍ୟକ୍ତି କେବେ ଲକ୍ଷ୍ୟରୁ ବିଚ୍ୟୁତ ହୁଏନାହିଁ । ଲକ୍ଷ୍ୟକୁ ସେ ନିଜ ଆଡ଼କୁ ଆକର୍ଷିତ କରିଚାଲେ । ବ୍ୟକ୍ତିର ଏହି ଜ୍ଞାନ ନିଶ୍ଚିତ ରହିବା ଉଚିତ ଯେ, କେଉଁଭଳି ଅଶୁଭ ବିଚାରକୁ କେଉଁ ଶୁଭ ବିଚାର ଦ୍ୱାରା ନଷ୍ଟ କରାଯାଇପାରିବ ।

ମିତ୍ର ବିଚାରର ପ୍ରୟୋଗ କରିବା ଶୈଳୀ ଶିଖିଯିବା ଉଚିତ । ବିଚାରକୁ ଉଚିତ ଦିଗରେ ବଦଳାଇବା ଯାହାକୁ ଆସିଗଲା, ଯିଏ ମନୋବୃତ୍ତିର ସ୍ୱାମୀ ହୋଇ ରହିବା ଶିଖିଗଲା, ସେ ଆନନ୍ଦିତ ରହିଥାଏ । ଏହା ଜୀବନକୁ ଆନନ୍ଦରେ ଭରିଦିଏ ଓ ସେ ଖରାପ କାର୍ଯ୍ୟରୁ ଦୂରେଇ ରୁହେ ।

ଶୁଭ ବିଚାରଗୁଡ଼ିକୁ ଶକ୍ତିଶାଳୀ କରି ଆମେ ନିଜ ଜୀବନକୁ ଉଚିତ୍ ଦିଗ ଆଡ଼କୁ

ନେଇ ଯାଇପାରିବା । ଯେହେତୁ ପ୍ରବଳ ବିଚାରଶକ୍ତି ଆମର ସମସ୍ତ କାର୍ଯ୍ୟକୁ ପ୍ରେରିତ କରିଥାଏ ।

ଯାହାକୁ ଭଲ ସାଥୀ ମିଳିଯାଏ, ଯାହାର ଜୀବନସାଥୀ ମାର୍ଜିତ ଓ ସରଳ ବିଚାରର ହୋଇଥାଏ, ପ୍ରସନ୍ନ ସ୍ୱଭାବର ହୋଇଥାଏ, ସେ ନିଜ ଜୀବନ ଶ୍ରେଷ୍ଠ କରିପାରେ, ତା' ବିଚାରର ଦିଗ ବଦଳିଯାଏ, ତା' ଭିତରେ ଆତ୍ମବିଶ୍ୱାସ ଜାଗ୍ରତ ହୁଏ, ସେ ଦୃଢ଼ ନିଶ୍ଚୟୀ ହୋଇଯାଏ, ମନୋବୃତ୍ତି ବଦଳିଯାଏ, ତା' ଭିତରେ ନବଜୀବନର ସଂଚାର ହୋଇଯାଏ । ପ୍ରେମ ଓ ସଦ୍‌ବିଚାରର ଶକ୍ତି ମଣିଷ ଭିତରେ ନବଜୀବନର ସଂଚାର କରିଦିଏ ।

ମଣିଷର ସମସ୍ତ କଷ୍ଟର ଉପାୟ ତା' ମନ ଭିତରେ ଅଛି । ସେହି ଉପାୟଗୁଡ଼ିକର ପ୍ରୟୋଗ ଦ୍ୱାରା ସେ ନିଜ ଭିତରର କ୍ରୋଧ, ଘୃଣା, ଈର୍ଷା, ଦ୍ୱେଷ, ମିଛ ଆଶା ଆଦିକୁ ଦୂର କରି ପ୍ରେମ, ସହାନୁଭୂତି, ଶାନ୍ତି, ମିତ୍ରତା ଓ ଶୁଭ ଆକାଂକ୍ଷାକୁ ପାଇଯାଏ ।

ପ୍ରକୃତି କେବେ କୌଣସି ମଣିଷକୁ କ୍ରୋଧ, ଭୟଗ୍ରସ୍ତ ଅଥବା ଈର୍ଷାପରାୟଣ କରେନାହିଁ । ଶିଶୁ ଟିକିଏ ବଡ଼ ହୋଇଗଲେ ଡରିବା, ଈର୍ଷା କରିବା, ଘୃଣା କରିବା ଶିଖିଥାଏ ।

ପରସ୍ପର ମଧ୍ୟରେ ଧନୀ-ଗରିବ, ଛୋଟ-ବଡ଼ ଓ କଳା-ଗୋରା ସମସ୍ତଙ୍କ ଶିଶୁ ସାଙ୍ଗହୋଇ ଖେଳନ୍ତି । ସେମାନଙ୍କୁ ଆମେ ନିଜେ ଭେଦଭାବ ଶିଖାଇଦେଉ । ପ୍ରକୃତି ତ' ଶିଶୁଙ୍କୁ ପବିତ୍ର, ଶୁଦ୍ଧ ଓ ସାତ୍ତ୍ୱିକ କରିଛି । ବଡ଼ ହେବା ପରେ ସେ ମିଛ, ଚୋରି, କ୍ରୋଧ, ଘୃଣା, ଦ୍ୱେଷ, ଈର୍ଷା ଓ ଭେଦଭାବର ଧାରଣା ସମାଜରେ ଶିଖିଥାଏ । ଭାଷା ଭଳି ଏସବୁ ଦୁର୍ଗୁଣ ସମାଜର ଦାନ ଅଟେ ।

କଳ୍ପନା :

ସ୍ୱାସ୍ଥ୍ୟ ସହିତ କଳ୍ପନାର ମଧ୍ୟ ନିବିଡ଼ ସମ୍ପର୍କ ରହିଛି । ଥରେ ଜଣେ ପାଦ୍ରୀଙ୍କୁ ଡାକ୍ତରଙ୍କ ପାଖକୁ ଅଣାଗଲା । ପାଦ୍ରୀ ଏତେ ଉଦ୍‌ବିଗ୍ନ ଓ ଦୁର୍ବଳ ଥିଲେ ଯେ, ସେ କଥା କହିବାରେ ମଧ୍ୟ କଷ୍ଟ ଅନୁଭବ କରୁଥିଲେ । ସେ କହୁଥିଲେ ଯେ ତାଙ୍କର ନକଲି ଦାନ୍ତଗୁଡ଼ିକ ତାଙ୍କ ପେଟକୁ ଚାଲିଯାଇଛି । ସେ ଚିନ୍ତା କରୁଥିଲେ, ସେହି ଦାନ୍ତର ସେଟ୍ ତାଙ୍କ ଅନ୍ତନାଳି କାଟିଦେବ ଓ ସେ ବଞ୍ଚିପାରିବେ ନାହିଁ ।

ଡାକ୍ତର, ପାଦ୍ରୀଙ୍କ ପେଟର ସ୍କାନିଙ୍ଗ୍ କରି ଦେଖିଲେ ଯେ, ପେଟ ଭିତରେ ଦାନ୍ତ ନାହିଁ ।

ଡାକ୍ତରଙ୍କ କଥାକୁ ନଶୁଣି ପାଦ୍ରୀ ଅନୁରୋଧ କରୁଥିଲେ ଯେ, ତାଙ୍କ ପେଟରେ ଦାନ୍ତ ଅଛି, ତାକୁ ବାହାର କରିଦିଅନ୍ତୁ, ତାଙ୍କୁ ବହୁତ କଷ୍ଟ ହେଉଛି, ତାଙ୍କ ମୃତ୍ୟୁ ପାଖେଇ ଆସୁଛି ।

ସେତେବେଳେ ଘରୁ ତାଙ୍କ ପତ୍ନୀଙ୍କ ପାଖରୁ ଖବର ଆସିଲା ।

ପତ୍ନୀ ଖବର ପଠାଇଥିଲେ ଯେ, ଦାନ୍ତର ସେଟ୍ ଘରେ ଅଛି, ପଲଙ୍କ ତଳେ ପଡ଼ିଯାଇଥିଲା ।

ବାସ୍ ! ଖବର ପାଇବା ପରେ ପାଦ୍ରୀଙ୍କ ପୀଡ଼ା ଉଭେଇଗଲା । ସେ ପ୍ରସନ୍ନ ହୋଇଗଲେ । ବିଛଣାରୁ ଉଠିଗଲେ ଓ ଡାକ୍ତରଙ୍କ ଫିସ୍ ଦେଇ ଘରକୁ ଚାଲିଗଲେ ।

ଏସବୁ କ'ଣ ଥିଲା ? ପାଦ୍ରୀଙ୍କ ପୀଡ଼ା କେଉଁଆଡ଼େ ଗଲା ?

ତାଙ୍କର କି ପ୍ରକାରର ପୀଡ଼ା ଥିଲା ?

ସୁସ୍ପଷ୍ଟ ଯେ, ତାଙ୍କ ପୀଡ଼ା କଳ୍ପନା ଉପରେ ଆଧାରିତ ଥିଲା । ଦୁଃଖ ଶାରୀରିକ ନଥିଲା ମନର ବିଚାର ଥିଲା । ଏହା ମସ୍ତିଷ୍କରେ ଉଠିଥିବା ଭୟ ଥିଲା ଯେ, ସେ ଦାନ୍ତ ଗିଳି ଦେଇଛନ୍ତି । ତାହା ତାଙ୍କର ଭ୍ରମ ଥିଲା । ବିଚାରଗତ ରୁଗ୍ଣତା ଥିଲା । ଯେତେବେଳେ ସେହି ଭ୍ରମକୁ ବାହାର କରିଦିଆଗଲା, ଯେତେବେଳେ କଳ୍ପନାର ଆଧାର ଲିଭିଗଲା, ତେବେ ପୀଡ଼ା ମଧ୍ୟ ଚାଲିଗଲା ।

ଏହା ମନୋବିଜ୍ଞାନର ବିଷୟ ଅଟେ । ଅଧିକାଂଶ ରୋଗୀ ବାସ୍ତବରେ ରୋଗୀ ହୋଇନଥାନ୍ତି । ଏମାନଙ୍କ ମନରେ କେବଳ ରୋଗର ଭୟ ଥାଏ, ସନ୍ଦେହ ଥାଏ ଓ ସେମାନେ ସେହି ଭ୍ରମର ଶିକାର ହୋଇ ରୋଗୀଙ୍କ ଭଳି ରୁହନ୍ତି । ସେମାନଙ୍କ ଶକ୍ତି ଚାଲିଯାଏ । ସେମାନେ ଦୁର୍ବଳ ହୋଇଯାଆନ୍ତି । ଯେମିତି ତାଙ୍କ ଶରୀରରେ କୌଣସି ପୁରୁଣା ରୋଗ ଅଛି । ଯେତେବେଳେ କି ମନରେ କାଳ୍ପନିକ ରୋଗ ଥାଏ, କେବଳ ରୋଗର ସନ୍ଦେହ ଥାଏ । ଏମିତି ଅନେକ ଲୋକ ଅକାଳ ମୃତ୍ୟୁବରଣ କରନ୍ତି ।

ଏହା ଅଶୁଭ ବିଚାରର କରାମତି ହୋଇଥାଏ ।

ରୋଗୀର ଚିନ୍ତାଧାରାର ପ୍ରତିକ୍ରିୟା ଅଟେ ।

ଯଦି ଆପଣ ଦୃଢ଼ ନିଶ୍ଚୟୀ ଅଟନ୍ତି, ଆପଣଙ୍କ ମନରେ ଆଶାମୟ, ଆନନ୍ଦମୟ ବିଚାର ଏକତ୍ରିତ ଅଛି, ତେବେ ଏହି ଅଶୁଭ ବିଚାର, ଭ୍ରମ ଆପଣଙ୍କ ମସ୍ତିଷ୍କରେ ସ୍ଥାନ ପାଇପାରିବ ନାହିଁ ।

ସମ୍ମୋହନ ଶକ୍ତି ଦ୍ୱାରା ମନୋବୈଜ୍ଞାନିକ ଡାକ୍ତର, ପରାମର୍ଶ ଦେଇ ସମ୍ମୋହନରେ ବନ୍ଧା ବ୍ୟକ୍ତିଙ୍କ ଦ୍ୱାରା ଯେକୌଣସି କାମ କରାଇପାରନ୍ତି । ସମ୍ମୋହନରେ ବନ୍ଧା ଅର୍ଥାତ୍ ହିପ୍‌ନୋଟାଇଜ୍‌ଡ କରାଯାଇଥିବା ବ୍ୟକ୍ତିଙ୍କୁ ବେଳେ-ବେଳେ ତ' ଶାରୀରିକ ପୀଡ଼ାର ଆଭାସ ମଧ୍ୟ ହୁଏନାହିଁ । ପାଣିକୁ ମଦ ବୋଲି କହି ଦିଆଗଲେ ତାଙ୍କୁ ନିଶା ହୋଇଯାଏ ।

ସୁସ୍ଥ ବ୍ୟକ୍ତିକୁ ହିପ୍‌ନୋଟାଇଜ୍‌ଡ କରି ଯଦି ତାଙ୍କୁ ମନୋଚିକିତ୍ସକ କହିବେ ଯେ, ସେ ପେଟ କିମ୍ବା ମୁଣ୍ଡର ଅମୁକ ରୋଗରେ ପୀଡ଼ିତ ଅଛି, ତେବେ ସେ ସେହି ରୋଗରେ ପୀଡ଼ିତ ହୋଇଯାଆନ୍ତି । ଏହା ବିଚାର ଶକ୍ତି ଅଟେ, ମନର ଶକ୍ତି ଅଟେ, ପରାମର୍ଶ ଶକ୍ତି ଅଟେ ।

ରୋଗୀଣା ଓ ଅସୁସ୍ଥ ବ୍ୟକ୍ତିର ମସ୍ତିଷ୍କ ଦୟନୀୟ ସ୍ଥିତିରେ ଥାଏ । ତାକୁ ଯେକେହି ହେଲେ ପ୍ରଭାବିତ କରିପାରନ୍ତି । ସେ ଯେକୌଣସି ବ୍ୟକ୍ତିର କଥା ମାନିନିଏ ।

ସୁସ୍ଥ ମସ୍ତିଷ୍କ ଥିବା ବ୍ୟକ୍ତି ବୁଝି-ବିଚାରି କାମ କରେ ଓ ନିଜ ବୁଦ୍ଧିରେ କାମ କରିଥାଏ ।

ନିର୍ଣ୍ଣୟାତ୍ମକ ଶକ୍ତି :

ଯେଉଁ ଲୋକଙ୍କ ବ୍ୟକ୍ତିତ୍ୱରେ ସ୍ୱତନ୍ତ୍ର ନିର୍ଣ୍ଣୟ ଶକ୍ତି ଅଛି, ସୁସ୍ଥ ବିଚାର ଶକ୍ତି ଅଛି, ସେମାନେ ନିଜେ ଦୀପ୍ତିମାନ ରୁହନ୍ତି ଓ ଅନ୍ୟମାନଙ୍କୁ ମଧ୍ୟ ଆଲୋକକୁ ଆଣନ୍ତି । ଏମିତି ଲୋକଙ୍କ ସହ ମିଶିବା ଓ କଥା ହେବାରେ ସନ୍ତୁଷ୍ଟି ମିଳିଥାଏ, ଆନନ୍ଦ ମିଳିଥାଏ । ସେମାନଙ୍କ ସହ ବାରମ୍ବାର ସାକ୍ଷାତ କରିବାକୁ ମନ ହୁଏ ।

ଆଉ ଗୋଟିଏ ପ୍ରକାରର ଲୋକ ଅଛନ୍ତି, ଯେଉଁମାନଙ୍କର ବ୍ୟକ୍ତିତ୍ୱ ଏକ ଭଙ୍ଗା ଆଇନା ଭଳି ହୋଇଥାଏ ଓ ତାଙ୍କ ସହ ସାକ୍ଷାତ କରୁଥିବା ପ୍ରତ୍ୟେକ ବ୍ୟକ୍ତି ମଧ୍ୟ ସେମାନଙ୍କ ଭଳି ଉତ୍ସାହହୀନ, ଉଦାସ ଓ ଦୁଃଖିତ ହୋଇଯାଆନ୍ତି । ସେମାନେ ସବୁବେଳେ ଅଭିଯୋଗ କରନ୍ତି । କେହି ହେଲେ ଏମିତି ଲୋକଙ୍କ ସହ ସାକ୍ଷାତ କରି ପ୍ରସନ୍ନ ହୁଅନ୍ତି ନାହିଁ ଓ ସାକ୍ଷାତ କରିବାକୁ ପସନ୍ଦ କରନ୍ତି ନାହିଁ । ଏହି ଲୋକମାନେ ଯେଉଁଆଡ଼େ ଯାଆନ୍ତି, ସେଠାରେ ଏକ ଏମିତି ବାତାବରଣ ସୃଷ୍ଟି କରନ୍ତି, ଯାହା ଅପ୍ରିୟ ଓ ହାନିକାରକ ହୋଇଥାଏ ।

ଆପଣ ଏମିତି କରନ୍ତୁ ନାହିଁ । ଏଭଳି ବିଚାରଠାରୁ ସବୁବେଳେ ଦୂରେଇ ରୁହନ୍ତୁ ।

ମନ ଉପରେ ଏଭଳି ବିଚାରର ପ୍ରଭାବ ବିସ୍ମୟ ଭଳି ହୋଇଥାଏ ।

ଯେତେବେଳେ ମଣିଷ ସଂଘର୍ଷ କରୁଥାଏ, ସେତେବେଳେ ଯଦି ଉଚିତ ପରାମର୍ଶଦାତା ମିଳିଯିବେ, ଉପଯୋଗୀ ପରାମର୍ଶଦାତା ମିଳିଯିବେ, ତେବେ ତା' ଜୀବନରେ କ୍ରାନ୍ତିକାରୀ ପରିବର୍ତ୍ତନ ଆସିପାରିବ ।

ବିଚାର ଦ୍ୱାରା ବହୁତ ଲୋକ ଅକାଳ ମୃତ୍ୟୁବରଣ କରନ୍ତି । ନ୍ୟୁୟର୍କର ଜଣେ ବ୍ୟକ୍ତିଙ୍କ ମନରେ କେହିଜଣେ ପ୍ରଭାବଶାଳୀ ବ୍ୟକ୍ତି ଏହି ଭ୍ରମ ଭରିଦେଲେ ଯେ, ଆସନ୍ତା ଜନ୍ମଦିନରେ ତାଙ୍କର ମୃତ୍ୟୁ ହୋଇଯିବ ।

ସେହି ବ୍ୟକ୍ତି ଉପରେ ଆଶ୍ଚର୍ଯ୍ୟଜନକ ପ୍ରଭାବ ହୋଇଗଲା ।

ତାଙ୍କୁ ସମ୍ପୂର୍ଣ୍ଣ ବିଶ୍ୱାସ ହୋଇଗଲା ଯେ, ସେ ତାଙ୍କ ଜନ୍ମଦିନରେ ମରିଯିବେ । ଜନ୍ମଦିନ ଆସିଲା । ତାଙ୍କୁ ସମସ୍ତେ ବୁଝାଇଲେ, ଘରୋଇ ଡାକ୍ତର ମଧ୍ୟ ପରୀକ୍ଷା କରି ଜଣାଇଲେ ଯେ, ସେ ସୁସ୍ଥ ଅଛନ୍ତି । କିନ୍ତୁ ସନ୍ଦେହ ଦୂର ହୋଇପାରିଲା ନାହିଁ । ପତ୍ନୀ ମଧ୍ୟ ବୁଝାଇ ଥକିଗଲେ । ସେ କିଛି ଖିଆ-ପିଆ କଲେନାହିଁ । ଦିନତମାମ ସେ ଘରେ ପଡ଼ିରହିଲେ ଓ ରାତିରେ ପ୍ରକୃତରେ ମରିଗଲେ ।

ଯଦି କୌଣସି ମନୋବୈଜ୍ଞାନିକ ସେହି ବ୍ୟକ୍ତିକୁ ମିଳିଯାଇଥାନ୍ତା, ତେବେ ତା' ଜୀବନ ବଞ୍ଚାଇ ପାରିଥାନ୍ତା । ତା' ମନରେ ପଶିଥିବା ଅନିଷ୍ଟ ବିଚାରକୁ ବାହାର କରିପାରିଥାନ୍ତା । ଉଚିତ ପରାମର୍ଶ ଦ୍ୱାରା ତାକୁ ସୁସ୍ଥ କରିପାରିଥାନ୍ତା । ଅଧିକାଂଶ ଲୋକଙ୍କ ସହିତ ଏମିତି ହୋଇଥାଏ ।

ମଣିଷର ବିଚାର ବୁଢ଼ା ହୋଇଗଲେ ବୃଦ୍ଧାବସ୍ଥା ଆସିଯାଏ । ଯେପର୍ଯ୍ୟନ୍ତ ବିଚାର ତରୁଣ ରହିଥାଏ, ମଣିଷ ତରୁଣ ରୁହେ । ଅଧିକାଂଶ ଲୋକ ପଚାଶ-ଷାଠିଏ ବର୍ଷରେ ନିଜକୁ ଦୁର୍ବଳ ଓ ବୃଦ୍ଧ ଭାବିନିଅନ୍ତି, କିଛି କାମ କରନ୍ତି ନାହିଁ ଓ ବସି-ବସି ପ୍ରକୃତରେ ବୁଢ଼ା ହୋଇ ଶୀଘ୍ର ମରିଯାଆନ୍ତି । ଅନୁଭବ ହେଲେ ବୃଦ୍ଧାବସ୍ଥା ଘେରିଯାଏ । ଆପଣ ବୃଦ୍ଧାବସ୍ଥାର ଅନୁଭବ କରନ୍ତୁ ନାହିଁ, ବିଚାର କରନ୍ତୁ ନାହିଁ । ଭାବନ୍ତୁ ନାହିଁ ଯେ, ବୃଦ୍ଧାବସ୍ଥା ଆସିବ । ମନରୁ ଏହି କଥାକୁ ବାହାର କରିଦିଅନ୍ତୁ ଯେ, ଷାଠିଏ ବର୍ଷ ପରେ ବୃଦ୍ଧାବସ୍ଥା ଆସିଯାଏ ।

ନୂଆ-ନୂଆ କଥା ଶିଖନ୍ତୁ, ନୂଆ-ନୂଆ ଜିନିଷରେ ରୁଚି ରଖନ୍ତୁ, ଜୀବନସାରା ବିଦ୍ୟାର୍ଥୀ ହୋଇ ରୁହନ୍ତୁ । ଯୁବକଙ୍କ ଭଳି ପ୍ରସନ୍ନଚିତ୍ତ ରୁହନ୍ତୁ । ଆପଣ ସବୁବେଳେ ଯୁବକ ହୋଇ ରହିପାରିବେ ।

ଏହା ବିଚାରର ଶକ୍ତି, କଳ୍ପନା ଶକ୍ତିର ଚମତ୍କାରିତା, ଆଶା ଓ ଆନନ୍ଦମୟ ବିଚାରର କରାମତି ଅଟେ ।

ବିଚାରରେ ଯଦି ଆଶା ଓ ଆନନ୍ଦ ଭରିବେ ତେବେ ଆପଣ ନା' କେବେ ବୁଢ଼ା ହେବେ, ନା' ଅସୁସ୍ଥ, ନା' ଅପରାଧୀ ଓ ନା' କେବେ ଦୁଃଖିତ ହେବେ । ଆପଣଙ୍କ ଜୀବନ ଫୁଲ ଭଳି ପ୍ରଫୁଲ୍ଲିତ ରହିବ ।

ସୁତରାଂ, ଜୀବନରେ ମାଧୁର୍ଯ୍ୟ ଆଣନ୍ତୁ । ଫୁଲ ଭଳି ପ୍ରଫୁଲ୍ଲିତ ରୁହନ୍ତୁ । ଉତ୍ସାହକୁ ମନ୍ଥର ହେବାକୁ ଦିଅନ୍ତୁ ନାହିଁ । ମନକୁ ଆନନ୍ଦମୟ ବିଚାରରେ ସଜାଇ ରଖନ୍ତୁ ।

୧୧. ଯୌବନ ଓ ସୌନ୍ଦର୍ଯ୍ୟ ବଜାୟ ରଖନ୍ତୁ

ସ୍ୱାସ୍ଥ୍ୟବର୍ଦ୍ଧକ ଜିନିଷକୁ ଖାଇବା ଦ୍ୱାରା ସେତେଟା ସ୍ୱାସ୍ଥ୍ୟ ତିଆରି ହୁଏନାହିଁ, ଯେତିକି ସ୍ୱାସ୍ଥ୍ୟର ଆବଶ୍ୟକ ନିୟମ ପାଳନ ଓ ମନକୁ ଉଚିତ ଦିଗରେ ନେବା ଦ୍ୱାରା ହୋଇଥାଏ ।

ସଂସାରର କୌଣସି ମଣିଷ ନା' ରୋଗୀ ହେବାକୁ ଚାହେଁ ଓ ନା' ମରିବାକୁ ଇଚ୍ଛା କରେ । ସମସ୍ତଙ୍କ ସ୍ୱାଭାବିକ ଇଚ୍ଛା ହୁଏ ଯେ, ବହୁ ବର୍ଷ ପର୍ଯ୍ୟନ୍ତ ସୁସ୍ଥ ରହିବେ । ନିଜ ଜୀବନକୁ ସମସ୍ତେ ଭଲପାଆନ୍ତି । ଗରିବ, ଦୁଃଖୀ ଓ ଆଲୋଡ଼ିତ ବ୍ୟକ୍ତି ମଧ୍ୟ ଜୀବନକୁ ଛାଡ଼ିବାକୁ ଚାହେନାହିଁ । ନିଜ ଜୀବନରେ ସମସ୍ତେ ଆନନ୍ଦ ଭରିବାକୁ ଚାହାନ୍ତି । ତରୁଣ ଓ ସୁସ୍ଥ ରହିବାକୁ ଚାହାନ୍ତି ।

ତରୁଣ ଓ ସୁସ୍ଥ ରହିବା ପାଇଁ ସ୍ୱାସ୍ଥ୍ୟର ନିୟମ ଓ ପୁଷ୍ଟିକର ଭୋଜନ ସହିତ ବହୁତ ମନୋବୈଜ୍ଞାନିକ ପଦ୍ଧତି ମଧ୍ୟ ଗ୍ରହଣ କରିବା ଆବଶ୍ୟକ ହୋଇଥାଏ ।

ଯେଉଁ ଲୋକମାନେ ସ୍ୱାସ୍ଥ୍ୟ ପ୍ରତି ସତର୍କ ଥାଆନ୍ତି ସେମାନେ ଜାଣିଛନ୍ତି ଯେ, ସେମାନଙ୍କୁ କ'ଣ ଖାଇବା ଉଚିତ୍ । ସ୍ୱାସ୍ଥ୍ୟ ରକ୍ଷାର କି-କି ନିୟମ ପାଳନ କରିବା ଉଚିତ୍ ।

ସ୍ୱାସ୍ଥ୍ୟବର୍ଦ୍ଧକ ଜିନିଷକୁ ଖାଇବା ଦ୍ୱାରା ସେତେଟା ସ୍ୱାସ୍ଥ୍ୟ ତିଆରି ହୁଏନାହିଁ, ଯେତିକି ସ୍ୱାସ୍ଥ୍ୟର ଆବଶ୍ୟକ ନିୟମ ପାଳନ ଓ ମନକୁ ଉଚିତ ଦିଗରେ ନେବା ଦ୍ୱାରା ହୋଇଥାଏ ।

ଯେଉଁମାନେ ନିଜ ମନୋବୃତ୍ତିର ସ୍ୱାମୀ ଅଟନ୍ତି, ଯେଉଁମାନେ ନିଜ ମନରେ ଉତ୍ତମ ବିଚାର ରଖନ୍ତି, ଯେଉଁମାନେ ଆଶାବାଦୀ ଅଟନ୍ତି, ପ୍ରାୟତଃ ସେମାନଙ୍କୁ କମ୍ ରୋଗ ହୋଇଥାଏ ।

ଯେହେତୁ ଅଧିକାଂଶ ରୋଗ ଶାରୀରିକ ଭାବେ କମ୍, ମାନସିକ ଭାବେ ଅଧିକ ହୋଇଥାଏ । ଶରୀର ସହିତ ମନର ନିବିଡ଼ ସମ୍ପର୍କ ରହିଛି । ମନ ମଧ୍ୟ ଶରୀରର ଏକ ଅଙ୍ଗ ଅଟେ । ସମଗ୍ର ଶରୀର, ଜୀବକୋଷଗୁଡ଼ିକର ସମଷ୍ଟି ଅଟେ । ବିଚାର ସାରା ଶରୀରକୁ ପ୍ରଭାବିତ କରିଥାଏ ଓ ଯେତେବେଳେ ଆପଣ କୌଣସି ରୋଗର ବିଚାରରେ ବୁଡ଼ିଯାଆନ୍ତି ତେବେ ସେ ଆପଣଙ୍କ ପାଖରେ ପହଞ୍ଚିଯାଏ ।

ଯୌବନ :

ଯୌବନର ବିଚାର ଯୌବନକୁ ସ୍ଥିର ରଖିଥାଏ । ଚିର ଯୌବନ ସେହି ଲୋକମାନେ ପ୍ରାପ୍ତ କରନ୍ତି, ଯେଉଁମାନେ ଯୌବନର କଥା ଭାବନ୍ତି, ନିଜ ମନକୁ କେବେ ବୁଢ଼ା ହେବାକୁ ଦିଅନ୍ତି ନାହିଁ । ଯଦି ମନ ଯୌବନର ବିଚାରରେ ଭରି ରହିଥିବ, ତେବେ ଆପଣ ଯୁବକ ହୋଇ ରହିବେ ।

ଯୌବନ ଆସିବା ପରେ, ଯିଏ ଏହାକୁ ସ୍ୱାଗତ କରେନାହିଁ, ଯିଏ ଏହାକୁ ଭଲ ପାଏନାହିଁ, ଯିଏ ଏହାର ବିଚାରରେ ତନ୍ମୟ ହୁଏନାହିଁ, ଯିଏ ଯୁବକ ଭଳି କଥା ହୁଏନାହିଁ, ଯୌବନ ତା' ପାଖରୁ ଶୀଘ୍ର ଚାଲିଯାଏ ।

ସଂସାରରେ ଯେତେ ମହାପୁରୁଷ ହୋଇଛନ୍ତି, ସେ ସମସ୍ତେ ଜୀବନସାରା ବିଦ୍ୟାର୍ଥୀଙ୍କ ଭଳି କିଛି ନା କିଛି ନୂଆ ଶିଖୁଥିଲେ ।

ଇଂଲଣ୍ଡର ଥାମସ୍ ପାର୍‌ଙ୍କ ଜୀବନ ଏକ ଦୃଷ୍ଟାନ୍ତ ଅଟେ । ସେ ବହୁତ ବର୍ଷ ବଞ୍ଚିଥିଲେ । ଶହେ କୋଡ଼ିଏ ବର୍ଷ ବୟସରେ ସେ ଦ୍ୱିତୀୟ ବିବାହ କରିଥିଲେ । ୧୪୫ ବର୍ଷ ବୟସରେ ମଧ୍ୟ ସେ ଦୌଡ଼ି ପାରୁଥିଲେ, ଖେଳି ପାରୁଥିଲେ, ପରିଶ୍ରମ କରିପାରୁଥିଲେ । ସେ ଯଦି ଗାଁରେ ରହିଥାନ୍ତେ, ତେବେ ଆହୁରି ଅଧିକ ବର୍ଷ ବଞ୍ଚିଥାନ୍ତେ, କିନ୍ତୁ ସହରର ଜଳବାୟୁରେ ତାଙ୍କୁ ସେହି ସତେଜତା ମିଳିଲା ନାହିଁ ଓ ସେ ୧୫୦ ବର୍ଷ ବୟସରେ ମୃତ୍ୟୁବରଣ କଲେ ।

ଗେଲନ୍ ନାମକ ବ୍ୟକ୍ତି ୧୪୦ ବର୍ଷ ପର୍ଯ୍ୟନ୍ତ ବଞ୍ଚିଥିଲେ ।

ବୋଷ୍ଟନ୍ ପାଖରେ ଏକ ଛୋଟିଆ ସହରରେ ଏକାଅଶୀ ବର୍ଷର ଜଣେ ବ୍ୟକ୍ତି ଅତ୍ୟନ୍ତ ବଳବାନ୍ ଓ ସୁସ୍ଥ ଥିଲେ । ଯୁବକଙ୍କ ଠାରୁ ମଧ୍ୟ ତାଙ୍କର ଚାଲି ଦ୍ରୁତ ଥିଲା, ସକ୍ରିୟ ଓ ସ୍ଫୂର୍ତ୍ତି ଥିଲା । ନିଜ କର୍ମସ୍ଥଳୀକୁ ସେ ଚାଲି-ଚାଲି ଯାଉଥିଲେ । ଅଧିକ ବୟସ ହେବାରୁ ଯେତେବେଳେ

ସେ ଗାଡ଼ିରେ ଗଲେ, ସେତେବେଳେ କହୁଥିଲେ ଯେ, ଗାଡ଼ିରେ ଯିବାର ବୟସ କ'ଣ ମୋର ହେଲାଣି ?

ଦୀର୍ଘାୟୁ ପ୍ରାପ୍ତ କରିବା ପାଇଁ ସ୍ୱାସ୍ଥ୍ୟର ନିୟମ ପାଳନ କରିବା ଅତ୍ୟନ୍ତ ଆବଶ୍ୟକ ଅଟେ । ଠିକ୍ ଢଙ୍ଗରେ ନରହିଲେ ସ୍ୱାସ୍ଥ୍ୟ କ୍ଷୀଣ ହୋଇଥାଏ ଓ ଆୟୁଷ କମ୍ ହୋଇଯାଏ । ଯଦି କୌଣସି ବ୍ୟକ୍ତି ବହୁତ ଦିନ ବଞ୍ଚନ୍ତି, ତେବେ ଭାବିନିଅନ୍ତୁ ଯେ, ସେ ବ୍ୟବସ୍ଥିତ ଜୀବନ ବିତାଉଛନ୍ତି ।

ଆପଣ ନିଜର ଧ୍ୟାନ, ନିଜ ବ୍ୟବସାୟ ଓ ଧନ ଉପାର୍ଜନରେ ଲଗାନ୍ତି । ଅନ୍ୟ ଆବଶ୍ୟକ କାର୍ଯ୍ୟ ମଧ୍ୟ କରନ୍ତି । ଯଦି ଆପଣ ସେତିକି ଧ୍ୟାନ ନିଜ ସ୍ୱାସ୍ଥ୍ୟର- ନିଜ ଯୌବନକୁ ସ୍ଥିର କରିବା ପାଇଁ ଲଗାଇବେ, ତେବେ ଆପଣଙ୍କ ଶକ୍ତି କ୍ଷୀଣ ହେବନାହିଁ । ଶକ୍ତି ଆହୁରି ବଢ଼ିଯିବ । ଜୀବନ ଆନନ୍ଦମୟ ଓ ପ୍ରଫୁଲ୍ଲିତ ହୋଇଯିବ ।

ଆପଣଙ୍କ ଜୀବନ ସେହି ମେଶିନ୍ ଭଳି ଅଟେ- ଯାହାକୁ ଠିକ୍ ଭାବେ ଯତ୍ନ ନେଲେ ଅଧିକ ଦିନ ପର୍ଯ୍ୟନ୍ତ ଚାଲିଥାଏ ଓ ବିନା ତଦାରଖ ଓ ଅସାବଧାନତାରେ ରଖିଲେ ଶୀଘ୍ର ଖରାପ ହୋଇଯାଏ, ଠିକ୍ ଘଣ୍ଟା ଭଳି । ଘଣ୍ଟାରେ ଠିକ୍ ସମୟରେ ଚାବି ଦିଅନ୍ତୁ, ସଫା-ସୁତୁରା ରଖନ୍ତୁ, ତଳେ ପକାନ୍ତୁ ନାହିଁ, ଯତ୍ନ ନିଅନ୍ତୁ, ତେବେ ସେ ଠିକ୍ ଚାଲିବ ।

ଯେଉଁ ଜୀବନକୁ ଆପଣ ଏତେ ଭଲ ପାଉଛନ୍ତି, ତାକୁ ଆପଣ କଳୁଷିତ ବିଚାର ଓ ଭ୍ରଷ୍ଟ ଆଚରଣରେ କାହିଁକି ନଷ୍ଟ କରୁଛନ୍ତି ?

ମାନସିକ ସ୍ଥିରତା ଓ ବୈଚାରିକ ଉଲ୍ଲାସ ଅନେକ ରୋଗର ଅବ୍ୟର୍ଥ ଔଷଧ ଅଟେ ।

ଯଦି ବୃଦ୍ଧାବସ୍ଥାର ଚିନ୍ତାରେ ବୁଡ଼ିରହିବେ, ତେବେ ବୃଦ୍ଧାବସ୍ଥା ଆପଣଙ୍କ ଆଡ଼କୁ ଦୌଡ଼ିଆସିବ, ଆପଣଙ୍କ ବିଚାର ଆପଣଙ୍କ କଳ୍ପନା ଓ ପ୍ରକୃତି ସଦୃଶ କାର୍ଯ୍ୟ କରିଥାଏ । ଆପଣ ନିଜ ବିଚାରର ହିଁ ପରିଣାମ ଅଟନ୍ତି ।

ଜୀବନଧାରା :

ଜୀବନକୁ ନଷ୍ଟ ହେବାରୁ କେମିତି ବଞ୍ଚାଇବା ? ଯେତେବେଳେ ଏହି ପ୍ରଶ୍ନ ଉପରେ ଚିନ୍ତା କରିବେ, ତେବେ ଉତ୍ତର ମିଳିବ ଯେ, ଆପଣଙ୍କ ଭିତରେ ଏମିତି ଶକ୍ତି ରହିଛି, ଆପଣ ନିଜ ଜୀବନକୁ ଲମ୍ବା କରିପାରିବେ । କିନ୍ତୁ ଏଥିପାଇଁ ନିଜ ଜୀବନକୁ ପରିବର୍ତ୍ତନ କରନ୍ତୁ । ନିଜ ମନର ଭାବନାକୁ ବଦଳାନ୍ତୁ । ଆପଣଙ୍କ ମାନସିକତା ବଦଳିବ ଓ ବିଚାରରେ ପରିବର୍ତ୍ତନ ଆସିବ । ଏହା କେବେ ଭାବନ୍ତୁ ନାହିଁ ଯେ, ଏବେ ବୃଦ୍ଧାବସ୍ଥା ଆସିଯିବ, ଶରୀର ଦୁର୍ବଳ ହେବ । ଏଭଳି ଚିନ୍ତା କଲେ, ଏମିତି ହିଁ ହୋଇଯିବ ।

ଆପଣଙ୍କୁ ଏହା ଜାଣିନେବା ଉଚିତ ଯେ, ଆପଣଙ୍କ କାର୍ଯଦକ୍ଷତା, ଉତ୍ପାଦନ ଶକ୍ତି, ସାମର୍ଥ୍ୟ ଆପଣଙ୍କ ମାନସିକ ଭାବନାରେ- ଆପଣଙ୍କ ବିଚାରରେ ଲୁଚିରହିଛି । ଯେତେବେଳେ ଆପଣ ନିଜ ମନକୁ ସୁସଂଗଠିତ କରୁଛନ୍ତି, ଆପଣଙ୍କୁ ତାହାର ଫଳ ପ୍ରାପ୍ତ ହୋଇଥାଏ ।

ଯଦି ମନର ବିଚାରରେ ସୌନ୍ଦର୍ଯ୍ୟ ଅଛି, ତେବେ ଫଳ ମଧ୍ୟ ସୁନ୍ଦର ମିଳିବ ।

ବିଚାର ଅସୁନ୍ଦର ହେଲେ, ପରିଣାମ ମଧ୍ୟ ଅସୁନ୍ଦର ହେବ ।

ହୀନ ବିଚାରର ପରିଣାମ ହୀନ ହୋଇଥାଏ ।

ଯଦି ଆପଣ ମଣିଷ ଶରୀରର ଗଠନ ଆଡ଼କୁ ଟିକିଏ ଧ୍ୟାନ ଦେବେ, ତେବେ ଠିକ୍ ଢଙ୍ଗରେ କାର୍ଯ୍ୟ ସମ୍ପାଦନ କରିବା ଶକ୍ତି, ତିରିଶ ବର୍ଷ ପରେ ପୂର୍ଣ୍ଣ ରୂପରେ ବିକଶିତ ହୋଇଥିବାର ଜାଣିବାକୁ ପାଇବେ । ଯେଉଁ ଜୀବଧାରୀ ଯେତିକି ସମୟରେ ଯୁବକ ହୋଇଥାଏ, ପ୍ରାୟତଃ ତାହାର ଚାରିଗୁଣା ତା'ର ଆୟୁଷ ହୋଇଥାଏ । ଏହା ବନସ୍ପତି ବିଷୟକ । ବନସ୍ପତି ବିକଶିତ ହେବାର ତିନିଗୁଣା ସମୟ ପର୍ଯ୍ୟନ୍ତ ଠିକ୍ ଅବସ୍ଥାରେ ରହିଥାଏ । ମଣିଷ ମଧ୍ୟ ଅଶୀ ବର୍ଷ ପର୍ଯ୍ୟନ୍ତ ନିଜ ଶକ୍ତିକୁ ସ୍ଥାୟୀ ରଖିପାରିବ ।

ଅନେକ ପ୍ରସିଦ୍ଧ ଶରୀର ବୈଜ୍ଞାନିକ ଓ ଡାକ୍ତରଙ୍କ ମତାନୁସାରେ ମଣିଷ ଶହେ ବର୍ଷ ପର୍ଯ୍ୟନ୍ତ ବଞ୍ଚିପାରିବ ।

ଜଣେ ବିଚାରକ ତ' ଏହା ମଧ୍ୟ କହିଛନ୍ତି ଯେ, ମଣିଷର ଆୟୁଷ ପାଞ୍ଚଶହ ବର୍ଷ ପର୍ଯ୍ୟନ୍ତ ହୋଇପାରେ । ଏହା ମଧ୍ୟ ସତ ହୋଇପାରେ । ଯେହେତୁ ଯେପର୍ଯ୍ୟନ୍ତ ମଣିଷର ଉତ୍ସାହ ସ୍ଥାୟୀ ରୁହେ, ମନରେ ଯୌବନର ମହତ୍ତ୍ୱାକାଂକ୍ଷା ସ୍ଥାୟି ରହିଥାଏ, ସେପର୍ଯ୍ୟନ୍ତ ସେ ବୃଦ୍ଧ ହୁଏନାହିଁ ଓ ବହୁ ବର୍ଷ ପର୍ଯ୍ୟନ୍ତ ଜୀବିତ ରହିଥାଏ ।

ଯଦି ମନରେ କମ୍ ବୟସରେ ମଧ୍ୟ ଯୌବନର ବିଚାର ନାହିଁ, ତେବେ ଆପଣ ଯୌବନରେ ମଧ୍ୟ ବୃଦ୍ଧ ସଦୃଶ ହୋଇଯିବେ ।

ଆପଣ ବୃଦ୍ଧ ହେବାକୁ ମନା କରିଦିଅନ୍ତୁ, ଯୁବକଙ୍କ ଭଳି ଖେଳ, ମନୋରଞ୍ଜନ, ପହଁରା, ଅଶ୍ୱାରୋହଣ ଆଦି ବିନୋଦନ କାର୍ଯ୍ୟକ୍ରମରେ ଭାଗ ନେଲେ ଆପଣଙ୍କ ନିକଟକୁ ବୃଦ୍ଧାବସ୍ଥା ଆସିବ ନାହିଁ । ଯୌବନ ଓ ଚିର ସୌନ୍ଦର୍ଯ୍ୟ ପ୍ରଦାନ କରୁଥିବା ଅମୃତ ଆପଣଙ୍କ ପାଖରେ ହିଁ ଅଛି, ଆପଣଙ୍କ ମନ ଭିତରେ ଅଛି, ସେହିଠାରୁ ଆପଣ ସେଗୁଡ଼ିକୁ ପାଇପାରିବେ । ଆପଣ କେବଳ ଯୁବକଙ୍କ ଭଳି ପୋଷାକ ପିନ୍ଧିଦେଲେ ଯୁବକ ହୋଇପାରିବେ ନାହିଁ, ଏଥିପାଇଁ ଚିନ୍ତାଧାରା ଓ ଯୌବନର ପ୍ରବାହ ଓ ଉଦ୍ଦୀପନା ରହିବା ମଧ୍ୟ ଅନିବାର୍ଯ୍ୟ ଅଟେ ।

ଆଶାଭରା ଉଦ୍ଦୀପନା :

ଯେପର୍ଯ୍ୟନ୍ତ ଏହି ଉଦ୍ଦୀପନା ଓ ପ୍ରବାହ ରହିଥାଏ, ଆପଣଙ୍କ ମୁହଁ ଦେଖି କେହି ଆପଣଙ୍କ ବୟସ ଅନୁମାନ କରିପାରିବେ ନାହିଁ ।

ବାହାର ରୂପ ସଜ୍ଜା, ମହାଡ଼ମ୍ବର ଅଥବା ସୌନ୍ଦର୍ଯ୍ୟ ପ୍ରସାଧନ କାହାରିକୁ ଯୁବକ କରିପାରିବ ନାହିଁ ।

ଯୌବନ, ଅନ୍ତରର ଜିନିଷ ଅଟେ, ଯାହା ବିଚାର ଉପରେ ନିର୍ଭର କରେ । ପ୍ରଥମେ ନିଜ ବିଶ୍ୱାସରେ ପରିବର୍ତ୍ତନ ଆଣନ୍ତୁ । ସେତେବେଳେ ଆପଣଙ୍କ ମୁଖମଣ୍ଡଳ ଉପରେ ଯୌବନର ଚମକ ଆସିବ, ଯାହା ସବୁବେଳ ପାଇଁ ରହିବ ।

ଅବିରତ ଓ ସ୍ଥାୟୀ ରୂପେ ଯୌବନର ମନୋବୃତ୍ତି ବଜାୟ ରଖନ୍ତୁ । ସବୁବେଳେ ନିଜକୁ ନିଜେ ଯୁବକ ଅନୁଭବ କରନ୍ତୁ । ପରିଣାମ ସ୍ୱରୂପ ଆପଣ ସେହି ସମୟ ପର୍ଯ୍ୟନ୍ତ ତରୁଣ ହୋଇ ରହିବେ, ଯେତେବେଳେ କି ଅଧିକାଂଶ ଲୋକ ବୁଢ଼ା ହୋଇ ମରିଯାଇଥିବେ । ନିଜର ବୟସ ଓ ଶରୀରର ସ୍ଥିତିକୁ ଆପଣ ଯେମିତି ସ୍ୱୀକାର କରନ୍ତି, ସେମିତି ହିଁ ହୋଇ ରୁହନ୍ତି । ଆପଣଙ୍କ ବିଚାରର ପ୍ରଭାବ ଆପଣଙ୍କ ଶରୀର ଉପରେ ହୋଇଥାଏ । ଆପଣ ଯୌବନକୁ ଅନୁଭବ କରନ୍ତୁ ।

ଯୌବନକୁ ଅନୁଭବ କରିବା ମଧ୍ୟ ଏକ କଳା ଅଟେ । ଆପଣ ଯଦି ନିଜକୁ ଯୁବକ ବୋଲି ଭାବିବେ, ତେବେ ଲୋକମାନେ ମଧ୍ୟ ଆପଣଙ୍କୁ ଯୁବକ ଭାବିବେ । ଯେହେତୁ ବିଚାର ଅନୁସାରେ ଶରୀରର ଭଲ-ମନ୍ଦ ଅଭ୍ୟାସ ହୋଇଥାଏ । ଆପଣ ସେପର୍ଯ୍ୟନ୍ତ ଯୁବକ ରହିପାରିବେ, ଯେପର୍ଯ୍ୟନ୍ତ ଏହା ଅନୁଭବ ନକରିବେ ଯେ, ଆପଣ ବୃଦ୍ଧ ହୋଇଗଲେଣି ।

ଆପଣ ନିଜ ମନ ଭିତରେ ଉଜ୍ଜ୍ୱଳ, ପ୍ରସନ୍ନତା, ଆଶାପୂର୍ଣ୍ଣ ଓ ଶକ୍ତିସମ୍ପନ୍ନ ଯୌବନର କଳ୍ପନା କରନ୍ତୁ ଓ ଅନୁଭବ କରନ୍ତୁ । ଯୁବକ ରହିବା ଓ ସୌନ୍ଦର୍ଯ୍ୟକୁ ସ୍ଥିର ରଖିବାର ଏହାଠାରୁ ଭଲ ଉପାୟ ନାହିଁ ।

ଜୀବନରେ ଚାପ ଆସିଥାଏ । ସଂଘର୍ଷ ହିଁ ଜୀବନ । ସଂଘର୍ଷ ଓ ଚାପ ଯୋଗୁ ଅଧିକାଂଶ ଲୋକଙ୍କ ଭାବନା ବୃଦ୍ଧ ହୋଇଯାଏ ଓ ଶରୀରର ଜୀବକୋଷ ନଷ୍ଟ ହେବାକୁ ଲାଗନ୍ତି । ସେମାନଙ୍କ ସ୍ନାୟୁ-ପ୍ରଣାଳୀ ଆହତ ହୋଇଯାଏ । ଶରୀରରେ ସତେଜତା ଓ ପ୍ରସନ୍ନତା ରୁହେନାହିଁ ।

ମଣିଷ ଶରୀରରେ ସ୍ନାୟୁ-ପ୍ରଣାଳୀ, ସ୍ନାୟୁ-ବିଭାଗର କୋମଳତା, ନମନୀୟତା, କାର୍ଯ୍ୟଦକ୍ଷତା ଓ ବିଷୟ-ଗ୍ରହଣ ଶକ୍ତି ଆବଶ୍ୟକ ଜିନିଷ ଅଟନ୍ତି । ଏସବୁ ସେହି ଲୋକଙ୍କ ଭିତରେ ରୁହେନାହିଁ, ଯେଉଁମାନେ ସତେଜ ହୋଇପାରନ୍ତି ନାହିଁ- ଯେଉଁମାନେ ମନୋରଞ୍ଜନ, ଖେଳକୁଦ ଓ ହାସ୍ୟ ଠାରୁ ଦୂରେଇ ରୁହନ୍ତି ଓ ଅଧିକ ଗମ୍ଭୀର ରୁହନ୍ତି । ଏଭଳି ଲୋକେ ଅସମୟରେ ବୃଦ୍ଧ ହୋଇଯାଆନ୍ତି ।

ପ୍ରସନ୍ନ, ଉଦାର, ସ୍ଫୂର୍ତ୍ତି, ଚିନ୍ତାହୀନତା ଓ ମନକୁ ସବୁବେଳେ ଇଚ୍ଛା ଅନୁସାରେ ରଖୁଥିବା ଲୋକେ ନିଜ ସ୍ନାୟୁବିଭାଗକୁ ସୁସ୍ଥ ରଖିଥାନ୍ତି ।

ସେମାନେ ଅଧିକ ସମୟ ପର୍ଯ୍ୟନ୍ତ ଯୁବକ ହୋଇ ରୁହନ୍ତି ।

ଭୋଗବିଳାସ :

କିଛି ଲୋକ କଳ୍ପନାର ବଶବର୍ତ୍ତି ହୋଇଥାନ୍ତି । ଅଧିକରୁ ଅଧିକ ଇନ୍ଦ୍ରିୟସୁଖକୁ ଶୀଘ୍ର ଭୋଗ କରିବାକୁ ଚାହାନ୍ତି । ସେମାନେ ମାନସିକ ଓ ଶରୀରିକ ଭାବେ ବିଳାସିତ ହୋଇଥାନ୍ତି । ବିଳାସବ୍ୟସନରେ ହିଁ ସେମାନଙ୍କ ଦିନ-ରାତି ବିତିଥାଏ । ପୁରୁଷ ହୋଇଥିଲେ ପ୍ରତିଦିନ ନାରୀର ଆବଶ୍ୟକ ଥାଏ ଓ ମହିଳା ହୋଇଥିଲେ ପୁରୁଷ ଦରକାର ହୁଏ । ନୂଆ-ନୂଆ ଆଭୂଷଣ ଦରକାର । ସେମାନେ ବିଷୟ-ଭୋଗକୁ, କାମବାସନାର ସନ୍ତୁଷ୍ଟିକୁ ସବୁକିଛି ମାନିନିଅନ୍ତି ।

ସେମାନଙ୍କ ଧ୍ୟାନ ଏହି ଜିନିଷରେ କେନ୍ଦ୍ରିତ ହେବା ଦ୍ୱାରା ସେମାନେ ଏସବୁଥିରେ ଲାଗିରୁହନ୍ତି । ପରିଣାମ ସ୍ୱରୂପ ଯେପର୍ଯ୍ୟନ୍ତ ବଞ୍ଚନ୍ତି, ସେମାନଙ୍କ ଏହି ଶକ୍ତି ସ୍ଥାୟି ରୁହେ- ସଂଭୋଗ ଶକ୍ତି ସ୍ଥାୟି ରୁହେ, କିନ୍ତୁ ସେମାନେ ବହୁତ ଶୀଘ୍ର ଯୌବନ ହରାଇ ବୃଦ୍ଧ ହୋଇଯାଆନ୍ତି, ସ୍ୱାସ୍ଥ୍ୟ ଓ ସୌନ୍ଦର୍ଯ୍ୟ ଚାଲିଯାଏ ଓ ସେମାନେ ଶୀଘ୍ର ମରିଯାଆନ୍ତି ।

ଅଧିକାଂଶ ଲୋକଙ୍କ ଜୀବନ ଉଚ୍ଛୃଙ୍ଖଳ ହୋଇଥାଏ । ସେମାନେ କୌଣସି ନିୟମ କାନୁନ୍‌କୁ ମାନନ୍ତି ନାହିଁ । ସଂଯମତା ତାଙ୍କ ପାଖରେ ନଥାଏ । ସବୁ ଜିନିଷକୁ- ସବୁ ବିଷୟକୁ ସେମାନେ ଶୀଘ୍ର ଭୋଗ କରିବାକୁ ଚାହାନ୍ତି । ସେମାନେ ସ୍ୱାସ୍ଥ୍ୟକର-ଅସ୍ୱାସ୍ଥ୍ୟକର ସବୁ ପ୍ରକାରର ଖାଦ୍ୟ ଖାଆନ୍ତି । ସେମାନଙ୍କ ପାଖରେ ସମୟର କୌଣସି କଟକଣା ନାହିଁ । ଯେତେବେଳ ହେଉ ଖାଇଦିଅନ୍ତି । ପାକସ୍ଥଳୀକୁ ମାଲ୍‌ଗୋଦାମ ଭଳି ଭରିଚାଲନ୍ତି ; ସବୁବେଳେ ତାଙ୍କ ପାଟି ଚାଲିଥାଏ । ଏଭଳି ଲୋକେ ପେଟ ରୋଗର ଶିକାର ମଧ୍ୟ ହୋଇଥାନ୍ତି । ଶୀଘ୍ର ବୁଢ଼ା ହୋଇ ଶୀଘ୍ର ମରନ୍ତି ।

ଅଧିକାଂଶ ଲୋକଙ୍କୁ ନିଶାର ବଦଭ୍ୟାସ ଥାଏ ।

ମଦ, ଅଫିମ, ଚରସ, ଗଞ୍ଜେଇ, ଏଲ୍.ଏସ୍.ଡି. ଓ ଆହୁରି ଅନେକ ନିଶାଦ୍ରବ୍ୟ ଅଛି ଯାହାକୁ ବହୁତ ଲୋକ କିଶୋରାବସ୍ଥାରେ ହିଁ ଅଭ୍ୟାସ କରିଦିଅନ୍ତି । ସେମାନେ ନିଶାର ଅଭ୍ୟସ୍ତ ହୋଇଯାଆନ୍ତି । ନିଶା ତାଙ୍କ ଉପରେ ଏମିତି ପ୍ରଭାବକାରୀ ହୋଇଥାଏ ଯେ, ଏହି ନିଶା ଜିନିଷ ବିନା ସେମାନେ ରହିପାରନ୍ତି ନାହିଁ । ଏଗୁଡ଼ିକୁ ଖାଇବାକୁ ସେମାନେ ବ୍ୟାକୁଳ ହୋଇଯାଆନ୍ତି । ନମିଳିଲେ ସେମାନେ ଚିତ୍କାର କରନ୍ତି । କୌଣସି ଅପରାଧ ମଧ୍ୟ କରିବାକୁ ପଛାନ୍ତି ନାହିଁ । ଏଭଳି ଲୋକଙ୍କ ସ୍ନାୟୁବିଭାଗ ଦୁର୍ବଳ, ନିଷ୍କ୍ରିୟ ହୋଇଯାଏ । ଜୀବକୋଷଗୁଡ଼ିକର ସ୍ଥିତି ଖରାପ ହୋଇଯାଏ । ପାଚନ ସଂସ୍ଥାନ ବିଗିଡ଼ିଯାଏ । ସେମାନେ ଅସୁସ୍ଥ ରୁହନ୍ତି । ମସ୍ତିଷ୍କ ତ' ପୂର୍ବରୁ ନିଶାକୁ ଅର୍ପଣ କରିସାରିଥାନ୍ତି, ମନ ଉପରେ ନିୟନ୍ତ୍ରଣ କେମିତି କରିପାରିବେ । ଏମିତି ଲୋକ ବହୁତ ଶୀଘ୍ର ବୃଦ୍ଧ ହୋଇ ମରିଯାଆନ୍ତି । ଯୌବନକୁ ସେମାନେ ବହୁତ କମ୍ ସମୟ ପାଇଁ ଦେଖିପାରନ୍ତି । ସେମାନଙ୍କ ସ୍ୱାସ୍ଥ୍ୟ ଓ ସୌନ୍ଦର୍ଯ୍ୟ ଚାଲିଯାଏ ।

କିଛି ଲୋକଙ୍କ ଜୀବନ ଦର୍ଶନ ହେଉଛି- ଖାଅ-ପିଅ ଓ ମଉଜ କର । ଏଭଳି ଲୋକମାନେ ପ୍ରତ୍ୟେକ ମୁହୂର୍ତ୍ତରେ ପ୍ରସନ୍ନ ରହିବାର କଥା କୁହନ୍ତି ଓ ଚେଷ୍ଟା ମଧ୍ୟ କରନ୍ତି । ହସନ୍ତି କିନ୍ତୁ ଏଥିସହ ମଦ ନିଶା, ଖାଦ୍ୟର ଅନିୟମିତତା ଓ ଜୀବନର ଧାଁ-ଦୌଡ଼ରେ ଅନିୟମିତତା, ଅସଂଯମତା ଓ ବିଳାଷବ୍ୟସନରେ ଲିପ୍ତ ରହିବାର ଅଭ୍ୟାସ ଏମାନଙ୍କୁ ଶୀଘ୍ର ବୁଢ଼ା କରିଦିଏ ।

ଆଉ ଏକ ପ୍ରକାରର ମଣିଷ ଅଛନ୍ତି ଯେଉଁମାନେ ଗମ୍ଭୀର ରୁହନ୍ତି, ବହୁତ କମ୍ କଥା କହିଥାନ୍ତି, ଅଧିକ ଚିନ୍ତା କରନ୍ତି, ଜୀବନ ସଂଯମିତ ହୋଇଥାଏ, ସମୟରେ ଖାଇବା, ସମୟରେ ଶୋଇବା, ବ୍ୟାୟାମ କରିବା, ସଦାଚାରୀ ରହିବା, ଉତ୍ତମ ଭୋଜନ କରିବା, ସବୁ ଭଲ ଲକ୍ଷଣ ରହିଥାଏ । ଏହାସତ୍ତ୍ୱେ ମଧ୍ୟ ଏଭଳି ଲୋକେ ଅସମୟରେ ଏଥିପାଇଁ ବୁଢ଼ା ହୋଇଯାଆନ୍ତି ଯେ, ସେମାନେ ଯୌବନ ସମୟରେ ନିଜକୁ ପୁରୁଖା ଭାବନ୍ତି, ସେମାନଙ୍କ ମଧ୍ୟରେ ପ୍ରୌଢ଼ତା

ଆସିଯାଏ, ସେମାନେ ବୁଢ଼ାଙ୍କ ପରି କଥା କୁହନ୍ତି, ମନୋରଞ୍ଜନ ଭଳି ଆବଶ୍ୟକ ଜିନିଷକୁ ସେମାନେ ଖରାପ ମାନନ୍ତି ।

ଆଜିର ବ୍ୟସ୍ତମୟ ଦୁନିଆରେ ଏଭଳି ଲୋକ ଅଧିକ ଅଛନ୍ତି ଯେଉଁମାନେ ଖାଲି ଦୌଡ଼ନ୍ତି, ସବୁ ଜିନିଷରେ ଚଞ୍ଚଳ । ପାଞ୍ଚ ମିନିଟ୍‌ରେ ଖାଇଦେଇ କାମକୁ ଚାଲିଯାଆନ୍ତି । ଗାଧୁଆ ମଧ୍ୟ ବହୁତ କମ୍ ସମୟ । ପୋଷାକ ପିନ୍ଧିବା ମଧ୍ୟ ଖୁବ୍ ଶୀଘ୍ର । ଚାଲିବାରେ ମଧ୍ୟ ଚଞ୍ଚଳତା ଥାଏ । ବର୍ତ୍ତମାନ ଆସିଥିବେ ଓ ସଙ୍ଗେସଙ୍ଗେ ଯିବାକୁ ବାହାରିବେ । ସେମାନଙ୍କ ପାଇଁ ଗୋଟିଏ-ଗୋଟିଏ ମିନିଟ୍‌ର ମୂଲ୍ୟ ଥାଏ । ଧନୀକ ବ୍ୟକ୍ତିଙ୍କ ଭିତରେ ମଧ୍ୟ ଏହି ଲକ୍ଷଣ ଦେଖାଯାଏ । କୋଟିପତି ଲୋକଙ୍କ ମଧ୍ୟରେ ଏମିତି ଲୋକ ଅଛନ୍ତି, ଯେଉଁମାନେ କେବଳ ଦୌଡୁଥାନ୍ତି । ଅର୍ଥ ଉପାର୍ଜନ କରିବାରେ ଲାଗିରୁହନ୍ତି । ତାଙ୍କ ପାଖରେ ଟିକିଏ ସଂଯମ ନଥାଏ, ସ୍ଥିରତା ନଥାଏ । ମନୋରଞ୍ଜନ ପାଇଁ ମଧ୍ୟ ଦୌଡ଼ି-ଦୌଡ଼ି ଭାଗ ନିଅନ୍ତି । ସେମାନଙ୍କ ପାଖରେ ସମୟ ନଥାଏ । ଏଭଳି ଲୋକେ ମଧ୍ୟ ଶୀଘ୍ର ବୃଦ୍ଧ ହୋଇଯାଆନ୍ତି ।

ଜୀବନରେ ସନ୍ତୁଳନ :

ଚିରଞ୍ଜିବୀ, ଚିରସୁନ୍ଦର, ସେହି ଲୋକ ହୁଅନ୍ତି, ଯେଉଁମାନେ ଜୀବନରେ ସବୁ ଜିନିଷର ସନ୍ତୁଳନ କରିପାରନ୍ତି । ଯେଉଁମାନେ ସବୁ କଥାକୁ ନଜରରେ ରଖି କାମ କରନ୍ତି । ଯେକୌଣସି ଜିନିଷ କିମ୍ବା କାମକୁ ଅତ୍ୟଧିକ କରନ୍ତି ନାହିଁ । ଯେଉଁ କାମ ଯେତିକି ସମୟ ଲାଗିବା କଥା, ସେତିକି ସମୟ ଲଗାନ୍ତି । ଜୀବନ ପାଇଁ କ'ଣ ଆବଶ୍ୟକ, ସେମାନେ ଜାଣିଥାନ୍ତି ।

ସେମାନେ ଜାଣିଥାନ୍ତି ଯେ, ଆଗକୁ ବଢ଼ିଚାଲିବା ହେଉଛି ଜୀବନ । ଆଗକୁ ଆଗେଇବାର ଅଛି । ଉନ୍ନତି କରିବାର ଅଛି । ନୂଆ-ନୂଆ ଅନୁଭବ କରିବାର ଅଛି । ଜୀବନରେ ସନ୍ତୁଳନ ରଖି ନୂଆ-ନୂଆ ଜିନିଷ ଶିଖିବାର ଅଛି, ନୂଆ-ନୂଆ ଜ୍ଞାନ ପ୍ରାପ୍ତ କରିବାର ଅଛି । କିନ୍ତୁ ଶୀଘ୍ର ନୁହେଁ, ଧୈର୍ଯ୍ୟର ସହିତ, ସବୁ ଜିନିଷରେ ରୁଚି ରଖି, ସଂଯମ ସହିତ, ପ୍ରସନ୍ନତା ଓ ଆନନ୍ଦର ସହିତ । ଜୀବନ ଯାତ୍ରାରେ ଶୀଘ୍ର ଦୌଡ଼ନ୍ତୁ ନାହିଁ କି ଅଟକନ୍ତୁ ନାହିଁ । ଅଟକିବା ମୃତ୍ୟୁ ଓ ଚାଲିବା ହେଉଛି ଜୀବନ । ଗତିଶୀଳର ନାମ ଗାଡ଼ି, କିନ୍ତୁ ଯାତ୍ରାରେ ଅପ୍ରାସଙ୍ଗିକ, ଅସଂଯମିତ, ଅସନ୍ତୁଳିତ ଗତି ମଧ୍ୟ ଅନୁଚିତ । ଅସାବଧାନତା ଓ ଆବଶ୍ୟକତାଠାରୁ ଅଧିକ ଗତି ହିଁ ଦୁର୍ଘଟଣାର କାରଣ ହୋଇଥାଏ ।

ଆପଣ ଯେତେବେଳେ ଶୁଅନ୍ତି, ତେବେ ବହୁତ କଥା ଚିନ୍ତାକରି ଶୁଅନ୍ତି । ବେଳେବେଳେ ଅନେକ କଥା ଏମିତି ଚିନ୍ତିତ କରେ ଯେ, ନିଦ ହୁଏନାହିଁ । ଏଭଳି ଚିନ୍ତାକୁ ଦୂର କରନ୍ତୁ । ସେଗୁଡ଼ିକୁ ନିଜ ଶୋଇବା ଘରର ବିଛଣା ପାଖକୁ ଆସିବାକୁ ଦିଅନ୍ତୁ ନାହିଁ । ଏହା ଭାବନ୍ତୁ ଯେ, ଏବେ ଆପଣ ଯୁବକ, ଯୌବନକୁ ସ୍ଥାୟି ରଖିବାର ଅଛି ଓ ପ୍ରସନ୍ନ ହୋଇ ଶୋଇବାର ଅଛି । ନିଜର ସମସ୍ତ ଭଲ ଓ ପ୍ରିୟ କଥାକୁ ମନେପକାଇ ଶୋଇଯାଆନ୍ତୁ । ନିଜକୁ ଏହି ଆଜ୍ଞା ଦେଇ ଶୋଇଯାଆନ୍ତୁ ଯେ, ଏତିକି ବେଳେ ମୁଁ ଉଠିବି । ନିଶ୍ଚିତ ଭାବେ ଆପଣ ସେହି ସମୟରେ

ଉଠିବେ । ସକାଳୁ ଉଠିବା କ୍ଷଣି ନିଜର ସଂକଳ୍ପ ଦୋହରାନ୍ତୁ ଯେ, ବର୍ତ୍ତମାନ ଆପଣ ଯୁବକ ଓ ସବୁବେଳେ ଯୁବକ ହିଁ ରହିବେ ।

ନୂତନ ବିଚାରର ସର୍ଜନା :

ଆୟୁଷ, କ୍ଷୟର ନୁହେଁ, ବିକାଶର ସୂଚକ ଅଟେ । ବିଜ୍ଞାନର ନିୟମ ହେଉଛି, କାର୍ଯ୍ୟ କରିଚାଲିଲେ ଶକ୍ତିର ବିକାଶ ହୋଇଥାଏ । ସୃଷ୍ଟିର ନିୟମ ହେଉଛି ବିକାଶ । ମଣିଷର ସ୍ୱଭାବ ମଧ୍ୟ ବିକାଶ ଅଟେ । ପ୍ରକୃତି, ବିକାଶକୁ ପ୍ରେରଣା ଦେଇଥାଏ । ଶରୀରର ରଚନା ଏମିତି ହୋଇଛି ଯେ, ଜୀବକୋଷଗୁଡ଼ିକ ନିଜର କାର୍ଯ୍ୟ ବନ୍ଦ କରନ୍ତି ନାହିଁ । ଶରୀରରେ ଭଙ୍ଗାରୁଜା ହୋଇଥାଏ, ଯାହାର ମରାମତି ମଧ୍ୟ ହେବା ସହିତ ପୁନଃନିର୍ମାଣ ମଧ୍ୟ ହେଉଥାଏ । ଶରୀରରେ ନୂଆ-ନୂଆ ବିଚାର ଥିଲେ ଜୀବକୋଷ ଯୁବକ ରୁହନ୍ତି । ଶରୀରକୁ ବୃଦ୍ଧ କରୁଥିବା ରାସାୟନିକ ପ୍ରକ୍ରିୟା ସେପର୍ଯ୍ୟନ୍ତ ଆରମ୍ଭ ହୁଏନାହିଁ, ଯେପର୍ଯ୍ୟନ୍ତ ମନ ବୃଦ୍ଧ ନହୋଇଛି । ନୂତନ ବିଚାର ଜୀବନ ଶକ୍ତିରେ ଅଭାବ ଆସିବାକୁ ଦିଏନାହିଁ ।

ନିରାଶାବାଦୀ ବିଚାର, ଏହି ସର୍ବଦା ନିର୍ମାଣ ପ୍ରକ୍ରିୟାରେ ବାଧକ ଅଟେ । ଏଭଳି ବିଚାର ଦ୍ୱାରା ଶରୀରର ବିକାଶ ବନ୍ଦ ହୁଏ । ସ୍ୱାର୍ଥ, ଲୋଭ, ମୋହ, ନିଶାର କୁଅଭ୍ୟାସ, ବୃଦ୍ଧାବସ୍ଥାର ପରମ ମିତ୍ର ଓ ଯୌବନର ଶତ୍ରୁ ଅଟନ୍ତି ।

କିଛି ଲୋକ ତ' ନିରାଶାବାଦୀ ଯୋଗୁ ଉନ୍ନତି କରନ୍ତି ନାହିଁ କି ପ୍ରସନ୍ନ ରୁହନ୍ତି ନାହିଁ । ସେମାନେ ଏହି ଜୀବନ କିଛି ନୁହେଁ, ଏକ ସ୍ୱପ୍ନ ମାତ୍ର, ଭଗ୍ନସ୍ତୁପ, ମିଛମାୟା ଜଗତ ବୋଲି ଭାବି ନିଜ ହାତରେ ନିଜର ଆନନ୍ଦକୁ ହତ୍ୟା କରନ୍ତି । ଏଭଳି ମଣିଷ ସୃଷ୍ଟିର ସବୁ ସୁଖ ଓ ଆନନ୍ଦକୁ ମିଛ ଭାବି ଅକାଳ ମୃତ୍ୟୁକୁ ଡାକିଆଣନ୍ତି । ସୁତରାଂ ଆପଣଙ୍କୁ ଆଶାବାଦୀ ହୋଇ ସୁସ୍ଥ, ଦୀର୍ଘଜୀବୀ ହେବା ଉଚିତ । ଆତ୍ମଘାତି ନିରାଶାବାଦୀ ନୁହେଁ ।

ସୁନିଶ୍ଚିତ କରନ୍ତୁ ଯେ, ଆପଣ କେବେ ବୃଦ୍ଧ ହେବେନାହିଁ । ବିଶ୍ୱାସକୁ ଦୃଢ଼ ରଖନ୍ତୁ ଯେ, ବୟସ, ଶରୀର ଉପରେ କୌଣସି ପ୍ରଭାବ ପକାଏ ନାହିଁ । ଭଗବାନ ସୃଷ୍ଟିରେ ମଣିଷର ନିର୍ମାଣ ଏଥିପାଇଁ କରିଥିଲେ ଯେ, ସେ ଦୀର୍ଘାୟୁ ହେବ, ସୃଷ୍ଟିର ସମସ୍ତ ସୁଖକୁ ଉପଭୋଗ କରି ଆନନ୍ଦ ଉଠାଇବ । ମଣିଷର ହାରାହାରି ବୟସ ଅଧିକ । ଭଗବାନ ଆପଣଙ୍କୁ ସୃଷ୍ଟିର ସୌନ୍ଦର୍ଯ୍ୟ ବଢ଼ାଇବାକୁ ପଠାଇଛନ୍ତି, ବୃଦ୍ଧାବସ୍ଥାର ଭୟରେ ନିଷ୍କ୍ରିୟ ହୋଇ ରୋଗୀ ହେବା ପାଇଁ ନୁହେଁ । ଆପଣଙ୍କ ଶରୀର ରଚନାରେ କେଉଁଠି କୌଣସି ଏମିତି ପ୍ରସଙ୍ଗ ନାହିଁ ଯାହା ଆପଣଙ୍କୁ ବେକାର ରହିବା ପାଇଁ ପ୍ରେରିତ କରିବ । ବ୍ୟକ୍ତିତ୍ୱର ହ୍ରାସ ସମସ୍ତ ପ୍ରାକୃତିକ ସିଦ୍ଧାନ୍ତର ବିରୁଦ୍ଧ ଅଟେ । ପ୍ରକୃତିର ସମସ୍ତ ନିର୍ମାଣର ଉଦ୍ଦେଶ୍ୟ ହେଉଛି ପ୍ରଗତି କରିବା । ଏହି ସତ୍ୟକୁ ବୁଝିଯିବା ପରେ ବୃଦ୍ଧାବସ୍ଥା ପାଖକୁ ଆସିପାରିବ ନାହିଁ ।

ଯେତେବେଳେ ଆପଣଙ୍କୁ ବିଶ୍ୱାସ ହୋଇଯିବ ଯେ, ଆପଣ ସେହି ପରମପିତାଙ୍କ ସନ୍ତାନ-ତାଙ୍କର ଅଂଶ, ଯିଏ ନିଜେ ଗୋଟିଏ ଜ୍ୟୋତି, ଗତି, ସତ୍ୟ, ନୂତନ, ଚିର, ଅମର,

ସେତେବେଳେ ଆପଣଙ୍କ ଉପରେ ବୃଦ୍ଧାବସ୍ଥା, ଦୁର୍ବଳତା, କ୍ଷୀଣତା ସେମାନଙ୍କ ପ୍ରଭାବ ପକାଇପାରିବେ ନାହିଁ । ଆପଣଙ୍କୁ ପରାସ୍ତ କରିପାରିବେ ନାହିଁ । ଆପଣ ଦୀର୍ଘକାଳ ପର୍ଯ୍ୟନ୍ତ ତରୁଣ ଓ ସୁନ୍ଦର ରହିବେ । ସମଗ୍ର ଭାବେ ସୁସ୍ଥ ଓ ଶକ୍ତିଶାଳୀ ରହିବେ । ଶହେ-ଦେଢ଼ଶହ ବର୍ଷ- ଯେତିକି ଦିନ ବଞ୍ଚିବାକୁ ଚାହୁଁଛନ୍ତି, ସେତିକି ଆୟୁଷ ନିଶ୍ଚିତ କରନ୍ତୁ, ଆପଣ ସେପର୍ଯ୍ୟନ୍ତ ବଞ୍ଚିବେ । ଯେପର୍ଯ୍ୟନ୍ତ ଶରୀର ଓ ମନକୁ ଯୁବକ ମାନି ଚାଲୁଥିବେ, ସେପର୍ଯ୍ୟନ୍ତ ମନ ଓ ଶରୀର ମଧ୍ୟ ଯୁବକ ରହିବେ ।

ପ୍ରକୃତି କୋଳରେ ରହୁଥିବା ଲୋକଙ୍କୁ କମ୍ ରୋଗ ହୋଇଥାଏ । ଖୋଲା ପବନ, ଖୋଲା ବାତାବରଣ, ମନୋରମ ଜଳବାୟୁ ମଣିଷକୁ ସୁସ୍ଥ, ସୁନ୍ଦର ଓ ଦୀର୍ଘଜୀବୀ କରିଥାଏ । ପ୍ରକୃତିର ସନ୍ଦେଶକୁ ଶୁଣନ୍ତୁ । ବାୟୁ ପ୍ରାଣ ଅଟେ । ବାୟୁ ଦ୍ୱାରା ହିଁ ଶରୀର ଚାଲୁଛି । ବାୟୁ ନଥିଲେ ଶ୍ୱାସରୁଦ୍ଧ ହୋଇଯାଏ । ବାୟୁ ଅଶୁଦ୍ଧ ଓ ଦୂଷିତ ହେଲେ ମୃତ୍ୟୁ କିମ୍ୱା ରୋଗ ନିଶ୍ଚିତ । ପ୍ରକୃତି ଏହା ନିଃଶୁଳ୍କ ଦେଇଛି । ସୁତରାଂ ପ୍ରକୃତିର ଅକ୍ଷୟ ଭଣ୍ଡାରରୁ ଖୁବ୍ ପବନ ନିଅନ୍ତୁ ।

ପ୍ରକୃତିର ଆଉ ଗୋଟିଏ ନିୟମ ମଧ୍ୟ ରହିଛି । ଯେଉଁ ଜିନିଷକୁ ପ୍ରକୃତି ଆମକୁ ଦେଇଥାଏ, ତାକୁ ଯଦି ଆମେ କାମରେ ନଲଗାଉ ତେବେ ସେ ଫେରାଇନିଏ ।

ଆପଣ ଶରୀରର କୌଣସି ଅଙ୍ଗରେ କାମ ନକଲେ ସେହି ଅଙ୍ଗ କିଛିଦିନ ପରେ ଶିଥିଳ ହୋଇଯିବ । ତାହାର ଜୀବକୋଷ ଶୁଖିଯିବ । ସେଠାକୁ ରକ୍ତ ସଞ୍ଚାଳନ ବନ୍ଦ ହୋଇଯିବ । ଶରୀରକୁ ମଧ୍ୟ କାମରେ ଲଗାନ୍ତୁ । ବ୍ୟାୟାମ କରନ୍ତୁ । ଖୋଲା ପବନରେ ଦୌଡ଼ନ୍ତୁ, ବୁଲନ୍ତୁ । ମନକୁ ମଧ୍ୟ ଭଲ-ଭଲ କାର୍ଯ୍ୟରେ ଲଗାନ୍ତୁ । ଆଳସ୍ୟକୁ ପାଖ ପୁରାଇ ଦିଅନ୍ତୁ ନାହିଁ ।

ନିଜର ବିକାଶ କରନ୍ତୁ । ଯାହାର ବିକାଶ ଅଟକିଯାଏ, ଯିଏ ବଢ଼ିବା ବନ୍ଦ କରିଦିଏ, ସ୍ଥିର ହୋଇଯାଏ, ସେ ଶୀଘ୍ର ବୃଦ୍ଧ ହୋଇଯାଏ ।

ନୂଆ-ନୂଆ ଖେଳ ଶିଖନ୍ତୁ । ନୂଆ-ନୂଆ ପତ୍ର-ପତ୍ରିକା ପଢ଼ନ୍ତୁ । ଭଲ-ଭଲ ପୁସ୍ତକରୁ ଅଧିକରୁ ଅଧିକ ଜ୍ଞାନ ଆହରଣ କରନ୍ତୁ । କିଛି ନା କିଛି ଲେଖନ୍ତୁ ।

ସଂସାରରେ ଅନେକ ଭାଷା ଅଛି । ନୂଆ-ନୂଆ ଭାଷା ଶିଖନ୍ତୁ ।

ପୃଥିବୀ ଉପରେ ଅସଂଖ୍ୟ ଲୋକ ଅଛନ୍ତି । ଆପଣ ଲକ୍ଷେ ଲୋକଙ୍କ ସମ୍ପର୍କରେ ଆସିବାରେ ସମର୍ଥ ହୋଇପାରିବେ । ହଜାରେ ଲୋକଙ୍କ ସହିତ ତ' ସମ୍ପର୍କ ହେବ । ନୂଆ-ନୂଆ ପରିଚୟ ପ୍ରାପ୍ତ କରନ୍ତୁ । ପରିଚୟର ସୀମାକୁ ବଢ଼ାଇ ଚାଲନ୍ତୁ ।

ସୃଷ୍ଟି ଓ ଜ୍ଞାନ :

ଏହି ଅନନ୍ତ ସୃଷ୍ଟିରେ ଏତେ ଜ୍ଞାନ ରହିଛି ଯେ, ଆପଣ ଜୀବନସାରା ନେଇଚାଲିଲେ ମଧ୍ୟ ସରିବ ନାହିଁ । ବହୁତ କଥା ରହିଯିବ, ଯାହାକୁ ଆପଣ ଜାଣିପାରିବେ ନାହିଁ । ଏଥିପାଇଁ ପ୍ରକୃତି କହିଥାଏ, ଖୁବ୍ ଶିଖନ୍ତୁ । ଯିଏ ଯେତିକି ଶିଖିଯାଏ, ଯେତିକି ଜାଣିଯାଏ ଅଥବା କୌଣସି ବିଷୟରେ ଯେତିକି ଗଭୀର ପର୍ଯ୍ୟନ୍ତ ଯାଏ, ସେ ସେତିକି ମହାନ୍, ସେତିକି ଲୋକପ୍ରିୟ ହୋଇଥାଏ ।

ଆପଣ ଯଦି ଏମିତି କରୁଛନ୍ତି, ତେବେ ଆପଣଙ୍କୁ ବଞ୍ଚିବାର- ଆପଣଙ୍କୁ ଜୀବନର ବିଶ୍ୱାସ ଅଛି । ଜୀବନ ଉପରେ ବିଶ୍ୱାସ ଥିଲେ, ଆପଣ ଯୌବନ ଉପରେ ବିଶ୍ୱାସ କରିବେ । ଏହାପରେ ଆପଣ ଚିରଯୌବନ ଓ ଚିରସୁନ୍ଦର ହୋଇଯିବେ । ଆପଣ କେବେ ବୃଦ୍ଧ ହୋଇପାରିବେ ନାହିଁ ।

ସଂସାରରେ ସ୍ୱାସ୍ଥ୍ୟଠାରୁ ବଳି ଅମୂଲ୍ୟ ସମ୍ପଦ କିଛି ନାହିଁ । ଏହା ହେଉଛି ଈଶ୍ୱରଙ୍କ ଦାନ । ଏହା ସମ୍ମୁଖରେ ସବୁ ଜିନିଷ ତୁଚ୍ଛ ଅଟେ । ଶରୀର ସୁସ୍ଥ ରହିଲେ ସବୁକିଛି ଅଛି । ଅସୁସ୍ଥ ହେଲେ ସବୁ ବେକାର । କାର୍ଲାଇଲ କହିଛନ୍ତି ଯେ, ସ୍ୱାସ୍ଥ୍ୟ ତୁଳନାରେ କୋଟି-କୋଟି ଟଙ୍କା ଓ ସୁନାର ମୂଲ୍ୟ କିଛି ନୁହେଁ ।

ଏମିତି ବହୁତ ଲୋକ ମିଳିଯିବେ, ଯାହାଙ୍କ ପାଖରେ ପ୍ରଚୁର ଧନସମ୍ପତ୍ତି ଅଛି, କିନ୍ତୁ ସ୍ୱାସ୍ଥ୍ୟ ନାହିଁ । ସେଭଳି ଲୋକେ କୁହନ୍ତି ଯେ, କେହି ଲକ୍ଷେ ଟଙ୍କା ନେଇ ମୋତେ ସୁସ୍ଥ କରିଦିଅନ୍ତା କି । ଏହି ରୋଗୀଣା ଓ ଅଳ୍ପାୟୁ ଲୋକଙ୍କ ପାଖରେ ଧନ ଥିଲେ ମଧ୍ୟ ଆନନ୍ଦ ନଥାଏ ।

ଆନନ୍ଦର ସାଧନ ହେଉଛି ସ୍ୱାସ୍ଥ୍ୟ । ଏହି ସାଧନକୁ ସମସ୍ତେ ଅଧିକ ଦିନ ପର୍ଯ୍ୟନ୍ତ ନିଜ ପାଖରେ ରଖିବାକୁ ଚାହାନ୍ତି । ରଖିବା ଉଚିତ ଓ ରଖିପାରିବେ ମଧ୍ୟ ।

ଆପଣ ମଧ୍ୟ ରଖନ୍ତୁ ।

ମସ୍ତିଷ୍କ ବିଶେଷଜ୍ଞ ପ୍ରଫେସର ଲରେଞ୍ଜ ଏନ୍ ଫିଲର୍ କୁହନ୍ତି- "ଯଦି ଦୀର୍ଘାୟୁ ହେବାକୁ ଚାହୁଁଛନ୍ତି, ତେବେ ସରଳତାରେ ଖୁବ୍ ପରିଶ୍ରମ କରନ୍ତୁ, ନିଜ ଯୋଗ୍ୟତାର ଲାଭ ଉଠାନ୍ତୁ, ନିଜ ରୋଜଗାର ଅନୁସାରେ ରୁହନ୍ତୁ, ସାତ୍ତ୍ୱିକ ଆହାର- କ୍ଷୀର, ଫଳ, ଶସ୍ୟ ଖାଆନ୍ତୁ, ମାଦକ ପଦାର୍ଥରୁ ଦୂରେଇ ରୁହନ୍ତୁ, କ୍ରୋଧ ଓ ଶୋକରୁ ଦୂରେଇ ରୁହନ୍ତୁ, ମନସ୍ତାପ କରନ୍ତୁ ନାହିଁ, ବ୍ୟାୟାମ କରନ୍ତୁ, ସପ୍ତାହରେ ଦିନେ ଆନନ୍ଦରେ ଛୁଟି ମନାନ୍ତୁ । ଚିନ୍ତାକୁ ତ୍ୟାଗ କରି ରାତିରେ ଆରାମରେ ଶୁଅନ୍ତୁ ।"

ସ୍ୱାସ୍ଥ୍ୟର ତିନୋଟି ସ୍ରୋତ- ଜଳ, ବାୟୁ ଓ ଆଲୋକ ନିକଟରେ ରୁହନ୍ତୁ, ଏଗୁଡ଼ିକର ଉଚିତ ବ୍ୟବହାର ନିଶ୍ଚିତ କରନ୍ତୁ । ଆପଣଙ୍କୁ ସବୁବେଳେ ଯବାନ୍ ରହିବାର ଅଛି; ସୁତରାଂ ଆପଣ ନିଜ ମନ ଭିତରେ ଦୃଢ଼ ସଂକଳ୍ପ କରନ୍ତୁ ଯେ, ଆପଣ ସବୁବେଳେ ଯବାନ୍ ରହିବେ, ସବୁବେଳେ ସୁସ୍ଥ ଓ ଶହେ ବର୍ଷ ବଞ୍ଚିବେ ।

ଆଜିଠାରୁ ହିଁ ଚେଷ୍ଟା ଆରମ୍ଭ କରିଦିଅନ୍ତୁ ।

ଆଜି ହିଁ ସମସ୍ତ ଚିନ୍ତାକୁ ଫୋପାଡ଼ି ଦିଅନ୍ତୁ । ରାତିରେ ଶୋଇବାକୁ ଗଲାବେଳେ ଚିନ୍ତାକୁ ବାହାରେ ଛାଡ଼ିଆସନ୍ତୁ । ନିଶ୍ଚିନ୍ତ ହୋଇ ଶୋଇବା ପରେ ଶାନ୍ତ ମନରେ ନିଜକୁ ପରାମର୍ଶ ଦିଅନ୍ତୁ, ଆଦେଶ ଦିଅନ୍ତୁ ଯେ, ଭୋର୍ ଚାରିଟାରେ ଉଠିବି । ଚାରିଟାରେ ଉଠି ଖୋଲା ପବନକୁ ଯିବି । ନିତ୍ୟକର୍ମ ସାରି ବ୍ୟାୟାମ କରିବି । ଫୁସ୍‌ଫୁସ୍‌କୁ ବିଶୁଦ୍ଧ ପବନ ଦେବି । ଏହାଦ୍ୱାରା ରକ୍ତ ବିଶୁଦ୍ଧ ହୋଇଥାଏ ।

ବ୍ୟାୟାମ ଓ ଗାଧୁଆ ପରେ ଭଗବାନଙ୍କ ଧ୍ୟାନ କରିବି । ଆପଣ ଭଗବାନଙ୍କର ଅଂଶ, ଯିଏ ଆପଣଙ୍କୁ ସୃଷ୍ଟିରେ ଆନନ୍ଦ-ସୌନ୍ଦର୍ଯ୍ୟ ବଢ଼ାଇବା ପାଇଁ ପଠାଇଛନ୍ତି ।

ଭଗବାନଙ୍କ ଧ୍ୟାନ କରିବା ପରେ ଆପଣ ଶୁଦ୍ଧ, ସାତ୍ୱିକ ଜଳଖିଆ କରି ନିଜ କାର୍ଯ୍ୟରେ ଲାଗିପାରିବେ ।

କାମ ଆପଣଙ୍କୁ କ୍ଲାନ୍ତ କରିବ ନାହିଁ । ରୁଚି ନେଇ କରାଯାଉଥିବା କାମରେ ଆନନ୍ଦ ମିଳିଥାଏ । ମନ ଥକିଯାଏ, ଶରୀର ନୁହେଁ ।

କାମ କରିସାରିବା ପରେ ମନୋରଞ୍ଜନ ଅଥବା ଖେଳକୁଦରେ କିଛି ସମୟ ବିତାନ୍ତୁ । ଦୀର୍ଘାୟୁ ହେବା ପାଇଁ ଏହା ମଧ୍ୟ ଆବଶ୍ୟକ ।

ନିଜ ପିଲାଙ୍କ ସାଙ୍ଗରେ ମିଶି ରୁହନ୍ତୁ । ଯଦି ପାରୁଛନ୍ତି ଏକାସାଙ୍ଗେ ଖାଆନ୍ତୁ । ପ୍ରସନ୍ନ ହୋଇ ଖାଆନ୍ତୁ । ଚାପଗ୍ରସ୍ତ ଓ ଚିନ୍ତାରେ ଖାଇଥିବା ଖାଦ୍ୟ ଶକ୍ତି ଦେଇପାରିବ ନାହିଁ । ରାଗରେ ଖାଇବା, ବିଷାକ୍ତ ଭୋଜନ କରିବା ସହିତ ସମାନ ।

ଖାଇବା ପରେ ଟିକିଏ ବାହାରେ ବୁଲନ୍ତୁ ।

ରାତିରେ ଭଲ ଲେଖା ପଢ଼ନ୍ତୁ । ମନରେ ଭଲ ବିଚାର ନେଇ ଶୁଅନ୍ତୁ ଓ ସକାଳୁ ନିଶ୍ଚିତ ସମୟରେ ଉଠିଯାଆନ୍ତୁ । ଏହି ନିୟମ ଗ୍ରହଣ କରନ୍ତୁ ।

ଆପଣଙ୍କ ସ୍ୱାସ୍ଥ୍ୟ ଚିରସ୍ଥାୟୀ ରହିବ ଓ ଯୌବନ ତଥା ସୌନ୍ଦର୍ଯ୍ୟ ମଧ୍ୟ ବହୁ ବର୍ଷ ପର୍ଯ୍ୟନ୍ତ ରହିବ । ମନରେ ଏହି ବିଶ୍ୱାସ ଦୃଢ଼ ରହିବା ଉଚିତ ଯେ, ବୃଦ୍ଧାବସ୍ଥା ସହିତ ଆପଣଙ୍କର କୌଣସି ସମ୍ପର୍କ ନାହିଁ । ଆପଣଙ୍କ ସମ୍ପର୍କ କେବଳ ଯୌବନ ଓ ସୌନ୍ଦର୍ଯ୍ୟ ସହିତ ରହିଛି ।

୧୨. ଚାପ ଉପରେ ନିୟନ୍ତ୍ରଣ ରଖନ୍ତୁ

ଚାପ ଉପରେ ନିୟନ୍ତ୍ରଣ ପାଇଁ ଆପଣଙ୍କୁ ସର୍ବ ପ୍ରଥମେ ନିଜ ଇଚ୍ଛାଶକ୍ତିକୁ ଦୃଢ଼ କରିବା ଉଚିତ୍ । ଏମିତି କିଛି ଡର ଥାଏ, ଯାହାଠାରୁ ଆପଣ ଯେତେବେଳେ ଚାହିଁବେ ମୁକ୍ତି ପାଇପାରିବେ ଓ ଚାପରୁ ମୁକ୍ତି ପାଇପାରିବେ ।

ମଣିଷ ଏକ ସାମାଜିକ ପ୍ରାଣୀ । ସେ ସମାଜରେ ରୁହେ । ତା' ଉପରେ ସମାଜର ପ୍ରଭାବ ପଡ଼ିଥାଏ ଓ ସେ ସମାଜ ଉପରେ ନିଜର ପ୍ରଭାବ ପକାଏ । ଉଭୟେ ଉଭୟଙ୍କୁ ପ୍ରଭାବିତ କରନ୍ତି ଏଥିପାଇଁ ଏମାନେ ଉଭୟଙ୍କ ପରିପୂରକ ଅଟନ୍ତି ।

ଆଜିକାଲିର ସମାଜ ବହୁତ ଗତିଶୀଳ । ସବୁ ମଣିଷ ଦୌଡ଼ୁଛନ୍ତି, ପ୍ରତ୍ୟେକଙ୍କ ସାମ୍ନାରେ ଜଟିଳ ସମସ୍ୟା ରହିଛି । ସମସ୍ୟାଗୁଡ଼ିକ ଚିନ୍ତା ବଢ଼ାଉଛି । ଚିନ୍ତା ଦ୍ୱାରା ଲୋକଙ୍କ ସ୍ନାୟୁବିଭାଗ ଚାପଗ୍ରସ୍ତ ହେଉଛି । ଆଜିକାଲି ଅଧିକାଂଶ ଲୋକ ଚାପଗ୍ରସ୍ତ ହୋଇ ବଞ୍ଚୁଛନ୍ତି ।

ଚିନ୍ତା ଓ ଘୃଣାକୁ ଦବାଇଲେ, ଚାପ ଓ ଭୟ ଉତ୍ପନ୍ନ ହୁଏ । ଆପଣ କାହାକୁ ଘୃଣା କରୁଛନ୍ତି, କାହା ସହିତ ଝଗଡ଼ା ହୋଇଛି, ତାହାର କିଛି ଅନିଷ୍ଟ କରିବାକୁ ଚାହୁଁଛନ୍ତି ଅଥବା ମନରେ

ପ୍ରତିଶୋଧ ଭାବନା ଅଛି- ସେତେବେଳେ ଆପଣଙ୍କ ମସ୍ତିଷ୍କରେ ଚାପ ଉତ୍ପନ୍ନ ହୁଏ । ଆପଣଙ୍କୁ କୌଣସି ଜିନିଷର ଭୟ ଅଛି, ସେହି ଭୟକୁ ଆପଣ ଲୁଚାଇଛନ୍ତି- ସେତେବେଳେ ଆପଣ ଚାପଗ୍ରସ୍ତ ରହିବେ । କ୍ରୋଧ ମଧ ଚାପ ଉତ୍ପନ୍ନ କରିଥାଏ ।

ମଣିଷ ଭିତରେ ଭୟର ପ୍ରବୃତ୍ତି ଜନ୍ମଗତ ଅଟେ । କିନ୍ତୁ ଏହି ଭୟର ରୂପ, ମାନେ, ପ୍ରାକୃତିକ ରୂପ ଅଲଗା ହୋଇଥାଏ, ଅର୍ଥାତ୍ ତାହା ହେଉଛି ଅପ୍ରିୟ ଏବଂ ଅନିଷ୍ଟକାରୀ ପ୍ରତି ଭୟ । ଭୟକୁ ସ୍ୱୀକାର କରି ତା' ଉପରେ ନିଜର ଅଧିକାର ଜମାନ୍ତୁ । ଭୟକୁ ଡରନ୍ତୁ ନାହିଁ କି ଏଡାନ୍ତୁ ନାହିଁ । କିଛି ଲୋକ ଭୟକୁ ଏଡ଼ାଇ ଦିଅନ୍ତି ଓ କୁହନ୍ତି ଯେ ସେମାନେ ଡରନ୍ତି ନାହିଁ, ଯେତେବେଳେକି ସେମାନେ ଭୟଗ୍ରସ୍ତ ଥାଆନ୍ତି ।

ଭୀତତ୍ରସ୍ତ ଜୀବନ :

ଯେତେବେଳେ ମନରେ ଭୟ ଥାଏ ଓ ଆପଣ ମନା କରୁଛନ୍ତି, ତାକୁ ଦବାଇ ରଖିଛନ୍ତି, ଲୋକଙ୍କ ଠାରୁ ଲୁଚାଇବାକୁ ଚେଷ୍ଟା କରୁଛନ୍ତି, ତେବେ ଆପଣଙ୍କ ସ୍ନାୟୁ ଚାପଗ୍ରସ୍ତ ହୋଇଯାଏ ।

ଚାପ ଉପରେ ନିୟନ୍ତ୍ରଣ ପାଇଁ ଆପଣଙ୍କୁ ସର୍ବ ପ୍ରଥମେ ନିଜ ଇଚ୍ଛାଶକ୍ତିକୁ ଦୃଢ଼ କରିବା ଉଚିତ । ଏମିତି କିଛି ଭୟ ଥାଏ, ଯାହାଠାରୁ ଆପଣ ଯେତେବେଳେ ଚାହିଁବେ ମୁକ୍ତି ପାଇପାରିବେ ଓ ଚାପରୁ ମୁକ୍ତି ପାଇପାରିବେ । ମାନିନିଅନ୍ତୁ ଅପଣ କୌଣସି କେଞ୍ଚୁଆ କିମ୍ବା ପୋକକୁ ଡରୁଛନ୍ତି । ଦେଖିଦେଲେ ଆପଣଙ୍କ ସ୍ନାୟୁବିଭାଗ ଚାପଗ୍ରସ୍ତ ହୋଇଯାଉଛି, ତେବେ ଏହାର ଚିକିତ୍ସା ହେଉଛି ଦୃଢ଼ ଇଚ୍ଛାଶକ୍ତି ଓ ଟିକିଏ ସାହସ । ଆପଣ କୌଣସି ଦିନ ଦୃଢ଼ ହୋଇ, ସାହସପୂର୍ବକ ସେହି ପୋକକୁ ଧରି ମାରିଦିଅନ୍ତୁ କିମ୍ବା ପାଦରେ ଦଳିଦିଅନ୍ତୁ । ସମସ୍ତ ଭୟ ଚାଲିଯିବ ।

କୌଣସି କାର୍ଯ୍ୟରେ ସଫଳତା ନମିଳିବାର ଭୟ ଚାପ ଉତ୍ପନ୍ନ କରେ । ଚାପଗ୍ରସ୍ତ-ଭୟଭୀତ ବ୍ୟକ୍ତି ସେହି କାମକୁ ଛାଡ଼ିଦିଏ । ଏହା ଉଚିତ୍ ନୁହେଁ । କାର୍ଯ୍ୟକୁ ଛାଡ଼ନ୍ତୁ ନାହିଁ । ସାହସର ସହିତ ଦୃଢ଼ ଇଚ୍ଛାଶକ୍ତି ସହିତ ସେହି କାର୍ଯ୍ୟକୁ କରନ୍ତୁ । ସଫଳତା ମିଳିବ ଓ ଆଉ ଥରକୁ ଆପଣ ଭୟଭୀତ ହେବେ ନାହିଁ ।

ଚାପଗ୍ରସ୍ତ ହେଲେ କିମ୍ବା ଚାପ ଉତ୍ପନ୍ନ କରୁଥିବା ସ୍ଥିତି ଆସିଲେ ବିଶ୍ରାମ କରନ୍ତୁ, ଶାନ୍ତ ମନରେ ଶୋଇଯାଆନ୍ତୁ, ଲମ୍ବା-ଲମ୍ବା ନିଶ୍ୱାସ ମାରନ୍ତୁ । ଦେଖିବେ ଚାପ, ଭୟ ଅଥବା କ୍ରୋଧ କରିବାର ଆବଶ୍ୟକତା ରହିବ ନାହିଁ । ସବୁ ଠିକ୍ ହେବ । ପ୍ରସନ୍ନ ରହି ସହଜରେ ସବୁ ସମସ୍ୟାର ସମାଧାନ କରାଯାଇପାରିବ ।

ଚାପଗ୍ରସ୍ତ ମସ୍ତିଷ୍କକୁ ଯଦି ନିୟନ୍ତ୍ରଣ କରିପାରୁନାହାନ୍ତି, ତେବେ ଶରୀରକୁ ଢ଼ିଲାକରି ଶୋଇଯାଆନ୍ତୁ । ଆପଣ ଏହି ପଦ୍ଧତିକୁ ଅଭ୍ୟାସ କରି ଦେଖନ୍ତୁ । ଯଦି ଆପଣ କୌଣସି ଜିନିଷକୁ ଡରୁଛନ୍ତି ତେବେ ତୁଳନାତ୍ମକ ଭାବନା ଉତ୍ପନ୍ନ କରନ୍ତୁ ।

ଧରିନିଆଯାଉ ଯେ, ଆପଣ ଇଞ୍ଜେକ୍ସନ୍‌କୁ ଡରୁଛନ୍ତି ଓ ଚାପଗ୍ରସ୍ତ ହେଉଛନ୍ତି । ସେତେବେଳେ ଆପଣ ଏହା ଭାବିପାରିବେ- ଛୋଟ ଛୋଟ ଛୁଆମାନଙ୍କୁ ମଧ ଟୀକା ଦିଆଯାଏ । ଛୁଆମାନଙ୍କ ସହିତ ନିଜର ତୁଳନା କରନ୍ତୁ । ଯେତେବେଳେ ଛୁଆମାନଙ୍କର କିଛି ଅନିଷ୍ଟ ହେଉନାହିଁ ତେବେ ଆପଣଙ୍କର କ'ଣ ହେବ !

କଚେରୀରେ ଆପଣ ବୟାନ ଦେବାକୁ ଭୟ କରନ୍ତି, ଚାପ ଉତ୍ପନ୍ନ ହୁଏ, ତେବେ ଆପଣ ଏହା ଭାବିପାରିବେ ଯେ, ଓକିଲ, ମାଜିଷ୍ଟ୍ରେଟ୍, ଜଜ୍ ଅଥବା ପେସ୍‌କାର ମଧ୍ୟ ସେଠାରେ ଥାନ୍ତି, ଯେଉଁମାନେ ଆପଣଙ୍କ ପରି ମଣିଷ । ସେମାନଙ୍କ ଭିତରେ କୌଣସି ବିଶେଷ ଜିନିଷ ନଥାଏ । ସେଠାରେ ସମସ୍ତେ ଅନୁଶାସନରେ ରହିଥାନ୍ତି । ଆପଣ ମଧ୍ୟ ଅନୁଶାସନରେ ରହି ବୟାନ ଦେଇପାରିବେ ।

ବହୁତ ଲୋକ ଇଣ୍ଟରଭ୍ୟୁ ମଧ୍ୟ ଦିଅନ୍ତି । ଇଣ୍ଟରଭ୍ୟୁ ନେଉଥିବା ଲୋକେ ମଧ୍ୟ ଆପଣଙ୍କ ଭଳି ମଣିଷ ହୋଇଥାନ୍ତି । ଯାହାଙ୍କୁ ଆପଣ ବହୁତ ବିପଦଜ୍ଜନକ, ଭୟଙ୍କର ଓ ଖରାପ ଭାବନ୍ତି, ସେମାନେ ମଧ୍ୟ ସେତେଟା ମନ୍ଦଲୋକ ହୋଇନଥାନ୍ତି । ଆପଣଙ୍କ ମନ ଭିତରେ ଥିବା ଧାରଣା ଭଲ-ମନ୍ଦର କଳ୍ପନା କରିଥାଏ ।

ଏମିତି କିଛି କାମ ଥାଏ, ଯାହାକୁ କରିବାକୁ ପଡ଼ିଥାଏ, କିନ୍ତୁ ସେଥିରେ ଅନିଷ୍ଟ ହେବାର ଭୟ ଥାଏ, ଦୁର୍ଘଟଣା ଘଟିବାର ଭୟ ଥାଏ ଅଥବା ଅସଫଳତାର ଆଶଙ୍କା ଥାଏ । ଆପଣ ଭାବନ୍ତୁ ଯେ, ଦୁର୍ଘଟଣା, ଅନିଷ୍ଟ, ଅସଫଳତା ଯଦି ପ୍ରକୃତରେ ଆସିଲା ସେତେବେଳେ ମଧ୍ୟ ସାମ୍ନା କରିବାକୁ ପଡ଼ିବ, ତେବେ ପୂର୍ବରୁ କାହିଁକି ଡରିବା ?

ସ୍ନାୟୁଜନିତ ଚାପର ଅଧିକାଂଶ କାରଣ ଏହିଭଳି ଅସ୍ତିତ୍ୱ ନଥିବା ଜିନିଷର ହୋଇଥାଏ । ଯାହା ଘଟିବା ଅନିଶ୍ଚିତ ହୋଇଥାଏ । ଅଧିକାଂଶ କ୍ଲେଶ ତ' ଅଯଥା କଳ୍ପନା ଯୋଗୁ ହୋଇଥାଏ । ନିଜକୁ ସବୁବେଳେ ବ୍ୟସ୍ତ ରଖନ୍ତୁ ।

କୌଣସି ନା' କୌଣସି କାମରେ ଲାଗିରୁହନ୍ତୁ । ଚାପରୁ ମୁକ୍ତି ପାଇବାର ଏହା ଏକ ଉତ୍ତମ ଉପାୟ । ସଙ୍କଟରେ ଅନ୍ୟମାନଙ୍କୁ ସାହାଯ୍ୟ କରିବାର ଭାବନାକୁ ଜାଗ୍ରତ କରନ୍ତୁ । ଏହିଭଳି ପୁଣ୍ୟ ଅଥବା ପରୋପକାର ହେବ ଓ ଆପଣଙ୍କୁ ଚାପରୁ ମୁକ୍ତି ମଧ୍ୟ ମିଳିବ ।

ଛୋଟ-ଛୋଟ ଆଶଙ୍କା, ଭୟ ଓ ଚାପକୁ କମ୍ କରିବା ପାଇଁ ସାହସର ଆବଶ୍ୟକତା ହୋଇଥାଏ । ଆପଣ ମନକୁ ଟିକିଏ ମଜଭୁତ୍ କରି କୁହନ୍ତୁ- "ଏହା ମୋ ପାଇଁ ସାଧାରଣ କଥା, ଯେତେବେଳେକି ମୁଁ ଜଣେ ସବଳ ବ୍ୟକ୍ତି ଅଟେ... ଏହାଦ୍ୱାରା ଭଲା ମୋର କ'ଣ ବିଗିଡ଼ିପାରିବ ।"

ଏମିତି ଆତ୍ମବିଶ୍ୱାସଭରା କଥା କୁହନ୍ତୁ, ଏମିତି ବିଚାର ଆଣନ୍ତୁ, ମନ ଭିତରେ ଏମିତି ହିଁ ଚିନ୍ତନ କରନ୍ତୁ ।

ନିଜ ବିଶ୍ୱାସୀ ବନ୍ଧୁଙ୍କୁ ନିଜର ମନକଥା ଜଣାଇଦିଅନ୍ତୁ ଓ ମନକୁ ହାଲୁକା କରିଦିଅନ୍ତୁ । ବନ୍ଧୁ ଆପଣଙ୍କୁ ଭଲ ଉପଦେଶ ଦେଇପାରିବେ । ଆପଣଙ୍କୁ ସାହାଯ୍ୟ କରିପାରିବେ ଓ ଆପଣଙ୍କ ସାହସ ମଧ୍ୟ ବଢ଼ାଇପାରିବେ ।

ସାହସୀ ସିଦ୍ଧାନ୍ତ :

ସିଦ୍ଧାନ୍ତନିଷ୍ଠ ବ୍ୟକ୍ତି କେବେହେଲେ ସାହସର ସୀମା ପାର୍ କରେନାହିଁ । ସେ ବଡ଼ ସଙ୍କଟରେ ମଧ୍ୟ ଉଦ୍‌ବିଗ୍ନ ହୁଏନାହିଁ । ସୁତରାଂ ଆପଣ ମଧ୍ୟ କୌଣସି ସିଦ୍ଧାନ୍ତ ତିଆରି କରନ୍ତୁ ଓ ତାହାରି ଉପରେ ଚାଲନ୍ତୁ ।

ବୀର ଓ ସାହସୀ ବ୍ୟକ୍ତି ହିଁ ସିଦ୍ଧାନ୍ତ ତିଆରି କରନ୍ତି ଓ ତା' ଉପରେ ଚାଲନ୍ତି, ସେମାନେ ସମାଜରେ ଆଗୁଆ ଥାଆନ୍ତି, ସେମାନଙ୍କୁ ଲୋକେ ମନେପକାନ୍ତି ।

ଭଗବାନଙ୍କ ଉପରେ ଆସ୍ଥା ରଖୁଥିବା ବ୍ୟକ୍ତି ମଧ୍ୟ ଚାପମୁକ୍ତ ରହିଥାଏ । ଯେଉଁମାନେ ବିଶୁଦ୍ଧ ମନରେ ସ୍ୱୀକାର କରନ୍ତି ଯେ, ସେମାନେ ଭଗବାନଙ୍କ ଅଂଶ, ପରମେଶ୍ୱରଙ୍କ ପୁତ୍ର, ତାଙ୍କୁ କେବେ କୌଣସି ଜିନିଷ କିମ୍ବା ଆପତ୍ତିକୁ ଭୟ କରିବା ଦରକାର ପଡ଼େନାହିଁ ।

ସେମାନେ ନିର୍ଭୀକ ଓ ସାହସୀ ହୋଇଥାନ୍ତି ।

ସବୁ ଜିନିଷକୁ ହସି-ହସି ମୁକାବିଲା କରନ୍ତି ।

ତାଙ୍କର ବିଶ୍ୱାସ ଥାଏ ଯେ, ତାଙ୍କ ସହିତ ଭଗବାନଙ୍କ ଅଦୃଶ୍ୟ ଶକ୍ତି ଅଛି, ଯାହା ତାଙ୍କୁ ସାହାଯ୍ୟ କରୁଛି । ସେହି ଶକ୍ତିକୁ ଅନୁଭବ କରିବାର ଆବଶ୍ୟକତା ରହିଛି । ତାହା ସମସ୍ତଙ୍କ ସହିତ ରହିଛି ।

କିଛି ଲୋକ ଚାପମୁକ୍ତ ହେବାକୁ ଅଥବା ଦୁଃଖକୁ ଭୁଲିବା ପାଇଁ ମଦ ଭଳି ନିଶାଦ୍ରବ୍ୟ ବ୍ୟବହାର କରନ୍ତି, ଯାହା ନିତାନ୍ତ ଅନୁଚିତ ଏବଂ ହାନିକାରକ ଅଟେ । ମଦ, ଚାପ ଅଥବା ଦୁଃଖକୁ କମ୍ କରେନାହିଁ, ବରଂ ସ୍ନାୟୁବିଭାଗ ଉପରେ ଖରାପ ପ୍ରଭାବ ପକାଇଥାଏ । ପ୍ରତ୍ୟେକ ନିଶାଦ୍ରବ୍ୟ ଶରୀର ଓ ମନକୁ ଅସ୍ତବ୍ୟସ୍ତ ତଥା ଦୁର୍ବଳ କରିଦିଏ ।

ଅଙ୍ଗ ଶିଥିଳ ହୋଇଯାଏ । ହୃଦୟ ଦୁର୍ବଳ ହୋଇଯାଏ । ପାଚନତନ୍ତ୍ର ବିଗିଡ଼ିଯାଏ । ମସ୍ତିଷ୍କରେ ବିକୃତି ଆସିଯାଏ । ପାଖ ପଡ଼ିଶାରେ କେହି ନା' କେହି ମଦୁଆ ଥିବେ । ସେଥିରୁ ଆପଣ ନିଶାଦ୍ରବ୍ୟ ବ୍ୟବହାର କରୁଥିବା ବ୍ୟକ୍ତିଙ୍କ ପରିସ୍ଥିତି କିଭଳି ହୁଏ, ତାହା ଅନୁମାନ କରିପାରିବେ ।

ଚାପ ଓ ମାନସିକ ପୀଡ଼ା ସମୟରେ ଆପଣ ଖୋଲା ଆକାଶ ତଳେ ବିଶୁଦ୍ଧ ପବନ ଆହରଣ କରିପାରିବେ । ଦୀର୍ଘ ନିଶ୍ୱାସ ନିଅନ୍ତୁ... ଅଟକାଇ ରଖନ୍ତୁ... ବାହାର କରନ୍ତୁ ଓ ପୁଣିଥରେ ନିଶ୍ୱାସ ନିଅନ୍ତୁ । ଏହି ପ୍ରକ୍ରିୟା ଦ୍ୱାରା ଫୁସ୍‌ଫୁସ୍‌କୁ ବିଶୁଦ୍ଧ ପବନ ମିଳିବ । ସତେଜତାରେ ମନ ପ୍ରସନ୍ନ ହେବ । ମନ ବଶୀଭୂତ ହେବ ଓ ଚାପ ଉପରେ ମଧ୍ୟ ନିୟନ୍ତ୍ରଣ କରାଯାଇପାରିବ ।

ଆତ୍ମବିଶ୍ୱାସୀ, ଈଶ୍ୱରବିଶ୍ୱାସୀ ଓ ସାହସୀ ବ୍ୟକ୍ତି କେବେହେଲେ ଚାପଗ୍ରସ୍ତ ହୁଏନାହିଁ ।

୧୩. ଚିନ୍ତାରୁ ମୁକ୍ତି ପାଇବାର ଉପାୟ

ଚିନ୍ତାକୁ ଦୂର କରିବା ପାଇଁ ବାରମ୍ବାର ଚେଷ୍ଟା କରନ୍ତୁ ନାହିଁ । ସେ ବାରମ୍ବାର ଆକ୍ରମଣ କରିବ । ଏହା ସହିତ ଯେତେବେଳେ ଆପଣ ଚେତନ ମନର ଶାନ୍ତ, ସ୍ୱଚ୍ଛ ଆଲୋକରେ ଉଚିତ୍ ଢଙ୍ଗରେ ବ୍ୟବହାର କରିବେ ଓ ଏହାର ସାମ୍ନା କରିବେ, ସେତେବେଳେ ଏହା ଦୂର ହୋଇପାରିବ ।

ଜାଣିଶୁଣି କିଏ ଦୁଃଖ ଓ ଚିନ୍ତାରେ ଜଳିବାକୁ ଚାହେଁ ? ସମସ୍ତେ ଏହି ଚିତା ସମାନ ଚିନ୍ତାର ଅଗ୍ନିରୁ ମୁକ୍ତି ପାଇବାକୁ ଚାହାନ୍ତି । ମୁକ୍ତି ନପାଇ ପାରିବାର ଅନେକ କାରଣ ଥାଏ ଓ ଲୋକେ ଏହି ଅଗ୍ନିରେ ଜଳି ନଷ୍ଟ ହୁଅନ୍ତି ।

ଦୁଃଖ ଓ ଚିନ୍ତାର ପ୍ରମୁଖ କାରଣ ହେଉଛି ଆମେ ତା' ବିଷୟରେ ନିଶ୍ଚିତ ଚିନ୍ତନ କରନ୍ତି ଏହାପରେ ଦୁଃଖ ଓ ଚିନ୍ତା ଆହୁରି ବଢ଼ିଯାଏ । କେବଳ ଚିନ୍ତାକୁ ଦୂର କରିବା ବାବଦରେ ଚିନ୍ତନ କଲେ ମଧ୍ୟ ଏହା ବଢ଼ିଥାଏ ।

ଆପଣ ଚିନ୍ତା କାହିଁକି କରନ୍ତି ? ଚିନ୍ତାର ଆବଶ୍ୟକତା ହିଁ କାହିଁକି ପଡ଼ିଥାଏ ? କୌଣସି ଭୟ କାରଣରୁ ? ଯେମିତିକି- ରୋଗ, ଦାରିଦ୍ର୍ୟତା, କ୍ଷତି କିମ୍ବା ଅପ୍ରିୟ ଓ ମୃତ୍ୟୁର ଚିନ୍ତା ?

ଏଗୁଡ଼ିକ ମଧ୍ୟରୁ କିଛି ବି ହୋଇଥାଉ, ଏଗୁଡ଼ିକୁ ମନରୁ ବାହାର କରିବା ଉଚିତ । ପଛକୁ ଠେଲିଦେବା ଉଚିତ । କିନ୍ତୁ ଏମିତି ହୁଏନାହିଁ । ମନରୁ ଏଗୁଡ଼ିକୁ ଯେତେବେଳେ ଆପଣ ବାହାର କରିବାକୁ ଚେଷ୍ଟା କରିବେ, ତେବେ ଏଗୁଡ଼ିକ ଆହୁରି ଅଧିକ ପଶିବ । ଯେହେତୁ ଏକ ସାଧାରଣ ନିୟମ ହେଉଛି- ଯେଉଁ ଜିନିଷରୁ ମନକୁ ଦୂର କରିବାକୁ ଚେଷ୍ଟା କରାଯାଏ, ମନ ବାରମ୍ବାର ସେଥିରେ ଅଟକିଯାଏ ।

ସୁତରାଂ ଚିନ୍ତାକୁ ଦୂର କରିବା ପାଇଁ ବାରମ୍ବାର ଚେଷ୍ଟା କରନ୍ତୁ ନାହିଁ । ତାହା ବାରମ୍ବାର ଆକ୍ରମଣ କରିବ । ଏହା ସହିତ ଯେତେବେଳେ ଆପଣ ଚେତନ ମନର ଶାନ୍ତ, ସ୍ୱଚ୍ଛ ଆଲୋକରେ ଉଚିତ୍ ଢଙ୍ଗରେ ବ୍ୟବହାର କରିବେ ଓ ଏହାର ସାମ୍ନା କରିବେ, ସେତେବେଳେ ଏହା ଦୂର ହୋଇପାରିବ ।

ପ୍ରଥମେ ଦେଖନ୍ତୁ ଯେ, ଚିନ୍ତାର କାରଣ କ'ଣ ? ସେହି କାରଣକୁ ନଷ୍ଟ କରିଦିଅନ୍ତୁ । ଆର୍ଥିକ ଚିନ୍ତା ହୋଇଥିଲେ, ଶାନ୍ତ ମନରେ ଆୟ ବୃଦ୍ଧି କରିବାର ଉପାୟ ଭାବନ୍ତୁ । ନିଜର ବ୍ୟୟକୁ କେମିତି କମାଇବେ, ବଜେଟ୍‌ରେ କ'ଣ ହ୍ରାସ କରିବେ, ତାକୁ ବିଚାର କରନ୍ତୁ ।

କାହାର ମୃତ୍ୟୁର ଦୁଃଖ :

କେହି ମୃତ୍ୟୁବରଣ କଲେ ଆପଣ ଚିନ୍ତା ଅଥବା ଦୁଃଖ କରି ନିଜ ଶରୀର ଓ ମସ୍ତିଷ୍କର ସର୍ବନାଶ କାହିଁକି କରୁଛନ୍ତି ? ଧାର୍ମିକ ଗ୍ରନ୍ଥମାନଙ୍କ ସାରାଂଶ ହେଉଛି- ସମସ୍ତଙ୍କର ଦିନେ ନା ଦିନେ ମୃତ୍ୟୁ ହୋଇଥାଏ । ସୁତରାଂ ଏଥିରେ ଭୟଭୀତ ହେବା ଉଚିତ୍ ନୁହେଁ । କାହାର ମୃତ୍ୟୁରେ ଶୋକ-ସନ୍ତାପ କରିବା ଉଚିତ୍ ନୁହେଁ । ଅନେକ ଧର୍ମରେ ବିଶ୍ୱାସ ରହିଛି ଯେ, ଜୀବାତ୍ମା କେବେ ମରେନାହିଁ ବରଂ ତାହା ଆଉଥରେ ଜନ୍ମ ନିଏ । ଜୀବାତ୍ମା ଅମର ଅଟେ । ଆଉ ଗୋଟିଏ କଥା ହେଉଛି ଆପଣ ଯେତେ କାନ୍ଦିଲେ ମଧ୍ୟ ମରିଯାଇଥିବା ଲୋକ ଫେରିଆସେ ନାହିଁ । ତା' ପାଇଁ ନିଜକୁ କାହିଁକି ଜୀବନ୍ତ ଶବ କରୁଛନ୍ତି ?

କୌଣସି କାରଣରୁ ନିଜ ମୃତ୍ୟୁର ଭୟ ଅଛି :

ସେତେବେଳେ ମଧ୍ୟ ଉଦ୍‌ବିଗ୍ନ ହେବାର ଆବଶ୍ୟକ ନାହିଁ । ଯୀଶୁ ଶୂଳି ପାଇବା ସମୟରେ ମଧ୍ୟ ଅଧୀର ହୋଇନଥିଲେ । ତାଙ୍କର ମୃତ୍ୟୁ ନିଶ୍ଚିତ ଥିଲା । ଅଧିକାଂଶ ଲୋକ ହସି-ହସି ଫାଶୀ ଚଢ଼ିଯାଇଛନ୍ତି । ମୃତ୍ୟୁକୁ ଆଖିରେ ଦେଖି ମଧ୍ୟ ଚିନ୍ତିତ ହୋଇନାହାନ୍ତି । ଆପଣଙ୍କର ତ' କେବଳ ଆଶଙ୍କା ଅଛି । ଆପଣଙ୍କ ମୃତ୍ୟୁ ବର୍ତ୍ତମାନ ନିଶ୍ଚିତ ନୁହେଁ । ଆବଶ୍ୟକ ନୁହେଁ ଯେ, ଆପଣ ମରିଯିବେ । ଯାହା ଆପଣ ଭାବି ଡରୁଛନ୍ତି- ତାହା ମଧ୍ୟ ଘଟିବା ନିଶ୍ଚିତ ନୁହେଁ । ଆପଣଙ୍କର ସନ୍ଦେହ ଅମୂଳକ ହୋଇପାରେ, ତେବେ ଚିନ୍ତା କାହିଁକି କରୁଛନ୍ତି ।

ଏମିତି ପରିସ୍ଥିତିରେ କୌଣସି ବିଦ୍ୱାନ୍ ଅଥବା ବୁଦ୍ଧିମାନ ବନ୍ଧୁଙ୍କ ସହିତ ମଧ୍ୟ କଥାବାର୍ତ୍ତା ହୋଇପାରିବେ ।

ଆପଣ ବେକାର ଅଛନ୍ତି ?

ଆପଣ ବେରୋଜଗାର ଅଛନ୍ତି ଓ କୌଣସି କାମ ମିଳୁନାହିଁ, ସେତେବେଳେ ମଧ୍ୟ ଆପଣ

କୌଣସି ପ୍ରକାରର ଚିନ୍ତା ମନରେ ରଖନ୍ତୁ ନାହିଁ । ଚାକିରି କିମ୍ବା ରୋଜଗାର, ଚିନ୍ତାକଲେ ମିଳେନାହିଁ । ଏଥିପାଇଁ ଗମ୍ଭୀର ହୋଇ ବିବେକର ସହ ଚିନ୍ତନ କରିବାକୁ ପଡ଼ିବ । ଆତ୍ମବିଶ୍ୱାସ ବଜାୟ ରଖିବାକୁ ପଡ଼ିବ । ଆତ୍ମସମ୍ମାନକୁ ମଧ୍ୟ ହରାଇବା ଉଚିତ ନୁହେଁ । ସବୁବେଳେ ପ୍ରସନ୍ନ ରୁହନ୍ତୁ । ଚାକିରି ପାଇଁ ଚେଷ୍ଟା କରନ୍ତୁ । ସାଧନ ଯୋଗାଡ଼ କରନ୍ତୁ । ଚାକିରି ଅନ୍ୱେଷଣ କରନ୍ତୁ, ସବୁ ଠିକ୍ ହୋଇଯିବ ।

କଷ୍ଟ ଅଥବା ଚିନ୍ତାକୁ ବାଣ୍ଟନ୍ତୁ :

ଆପଣ ନିଜର ଚିନ୍ତା ଅଥବା କଷ୍ଟକୁ ଆପଣଙ୍କ ହିତାକାଂକ୍ଷୀଙ୍କୁ ଲୁଚାଇ ରଖନ୍ତୁ ନାହିଁ । ଏହାଦ୍ୱାରା ସେମାନେ ମଧ୍ୟ କଷ୍ଟ ପାଇବେ । ଆପଣଙ୍କର କ'ଣ ହୋଇଯାଇଛି ବୋଲି ଭାବି ସେମାନେ ଆଲୋଡ଼ିତ ହେବେ । ନିଜର କଷ୍ଟ ସେମାନଙ୍କୁ ଜଣାଇଦିଅନ୍ତୁ । ହୋଇପାରେ, ସେମାନଙ୍କ ପରାମର୍ଶ ଆପଣଙ୍କ ପାଇଁ ହିତକର ହେବ, କଷ୍ଟ ବାଣ୍ଟି ହୋଇଯିବ, ଦୁଃଖ ହାଲୁକା ହୋଇଯିବ । ସେମାନଙ୍କ ସହାନୁଭୂତି, ସହଯୋଗ ଓ ପ୍ରୋତ୍ସାହନ ଆପଣଙ୍କୁ ଚିନ୍ତାରୁ ମୁକ୍ତି ଦେଇପାରିବ । କୌଣସି ବିଚାର ଆପଣଙ୍କ ସମସ୍ୟାର ସମାଧାନ ପାଇଁ ବାଟ ଦେଖାଇପାରିବ ।

ଇଚ୍ଛା ଶକ୍ତିକୁ ବଜାୟ ରଖନ୍ତୁ :

ଯେତେ ଦୁଃଖ ଓ ଚିନ୍ତା ଥାଉନା କାହିଁକି, ଇଚ୍ଛାଶକ୍ତି କ୍ଷୀଣ ହେବାକୁ ଦିଅନ୍ତୁ ନାହିଁ । ଇଚ୍ଛାଶକ୍ତି ପ୍ରବଳ ହେଲେ ଆପଣଙ୍କ ଚିନ୍ତା ବହୁତ ଶୀଘ୍ର ପଳାଇଯିବ ।

ଧୈର୍ଯ୍ୟ ହରାନ୍ତୁ ନାହିଁ :

ଧୈର୍ଯ୍ୟବାନ୍‌ଙ୍କ ସାମ୍ନାରେ ଚିନ୍ତା ତିଷ୍ଠିପାରେ ନାହିଁ । ସେମାନେ ବଡ଼-ବଡ଼ ବିପତ୍ତିକୁ ଧୈର୍ଯ୍ୟର ସହ ସାମ୍ନା କରନ୍ତି । ଧୈର୍ଯ୍ୟବାନ୍ ଲୋକେ ଚିନ୍ତାକୁ ପରାସ୍ତ କରି ନିଜର ଦୃଢ଼ ଇଚ୍ଛାଶକ୍ତି ବଳରେ ସଙ୍କଟକୁ ଏଡ଼ାଇ ଆଗେଇଚାଲନ୍ତି ।

ଆଶାବାଦୀ ହୁଅନ୍ତୁ :

ଯେଉଁ ବ୍ୟକ୍ତି ନିରାଶାବାଦୀ ଅଟନ୍ତି, ସେମାନଙ୍କୁ ଚିନ୍ତା ମାଡ଼ିବସେ । ଆଶାବାଦୀ ଲୋକେ ଚିନ୍ତିତ ହୁଅନ୍ତି ନାହିଁ । ଆଶାବାଦୀ ବ୍ୟକ୍ତି ଜାଣିଛି ଯେ, ଦୁଃଖ ଅଳ୍ପ ସମୟ ପାଇଁ ଆସିଥାଏ । ସବୁବେଳେ ଅନ୍ଧାର ରୁହେନାହିଁ । ଅନ୍ଧାର ପରେ ଆଲୋକ ଆସିବା ସୁନିଶ୍ଚିତ, ଏହା ପ୍ରକୃତିର ନିୟମ ଅଟେ ।

ବ୍ୟକ୍ତିର ଉଦାସୀନତା ମନରେ କେବେ ପ୍ରସନ୍ନତା ରୁହେନାହିଁ । ସେ ସବୁ ଜିନିଷରେ ନିରାଶ ହୁଏ । ତାକୁ କେବେ କୌଣସି ଜିନିଷର ଆଶା ନଥାଏ । ସବୁ ଜିନିଷ ତାକୁ ଉଦାସ କରନ୍ତି । ଭଲ କଥାରୁ ମଧ୍ୟ ସେ ଦୋଷ ବାହାରକରେ ।

ଆଶାବାଦୀ ବ୍ୟକ୍ତି ପ୍ରସନ୍ନ ରହିଥାଏ । ଆନନ୍ଦିତ ହୁଏ । ତାକୁ ଭବିଷ୍ୟତର ଆଶା ଆନନ୍ଦିତ କରେ । ସେ ଭଲ କଥା ଚିନ୍ତା କରେ । ଉନ୍ନତି କରିବାରେ ବିଶ୍ୱାସ ରଖିଥାଏ । ସେ ଜାଣିଥାଏ ଯେ, ପରିଶେଷରେ ସେ ବିଜୟ ପ୍ରାପ୍ତ କରିବ ।

ସନ୍ତୁଷ୍ଟ ରୁହନ୍ତୁ :

ଭଗବାନ ଆପଣଙ୍କୁ ଏହି ସୁନ୍ଦର ଶରୀର ଦେଇଛନ୍ତି । ସୁସ୍ଥ ଅଙ୍ଗ ଦେଇଛନ୍ତି । ଆପଣ ସବୁ

କାମ କରିପାରିବେ । ଆପଣ ବହୁତ ବଡ଼-ବଡ଼ କାମ କରିପାରିବେ । ଆପଣଙ୍କ ଭିତରେ ଶକ୍ତି ଅଛି, ସାହସ ଅଛି । ଆପଣଙ୍କ ପାଖରେ ସବୁକିଛି ଅଛି । ଏହାସତ୍ତ୍ୱେ ଆପଣ କାହିଁକି ଅସନ୍ତୁଷ୍ଟ ହେଉଛନ୍ତି ?

ଯଦି କୌଣସି ଅଭାବ ଅଛି, ତେବେ ତାକୁ ପୂରଣ କରିବାକୁ ଚେଷ୍ଟା କରନ୍ତୁ । ଯେତିକି ଅଛି, ସେଥିପାଇଁ ଭଗବାନଙ୍କୁ ଧନ୍ୟବାଦ ଦିଅନ୍ତୁ । ସନ୍ତୋଷ ଆପଣଙ୍କୁ ଆଲୋକ ଦେଖାଇଥାଏ ।

ପ୍ରସନ୍ନ ରୁହନ୍ତୁ, ନିଜେ ହସନ୍ତୁ ଓ ଅନ୍ୟମାନଙ୍କୁ ହସାନ୍ତୁ ।

ଯାହା ବିତିଯାଇଛି, ତାକୁ ଭୁଲିଯାଆନ୍ତୁ । ଯେଉଁ ସମୟ ବିତିଯାଇଛି, ସେଥିରେ ଘଟିଥିବା ଘଟଣାଗୁଡ଼ିକ ମଧ୍ୟ ଘଟିସାରିଛି । ବର୍ତ୍ତମାନ ସେଗୁଡ଼ିକୁ ଭାବି କାନ୍ଦିଲେ ଲାଭ କ'ଣ ? କୌଣସି ବ୍ୟକ୍ତି ଆପଣଙ୍କୁ କେବେ ଅପମାନ ଦେଇଥିଲା କିମ୍ବା ଆପଣଙ୍କୁ ଅପମାନର ମିଛ ସମାଚାର ଦିଆଯାଇଛି, ତେବେ ଆପଣ ଚିନ୍ତା କରିବାକୁ ଲାଗନ୍ତି । ଆପଣଙ୍କ ଭିତରେ ପ୍ରତିଶୋଧର ଭାବନା ଜାଗ୍ରତ ହୁଏ । ପ୍ରତିଶୋଧର ଚିନ୍ତା ଆପଣଙ୍କୁ ବ୍ୟଥିତ କରେ । ତାକୁ ଆପଣ ଭୁଲିଯାଆନ୍ତୁ କିମ୍ବା କ୍ଷମା କରିଦିଅନ୍ତୁ । ଦେଖିବେ ଆପଣଙ୍କ ମନକୁ ବହୁତ ଶାନ୍ତି ମିଳିବ ।

ଦୁର୍ଭାଗ୍ୟବଶତଃ ଆପଣଙ୍କୁ ମଧ୍ୟ ଲୋକେ ବେଳେ-ବେଳେ କ୍ଷମା କରନ୍ତି ନାହିଁ । ସେମାନେ ମଧ୍ୟ ଚିନ୍ତାରେ ବୁଡ଼ି ରୁହନ୍ତି । ଚିନ୍ତିତ ରୁହନ୍ତି । ଏଭଳି ଲୋକଙ୍କୁ ଆପଣଙ୍କ ମାନବତା, ଆପଣଙ୍କ ସ୍ନେହ ଓ ଧୈର୍ଯ୍ୟ, କ୍ଷମା ଦେବାପାଇଁ ବାଧ୍ୟ କରିପାରେ ।

ଯାହା ବିତିଯାଇଛି, ତାକୁ ମନେରଖନ୍ତୁ ନାହିଁ, ସେ ବିଷୟରେ ଚିନ୍ତା କରନ୍ତୁ ନାହିଁ, ଯେହେତୁ ସେ ବିଷୟରେ ଚିନ୍ତା କଲେ କିଛି ଲାଭ ମିଳିବ ନାହିଁ ।

୧୪. ସ୍ନେହ ପାଇବା ପାଇଁ ସମର୍ପଣ କରନ୍ତୁ

ପ୍ରେମର ଜାଦୁ ବହୁତ ବଡ଼-ବଡ଼ କାରନାମା ଦେଖାଇପାରେ । ଶୁଆ ମଣିଷ ଭଳି କଥା କହିବା ଶିଖିଯାଏ । ସ୍ନେହ ବନ୍ଧନରେ ବନ୍ଧା ମଣିଷ ନିଜ ପ୍ରିୟଜନଙ୍କ ପାଇଁ ଜୀବନକୁ ମଧ୍ୟ ବାଜି ଲଗାଇଦିଏ ।

ପ୍ରେମ, ମଣିଷ ଜୀବନର ଏକ ମୁଖ୍ୟ ତତ୍ତ୍ୱ ତଥା ଅଙ୍ଗ ଅଟେ । ପ୍ରତ୍ୟେକ ବିପତ୍ତିରେ ଆପଣ ପ୍ରେମ ଦ୍ୱାରା ସହାୟତା ପାଇପାରିବେ । ଏହା ଏକ ସତ୍ୟନିଷ୍ଠ ସହଯୋଗୀ ଅଟେ । ପ୍ରେମରେ ଅସୀମ ଶକ୍ତି ଅଛି । ପ୍ରେମ ଦ୍ୱାରା ଏମିତି କାମ କରାଯାଇପାରେ, ଯାହାକୁ ଆପଣ ବିଶ୍ୱାସ କରିପାରିବେ ନାହିଁ । ପ୍ରେମ ଏକ ସ୍ୱାଭାବିକ ପ୍ରବୃତ୍ତି । ଏହା ଜୀବର ମୂଳ ପ୍ରବୃତ୍ତି ଅଟେ । ସମସ୍ତ ପ୍ରାଣୀଜଗତରେ ପ୍ରେମର ଭାବନା ଦେଖାଯାଏ । ସୃଷ୍ଟିର ରଚନାରେ ପ୍ରେମ ଏକ ମୂଳ ତତ୍ତ୍ୱ ଅଟେ । ପ୍ରେମ ନଥିଲେ ସୃଷ୍ଟି ଚାଲିପାରିବ ନାହିଁ ।

ଖାଲି ମଣିଷ ନୁହେଁ, ପଶୁ ମଧ୍ୟ ପ୍ରେମର ବଶବର୍ତ୍ତି ହୋଇଯାଆନ୍ତି । ନ୍ୟୁୟର୍କରେ ଏକ ମଠୁଆ ଓ ଜିଦ୍‌ଖୋର ଘୋଡ଼ାକୁ ତା' ମାଲିକ ସ୍ନେହ ଦ୍ୱାରା ବଶବର୍ତ୍ତି କରି ଏମିତି କାରନାମା ଦେଖାଇବା ଭଳି କରିଦେଲା ଯେ, ଲୋକେ ଦେଖି ବିସ୍ମିତ ହୋଇଗଲେ । ମାଲିକର ଆଜ୍ଞାରେ ଘୋଡ଼ା ଆଶ୍ଚର୍ଯ୍ୟଜନକ କାର୍ଯ୍ୟ କରିବା ଶିଖିଗଲା ।

ପ୍ରେମରେ କୁହୁକ ଶକ୍ତି ଅଛି :

ପ୍ରେମର କୁହୁକ, ବହୁତ ବଡ଼-ବଡ଼ କାରନାମା ଦେଖାଇପାରେ । ଶୁଆ ମଣିଷ ଭଳି କଥା କହିବା ଶିଖିଯାଏ । ସ୍ନେହ ବନ୍ଧନରେ ବନ୍ଧା ମଣିଷ ନିଜ ପ୍ରିୟଜନଙ୍କ ପାଇଁ ଜୀବନକୁ ମଧ୍ୟ ବାଜି ଲଗାଇଦିଏ । ପ୍ରେମିକ କିମ୍ବା ପ୍ରେମିକା ଚାଲିଗଲେ ଆତ୍ମହତ୍ୟା କରିଦିଏ । ଏହା ସାଧାରଣ ଘଟଣା ହୋଇଗଲାଣି । ଅଧିକାଂଶ ସ୍ତ୍ରୀଲୋକ ନିଜ ସ୍ୱାମୀଙ୍କ ମୃତ୍ୟୁ ପରେ ଜୀବିତ ରହିବାକୁ ପସନ୍ଦ କରନ୍ତି ନାହିଁ, ଶରୀର ତ୍ୟାଗ କରନ୍ତି ।

ଜଣେ ମହିଳା ମାଡ଼ ନମାରି ନିଜ ଛୁଆଙ୍କୁ ସୁଶୀଳ ଓ ଚରିତ୍ରବାନ୍ କରିଦେଲେ । ଲୋକେ କୁହନ୍ତି ଯେ, ଗେହ୍ଲା କଲେ ପିଲାମାନେ ବିଗିଡ଼ିଯାଆନ୍ତି । ଉକ୍ତ ମହିଳା ସ୍ନେହରେ ହିଁ ଛୁଆମାନଙ୍କୁ ଯୋଗ୍ୟ କରିଦେଲେ । ସେ ସ୍ନେହରେ ଅଭାବ ରଖିଲେ ନାହିଁ । ସେହି ଛୁଆମାନଙ୍କ ସ୍ୱଭାବରେ ଆଶ୍ଚର୍ଯ୍ୟଜନକ ବିକାଶ ହେଲା । ଉକ୍ତ ମହିଳାଙ୍କ ମାଡ଼ ଉପରେ ବିଶ୍ୱାସ ନଥିଲା । ତାଙ୍କ ବିଚାରରେ ଶାରୀରିକ ଦଣ୍ଡ ଦେବା ଭୁଲ୍, ସେ ସ୍ନେହ ଉପରେ ବିଶ୍ୱାସ କରୁଥିଲେ ।

ଶାରୀରିକ ଦଣ୍ଡ ଦେବାରେ ବିଶ୍ୱାସ କରୁଥିବା ପଡ଼ୋଶୀଙ୍କ ଉପରେ ମଧ୍ୟ ଏହାର ପ୍ରଭାବ ପଡ଼ିଲା ଓ ସେମାନଙ୍କୁ ନିଜ ବିଚାର ବଦଳାଇବାକୁ ପଡ଼ିଲା ।

ସେମାନଙ୍କୁ ଏହା ଦେଖି ଆଶ୍ଚର୍ଯ୍ୟ ଲାଗିଲା ଯେ, ଉକ୍ତ ମହିଳାଙ୍କ ପିଲାମାନଙ୍କର ପ୍ରଭାବ ପଡ଼ିଶା ଘରର ପିଲାଙ୍କ ଉପରେ ପଡ଼ିଲା ।

ପଡ଼ୋଶୀଙ୍କୁ ମାନିବାକୁ ପଡ଼ିଲା ଯେ, ସ୍ନେହଭରା ବ୍ୟବହାର ଦ୍ୱାରା ପିଲାଙ୍କ ଉପରେ ଭଲ ପ୍ରଭାବ ପଡ଼ିଥାଏ । ସଦ୍‌ବ୍ୟବହାର ଓ ସ୍ନେହପୂର୍ଣ୍ଣ ବ୍ୟବହାର ଦ୍ୱାରା ଯେକୌଣସି ବ୍ୟକ୍ତିର ଚରିତ୍ରକୁ ଉନ୍ନତ କରାଯାଇପାରେ ।

ପ୍ରେମର ଶକ୍ତି ପ୍ରବଳ ଅଟେ ।

ଏହି ଅସୀମ ଶକ୍ତିରେ ହିଁ ଶାନ୍ତି ଅଛି ।

ପ୍ରେମରେ ଆନନ୍ଦ ଓ ଶାନ୍ତି ଅଛି । ପ୍ରେମର ରାସ୍ତାରେ ଯେଉଁ ବ୍ୟକ୍ତି ଚାଲିଥାଏ, ସେ ଭଗବାନଙ୍କ ସହିତ ଏକାକାର ହୋଇପାରିବ । ସେ ପରମେଶ୍ୱରଙ୍କ ସ୍ୱରୂପର ଶକ୍ତି ଓ ପ୍ରେମକୁ ଅନୁଭବ କରିପାରିବ ।

ପ୍ରେମ ଦ୍ୱାରା ପ୍ରତ୍ୟେକ ବାଞ୍ଛିତ ବସ୍ତୁକୁ ପ୍ରାପ୍ତ କରାଯାଇପାରିବ, ସମସ୍ତ ମନୋକାମନା ପୂରଣ ହୋଇପାରିବ । ଯେତେବେଳେ ପ୍ରେମମୟ ହୋଇଯିବେ, ସେତେବେଳେ ସୃଷ୍ଟିକର୍ତ୍ତାଙ୍କ ସହ ଆପଣଙ୍କ ସମ୍ପର୍କ ହୋଇଯିବ । ଯିଏ ସମସ୍ତ ପ୍ରାଣୀଙ୍କୁ ସବୁକିଛି ଦିଅନ୍ତି । ତାଙ୍କ ସହିତ ସମ୍ପର୍କ ସ୍ଥାପନ ହେଲେ, ଆପଣଙ୍କର ଲାଭ ହିଁ ଲାଭ । ଆପଣ ଯାହା ଚାହିବେ ସେଇୟା ମିଳିଯିବ ।

ପ୍ରେମ ସାହାଯ୍ୟରେ ଆପଣ ସମସ୍ତଙ୍କ ଦୁଃଖ ଓ କଷ୍ଟ ଉପରେ ବିଜୟ ହାସଲ କରିପାରିବେ । ଯଦି ଆପଣ କୌଣସି କାରଖାନା ଚଳାଉଛନ୍ତି । ଆପଣଙ୍କ କର୍ମକର୍ତ୍ତାମାନେ ଧର୍ମଘଟ କରିବା ପାଇଁ ନୋଟିସ୍ ଦେଇଛନ୍ତି । ଉତ୍ପାଦନ ବନ୍ଦ ହେବାକୁ ବସିଛି । ବଜାରରେ ଆପଣଙ୍କ ଉତ୍ପାଦନର ଚାହିଦା ରହିଛି, ଅଧିକ ବିକ୍ରିର ସୁଯୋଗ ସେହି ସମୟରେ ବହୁତ କଷ୍ଟରେ ଆସିଛି, ଯାହା ବେକାର ହୋଇଯିବ । ଏହି ସଙ୍କଟ ଆପଣଙ୍କ ମୁଣ୍ଡ ଉପରେ ରହିଛି । ଆପଣଙ୍କ ବ୍ୟବସାୟ ବିପଦରେ

ଅଛି । ଏଭଳି ସଙ୍କଟରେ ଯଦି ଆପଣ ପ୍ରେମମୟ ହୋଇଯିବେ, ଆପଣ ସଚ୍ଚୋଟତାର ସହିତ କର୍ମଚାରୀଙ୍କ ଦାବି ଉପରେ ବିଚାର କରିବେ, ସେମାନଙ୍କ ହିତ କଥା ବୁଝିବେ, ତେବେ ସେମାନଙ୍କ ସହ ସିଧା ସମ୍ପର୍କ କରନ୍ତୁ । ଯଦି ଉଚିତ୍ ଦାବି ଥିବ, ତେବେ ପୂରଣ କରିଦିଅନ୍ତୁ । ଅନୁଚିତ ଦାବି ଥିଲେ, ସେ ବିଷୟରେ ସେମାନଙ୍କୁ ବୁଝାନ୍ତୁ । ଆପଣଙ୍କ ମନରେ ଯଦି ବିଶୁଦ୍ଧ ପ୍ରେମ ଅଛି, ସହାନୁଭୂତି ଅଛି, ପ୍ରତାରଣା ନାହିଁ, ତେବେ ସେହି ଲୋକମାନେ ଆପଣଙ୍କ କଥା ମାନିବେ, ଆପଣଙ୍କ ସ୍ନେହ ସେମାନଙ୍କ ହୃଦୟ ଜିତିବ ।

ମନରେ ଉଠୁଥିବା ସମସ୍ତ କୁବିଚାରକୁ ପ୍ରେମ ନଷ୍ଟ କରିପାରିବ । ଯଦି ମନରେ ପ୍ରେମପୂର୍ଣ୍ଣ ବିଚାର ସଂଚାର ହୋଇଯିବ, ତେବେ ବାସନାତ୍ମକ ବିଚାର ଲୋପ ପାଇଯାଏ । ପ୍ରେମ, ବାସନା ଠାରୁ ଅଲଗା ଜିନିଷ । ସ୍ୱାମୀ-ସ୍ତ୍ରୀଙ୍କ ଭିତରେ ମଧ୍ୟ ପ୍ରେମ ଯେତିକି ଗମ୍ଭୀର ଓ ଅଧିକ ହେବ ସେମାନେ ସେତିକି ବାସନାଠାରୁ ଦୂରେଇଯିବେ ।

ମା'ର ସ୍ପର୍ଶ ପାଇ କାନ୍ଦୁଥିବା ଶିଶୁ କାହିଁକି ଚୁପ୍ ହୋଇଯାଏ ? ଯେଉଁ ଶିଶୁ ଅବୋଧ ଅଟେ, କିଛି ଜାଣେନାହିଁ । ସେହି ଶିଶୁ ଅନ୍ୟର କୋଳରେ କାନ୍ଦେ, କିନ୍ତୁ ମା' କୋଳକୁ ଆସିବା କ୍ଷଣି ଶାନ୍ତ ହୋଇଯାଏ । ଏହା ପ୍ରେମର କରାମତି ଅଟେ । ଶିଶୁର ହୃଦୟରେ ମା'ର ସ୍ନେହର ଛାପ ରହିଥାଏ । ସୁତରାଂ ଆପଣ ଶିଶୁକୁ ଅଧିକ ସ୍ନେହ କରନ୍ତୁ । ଶିଶୁକୁ କେବେ ଶାରୀରିକ ଦଣ୍ଡ ଦିଅନ୍ତୁ ନାହିଁ । ଶିଶୁର ଉଚିତ୍ ମାର୍ଗଦର୍ଶନ କରନ୍ତୁ । ତା' ମନରେ ଦୁଷ୍ଟ ବିଚାର ଓ କାଳ୍ପନିକ ଭୟ ପ୍ରବେଶ କରିବାକୁ ଦିଅନ୍ତୁ ନାହିଁ । ପିଲାଙ୍କ ସାମ୍ନାରେ କେବେହେଲେ ଦୁର୍ବଳତା, ପରାଜୟ, ଉଦାସୀନତା, କ୍ରୋଧ, ଘୃଣା ଓ ଈର୍ଷାର କଥା କୁହନ୍ତୁ ନାହିଁ । ତାଙ୍କ ସମ୍ମୁଖରେ ସବୁବେଳେ ଉତ୍ସାହ, ପ୍ରେମ, ସହାନୁଭୂତି, ଉନ୍ନତି ଓ ଆଦର୍ଶର କଥା କୁହାଯିବା ଉଚିତ । ଏହାଦ୍ୱାରା ପିଲାମାନଙ୍କ ଆତ୍ମବଳ ବଢ଼ିଥାଏ । ସେମାନଙ୍କ ମନ ସବୁବେଳେ ଆନନ୍ଦ ଓ ଉତ୍ସାହ, ସନ୍ତୋଷ ଓ ପ୍ରେମରେ ଭରପୂର୍ ରହିବ । ଏମିତି ଚିନ୍ତାଧାରା ଥିବା ବାଳକ କେବେ ଅସଫଳ ଏବଂ ଦୁଃଖିତ ହୁଏନାହିଁ ।

ଭୁଲ୍ ଢଙ୍ଗରେ ପ୍ରତିପାଳିତ ବାଳକର ବିକାଶ ତଦନୁସାରେ ହୋଇଥାଏ ।

ଉଦାସୀନତା ଓ ଘୃଣା, ପରାଜୟର କଥା ଶୁଣୁଥିବା ପିଲାଙ୍କ ବିଚାର ଏହିଭଳି ହୋଇଯାଏ ଓ ଏମିତି ବାଳକଙ୍କ ମନ ମଇଳା ହୋଇଯାଏ, ଫଳତଃ ସେମାନଙ୍କ ଭବିଷ୍ୟତ ଅନ୍ଧକାରମୟ ହୋଇଯାଏ ।

ସ୍ନେହ ବାଣ୍ଟନ୍ତୁ :

ଯେଉଁ ବାଳକଙ୍କ ମନ ଆରମ୍ଭରୁ ଘୃଣା, କ୍ରୋଧ, ଈର୍ଷା, ଦ୍ୱେଷ ଆଦି ଦୁର୍ଗୁଣ ଆଡ଼କୁ ଆକର୍ଷିତ କରିଦିଆଯାଏ, ସେମାନେ କେବେ ଯୋଗ୍ୟ ହୋଇପାରିବେ ନାହିଁ । ସେମାନେ ମହାନ୍ ହୋଇପାରିବେ ନାହିଁ, ସେମାନଙ୍କ ଭବିଷ୍ୟତ ଉଜ୍ଜ୍ୱଳ ହୋଇପାରିବ ନାହିଁ ।

ଯେଉଁ ଲୋକଙ୍କୁ ଆଜି ଆମେ ବର୍ବର ଅପରାଧୀ ରୂପେ ଦେଖୁଛୁ, ଯାହାଙ୍କ ନାମରେ ଲୋକେ ଭୟଭୀତ ହୁଅନ୍ତି, ସେମାନେ ବଡ଼-ବଡ଼ ଅପରାଧ କରିବାକୁ ପଛଘୁଞ୍ଚା ଦିଅନ୍ତି ନାହିଁ । ଏମିତି ଲୋକଙ୍କ ଛୋଟବେଳ କାହାଣୀ ଖୋଜିଲେ ଆପଣ ଜାଣିବାକୁ ପାଇବେ ଯେ, ସେମାନଙ୍କୁ ସ୍ନେହ ମିଳିନାହିଁ । ସେମାନଙ୍କୁ ଭଲପାଇବା ଶିଖାଯାଇ ନାହିଁ । ଅଧିକାଂଶ ଏମିତି ଅଛନ୍ତି ଯେଉଁମାନଙ୍କୁ

ଶୈଶବରେ ହିଁ ଘୃଣା କରିବା ଶିଖାଯାଇଛି । ଜିଦି, କ୍ରୋଧ ଓ ପ୍ରତିରୋଧର କଥା ଶିଖି-ଶିଖି ସେମାନେ ବଡ଼ ହୋଇଛନ୍ତି ।

ଯୋଗ୍ୟ ଅଧ୍ୟାପକ ଅଥବା ମାତା-ପିତା, ବାଳକ ମନରେ ଦିବ୍ୟ-ଆଲୋକ ଦେଇପାରିବେ । ଯଦି ସେମାନେ ନିଜେ ଠିକ୍ ଚିନ୍ତନ କରୁଥିବେ, ସଦ୍ ଆଚରଣ କରୁଥିବେ । ପିଲାମାନଙ୍କ ଉପରେ ସେମାନଙ୍କ ଚରିତ୍ରର ପ୍ରଭାବ ପଡ଼ିଥାଏ । ପିତା-ମାତା ଓ ଗୁରୁଜନମାନେ ଉଚ୍ଚ ଆଦର୍ଶର ହୋଇଥିଲେ, ପିଲାମାନଙ୍କ ଉପରେ ମଧ୍ୟ ଉତ୍ତମ ପ୍ରଭାବ ପଡ଼ିଥାଏ । ଏକ ବାଲୁଙ୍ଗା, ଉଦ୍ଧତ ଓ ଦୁଷ୍ଟ ବାଳକକୁ ମଧ୍ୟ ଜଣେ ଯୋଗ୍ୟ ଅଧ୍ୟାପକ ଭଲ ମାର୍ଗକୁ ଆଣିପାରିବେ ।

ଯେଉଁ ପିଲାମାନଙ୍କୁ ମାତା-ପିତା ଓ ଗୁରୁଜନଙ୍କ ସ୍ନେହ, ସହାନୁଭୂତି ଓ ପ୍ରୋତ୍ସାହନ ମିଳିଥାଏ, ସେମାନଙ୍କ ମଧ୍ୟରେ ଆତ୍ମବିଶ୍ୱାସ ସଂଚାର ହୋଇଥାଏ ।

ଆତ୍ମବିଶ୍ୱାସ ବଢ଼ିବା ଦ୍ୱାରା ବାଳକର ସନ୍ଦେହ, ଭୟ ଓ କମ୍ ଅକଲର ଅଭିଯୋଗ ଦୂର ହୋଇଯାଏ । ପ୍ରେମପୂର୍ଣ୍ଣ ବ୍ୟବହାର ଓ ପ୍ରୋତ୍ସାହନ, ବାଳକର ଜୀବନ ବଦଳାଇଦିଏ । ଏହାଦ୍ୱାରା ବାଳକର ବିଶ୍ୱାସ ଜାଗ୍ରତ ହୋଇଥାଏ ।

ଯେଉଁ ମାତା-ପିତା, ସନ୍ତାନଙ୍କୁ ସ୍ନେହରେ ଦୁଇପଦ ମିଠା କଥା କହିପାରନ୍ତି ନାହିଁ, ସବୁବେଳେ ଗାଳି ଦିଅନ୍ତି, ତାଙ୍କୁ "ହତଭାଗ୍ୟ" ଓ "ଅକାମିକା" କୁହନ୍ତି, ସେମାନେ ସେହି ପିଲାମାନଙ୍କ କୋମଳ ଭାବନାକୁ ଆଘାତ ଦିଅନ୍ତି । ଏହାଦ୍ୱାରା ପିଲାମାନଙ୍କ ମନ ଉପରେ ଖରାପ ପ୍ରଭାବ ପଡ଼ିଥାଏ । ପିଲାମାନଙ୍କ ବିକାଶ ଅଟକିଯାଏ କିମ୍ବା ସେମାନେ ଅନ୍ୟ ଦିଗକୁ ଚାଲିଯାଆନ୍ତି । ସେମାନେ ଉନ୍ନତି କରିପାରିବେ ନାହିଁ । ଏଭଳି ପିଲାମାନେ ଭୟଙ୍କର ଓ ନିଷ୍ଠୁର, ନରହନ୍ତା ଭଳି ଅପରାଧୀ ହୋଇ ବାହାରନ୍ତି ।

ଯେତେବେଳେ ପିଲାମାନଙ୍କ ରଚନାତ୍ମକ ପ୍ରବୃତ୍ତି ଲୋପ ପାଇଯାଏ, ସେତେବେଳେ ତାଙ୍କ ଉପରେ ଏଭଳି ଶବ୍ଦର ପ୍ରଭାବ ପଡ଼ିଥାଏ । ତୀକ୍ଷ୍ଣ ବୁଦ୍ଧି ଥିବା ପିଲାମାନଙ୍କୁ ମଧ୍ୟ ଏଭଳି ନିରୁତ୍ସାହିତ କରୁଥିବା କଥା କୁହାଗଲେ ସେମାନେ ଲଜ୍ଜିତ ହୋଇଯାଆନ୍ତି ।

ସେମାନଙ୍କ ସ୍ୱାଭାବିକ ବିକାଶ ହୋଇପାରେ ନାହିଁ ।

ବାଳକ ବୁଝିନିଏ ଯେ, ସେ ପ୍ରକୃତରେ ମୂର୍ଖ ଓ ଅଯୋଗ୍ୟ । ମନୋବୈଜ୍ଞାନିକଙ୍କ କହିବାନୁସାରେ ପିଲାମାନଙ୍କ ଉପରେ ଶାରୀରିକ ଦଣ୍ଡ, ଧମକାଇବା ଓ କଠିନ ଅଥବା ନିରୁତ୍ସାହିତ କରୁଥିବା କଥା ଦୁଷ୍ପ୍ରଭାବ ପକାଇଥାଏ ଏବଂ ସ୍ନେହପୂର୍ଣ୍ଣ ବ୍ୟବହାର, ପ୍ରୋତ୍ସାହନ ଓ ପ୍ରଶଂସାଭରା କଥା ଉତ୍ତମ ପ୍ରଭାବ ପକାଇଥାଏ ।

ଯେଉଁ ଅଧ୍ୟାପକମାନେ ପିଲାମାନଙ୍କୁ ସ୍ନେହ କରନ୍ତି, ଯାହାଙ୍କ ବ୍ୟବହାରରେ ମଧୁରତା ଥାଏ, ସେହି ଅଧ୍ୟାପକଙ୍କୁ ପ୍ରକୃତରେ ପିଲାମାନେ ଗୁରୁ ବୋଲି ଭାବି ଶ୍ରଦ୍ଧାରେ ମୁଣ୍ଡ ନୁଆଁନ୍ତି ଓ ସେମାନଙ୍କ ପାଇଁ ବହୁତ କିଛି ତ୍ୟାଗ କରିବାକୁ ପ୍ରସ୍ତୁତ ହୋଇଯାଆନ୍ତି ।

କିଛି ପିଲା ମାତା-ପିତାଙ୍କ କଥା ମାନନ୍ତି ନାହିଁ । ସେମାନେ ତାଙ୍କ କଥାରେ ଚାଲନ୍ତି ନାହିଁ । ମାତା-ପିତାଙ୍କ ପାଇଁ କୁସନ୍ତାନ ପାଲଟିଯାଆନ୍ତି । ପିଲାମାନଙ୍କ ପାଖରୁ ଏଭଳି ସ୍ୱଭାବ ଅଥବା ଦୁର୍ଗୁଣ ସେହି ମାତା-ପିତା ଦୂର କରିପାରିବେ, ଯେଉଁମାନେ ସ୍ନେହ କରିବା ଜାଣନ୍ତି । ପିଲାମାନଙ୍କ

ଉପରେ ଅନାବଶ୍ୟକ ଓ କଠୋର ପ୍ରତିବନ୍ଧକ ଲଗାନ୍ତୁ ନାହିଁ । ସେମାନଙ୍କୁ ଏଭଳି ଭାବେ ଶିକ୍ଷା ଦିଅନ୍ତୁ ଯେ, ସେମାନେ ସ୍ୱତନ୍ତ୍ର ରୂପେ ନିଜର ବିକାଶ କରିପାରିବେ ।

ସେମାନେ କୌଣସି ଏମିତି କାମ ନକରନ୍ତୁ, ଯେଉଁଥିରେ କ୍ଷତି ହେବା ସହିତ ଅପଯଶ ମିଳିଥାଏ । ଯେଉଁଥିରୁ ସେମାନେ ନିଜ ଜୀବନ ଉପରେ କୁପ୍ରଭାବ ପକାଉଥିବା କଥା ନଶିଖନ୍ତୁ । ଦକ୍ଷ ଓ ଯୋଗ୍ୟ ମାତା-ପିତା, ନିଜ ସନ୍ତାନଙ୍କୁ ଏଭଳି ଶିକ୍ଷା ନିଶ୍ଚିତ ଦେଇଥାନ୍ତି ।

ଆପଣ ପିଲାଙ୍କୁ ଡରାଇ ପାରିବେ, ତାଙ୍କ ହୃଦୟରେ ଭୟ ଉତ୍ପନ୍ନ କରିପାରିବେ । କିନ୍ତୁ ବିନା ସ୍ନେହରେ ଆପଣ ପିଲାମାନଙ୍କ ହୃଦୟ ଜିତିପାରିବେ ନାହିଁ । ସେମାନଙ୍କ ହୃଦୟ ଜିତିବା ପାଇଁ ସ୍ନେହର ଆବଶ୍ୟକତା ଥାଏ ।

ଖେଳ-କୁଦ ହେଉଛି ପିଲାମାନଙ୍କ ସ୍ୱାଭାବିକ ପ୍ରବୃତ୍ତି ।

ବୈଚାରିକ ସ୍ୱତନ୍ତ୍ରତା :

ଅଧିକାଂଶ ଲୋକ ପିଲାମାନଙ୍କୁ ଖେଳିବାକୁ ଛାଡ଼ନ୍ତି ନାହିଁ । ଛୋଟ ପିଲାମାନେ ଲୁଚି-ଛପି ଖେଳିବା ପାଇଁ ଯାଆନ୍ତି । ମା'-ବାପା, ପରେ ସେମାନଙ୍କୁ ଗାଳିଦିଅନ୍ତି । ଭଲ-ମନ୍ଦ କୁହନ୍ତି, କିନ୍ତୁ ଏହା ଅନୁଚିତ ଅଟେ । ଏହାଦ୍ୱାରା ପିଲାମାନଙ୍କ ବିକାଶ ଅଟକିଯାଏ ।

ଖେଳ-କୁଦରେ ପିଲାମାନଙ୍କର ଆଗ୍ରହ ଥାଏ । ଏଥିରୁ ସେମାନଙ୍କୁ ବାରଣ କରନ୍ତୁ ନାହିଁ । ବରଂ ସ୍ନେହରେ ପ୍ରୋତ୍ସାହନ ଦିଅନ୍ତୁ । ବାରଣ କରି ସେମାନଙ୍କ ଆନନ୍ଦମୟ ଜୀବନକୁ ନଷ୍ଟ କରନ୍ତୁ ନାହିଁ । ସେମାନଙ୍କୁ ସବୁବେଳ ପାଇଁ ନିରୁତ୍ସାହ ଓ ବିନୀତ କରନ୍ତୁ ନାହିଁ ।

ଯେଉଁ ବାଳକ ମନରେ ଆରମ୍ଭରୁ ଆଶାବାଦ ଓ ଆନନ୍ଦ ଭାବନାର ଛାପ ପଡ଼େ, ତା'ର ଭବିଷ୍ୟତ ସୁନ୍ଦର ହେବ ।

ସେ ଆଶାବାଦୀ ଓ ଆନନ୍ଦିତ ହେବ ।

ଯେଉଁ ପିଲାମାନଙ୍କୁ ଅସ୍ୱାସ୍ଥ୍ୟକର ଓ ରୋଗୀର ଭାବନା ମିଳିଥାଏ, ସେମାନେ ରୋଗିଣା ହୋଇଯାଆନ୍ତି । ସେମାନଙ୍କ ମନରେ ଏହି ବିଚାର ରହିଯାଏ ଯେ, ଶରୀରକୁ ରୋଗ ନିଶ୍ଚୟ ଆକ୍ରାନ୍ତ କରିବ ।

ରୋଗର କାରଣ ହେଉଛି ଭୟ । ଏହି ଭୟ ଦୂରହେବା ଉଚିତ ।

ଭଗବାନ ମଣିଷକୁ ଆନନ୍ଦ ଭୋଗ କରିବା ପାଇଁ ପଠାଇଛନ୍ତି ।

ପିଲାମାନଙ୍କ ସ୍ୱଭାବ ହେଉଛି, ସେମାନେ ଅତି ଶୀଘ୍ର ବିଶ୍ୱାସ କରିନିଅନ୍ତି । ପିଲାମାନଙ୍କ କୋମଳ ବୁଦ୍ଧିରେ ପ୍ରତ୍ୟେକ କଥାର ପ୍ରଭାବ ଶୀଘ୍ର ପଡ଼ିଥାଏ । ହସ-କୌତୁକରେ କୌଣସି କଥା କୁହାଯାଇଥିଲେ ମଧ୍ୟ ପିଲାମାନେ ତା' ଉପରେ ବିଶ୍ୱାସ କରିନିଅନ୍ତି ।

ସେମାନଙ୍କୁ ଯେମିତି କୁହାଗଲେ ମଧ୍ୟ ସେମାନେ ସତ ଭାବନ୍ତି, ସେହି କଥାଗୁଡ଼ିକ ତାଙ୍କ ଜୀବନ ପାଇଁ ଭବିଷ୍ୟତରେ ପୀଡ଼ାଦାୟକ ଅଥବା ମନୋରମ ହୋଇଥାଉନା କାହିଁକି ।

ଯେଉଁ ଲୋକେ ହସି-ହସି ବଞ୍ଚିବାକୁ ଚାହାନ୍ତି, ଜୀବନସାରା ଆନନ୍ଦ ପାଇବାକୁ ଚାହାନ୍ତି, ଆନନ୍ଦିତ ରହିବାକୁ ଚାହାନ୍ତି, ସେମାନଙ୍କୁ ନିଜ ଜୀବନ ବ୍ୟସ୍ତ ଓ ଆନନ୍ଦମୟ କରିବା ଉଚିତ, ଏଥିସହ ନିଜ ସନ୍ତାନମାନଙ୍କୁ ମଧ୍ୟ ଏମିତି ଶିକ୍ଷା ଦିଅନ୍ତୁ ଯେ, ସେମାନେ ସ୍ନେହ କରିବା ଶିଖନ୍ତୁ, ସ୍ନେହ ପାଇବା ଶିଖନ୍ତୁ । ସ୍ନେହ କରନ୍ତୁ ଓ ପ୍ରତିବଦଳରେ ସ୍ନେହ ପାଆନ୍ତୁ ।

ସ୍ନେହ ବଦଳରେ ସ୍ନେହ ହିଁ ମିଳିଥାଏ ।

ଯେଉଁଭଳି କୂଅରୁ ପ୍ରତିଧ୍ୱନି ବାହାରିଥାଏ, ସେହିଭଳି ସ୍ନେହ କଲେ ସ୍ନେହ ପ୍ରାପ୍ତ ହୁଏ । ପିଲାମାନଙ୍କୁ ସ୍ନେହ କଲେ, ସେମାନେ ଆପଣଙ୍କୁ ସ୍ନେହ ଓ ସମ୍ମାନ ଫେରାଇବେ । ପିଲାମାନଙ୍କୁ ସ୍ନେହର ଶିକ୍ଷା ଦେଲେ, ସେମାନେ ବଡ଼ ହୋଇ ସମାଜର ପ୍ରୟୋଜନୀୟ ଅଙ୍ଗ ହେବେ ।

ଆପଣ ନିଜେ ମଧ୍ୟ ପ୍ରେମଗୀତ ଶିଖିଯାଆନ୍ତୁ । ଏହା ଏମିତି ଗୀତ ଯାହାର ସ୍ୱର ଏତେ ମାଦକ ଯେ, ଯେକେହି ନାଚିପାରିବ ।

ସିଂହ ଭଳି ହିଂସ୍ର ପଶୁ ମଧ୍ୟ ସ୍ନେହରେ ବଶୀଭୂତ ହେବା ଦେଖାଯାଇଛି । ପ୍ରେମର ଶକ୍ତି ଦ୍ୱାରା ପଶୁକୁ ନିଜର ଶୁଭଚିନ୍ତକ ଓ ରକ୍ଷକ କରାଯାଇପାରିବ ।

ଏଣ୍ଡ୍ରୋକ୍ଲୀଜ ହିଁ ସ୍ନେହ ଦ୍ୱାରା ସିଂହର ପଞ୍ଝାରୁ କଣ୍ଟା ବାହାର କରିଥିଲେ । ସିଂହ ତାଙ୍କର ବନ୍ଧୁ ହୋଇଯାଇଥିଲା । ପ୍ରେମର ମହାନ୍ ଶକ୍ତି ସେହି ହିଂସ୍ର ନରଖାଦକର ହୃଦୟ ଜିତିଥିଲା ଓ ସେ ଏଣ୍ଡ୍ରୋକ୍ଲୀଜଙ୍କ ବନ୍ଧୁ ହୋଇଯାଇଥିଲା ।

ଆପଣ ଯେଉଁ ସମାଜରେ ରହୁଛନ୍ତି, ସେଥିରେ ପ୍ରତି ପାଦରେ ଏମିତି ସମୟ ଆସେ, ଯେତେବେଳେ କୌଣସି ନା' କୌଣସି ସମସ୍ୟା ଆସିଯାଏ, ସେହି ସମସ୍ୟାକୁ ସମାଧାନ କରିବା ପାଇଁ ପ୍ରେମ ହିଁ ଆପଣଙ୍କୁ ସାହାଯ୍ୟ କରିପାରିବ ।

କାହା ସହିତ ଆପଣଙ୍କ ଶତ୍ରୁତା ହୋଇଗଲା... ଝଗଡ଼ା ହୋଇଯାଇଛି । ତେବେ ଆପଣ ବାରମ୍ବାର ଚିନ୍ତା କରନ୍ତି ଯେ, ସେ ଆପଣଙ୍କର କିଛି ନା କିଛି ଅନିଷ୍ଟ କରିବ ଅଥବା ଆପଣ ତା'ର ଅନିଷ୍ଟ କରିବାକୁ ଚାହୁଁଛନ୍ତି ।

ଏହି ଭାବନା ଦ୍ୱାରା ଶତ୍ରୁତା ବଢ଼ିଚାଲିବ, ଆପଣଙ୍କ ବିଚାରର ତରଙ୍ଗ ତାକୁ ମଧ୍ୟ ପ୍ରଭାବିତ କରିବ । ଆପଣ ଯାହା ଭାବିବେ, ସେ ସେଇୟା ଭାବୁଥିବା ପାଇବେ ।

ଆପଣ କ୍ଷମାର ଭାବନା ଜାଗ୍ରତ କରନ୍ତୁ । ଆପଣ ତାକୁ ହୃଦୟରୁ କ୍ଷମା କରିଦିଅନ୍ତୁ ଓ ମନରେ କୌଣସି ମଇଳା ରହିବାକୁ ଦିଅନ୍ତୁ ନାହିଁ ।

ଆପଣଙ୍କ ମନ ନିର୍ମଳ ଓ ସ୍ୱଚ୍ଛ ହୋଇଯିବ । ଯଦି ତା'ର ବିଚାର ସ୍ନେହପୂର୍ଣ୍ଣ ହୋଇଯାଏ, ତେବେ ସେ ମଧ୍ୟ ଆପଣଙ୍କୁ ହୃଦୟରୁ କ୍ଷମା କରିଦେବ । ତା' ମନ ମଧ୍ୟ ନିର୍ମଳ ହୋଇଯିବ । ସୁତରାଂ ଭଲପାଇବା ଶିଖନ୍ତୁ ।

କ୍ଷମା ଓ ସ୍ନେହ ଅମୋଘ ଅସ୍ତ୍ର ଅଟନ୍ତି । ଯୀଶୁଖ୍ରୀଷ୍ଟ, ଗାନ୍ଧୀ ଓ ମହାବୀରଙ୍କ ପାଖରେ ଏହି ଅସ୍ତ୍ର ଥିଲା, ଏହାଦ୍ୱାରା ସେମାନେ ବିଶ୍ୱର ହୃଦୟ ଜିତିଥିଲେ ।

ଆପଣ ମଧ୍ୟ ନିଜ ଭିତରେ ଥିବା ପ୍ରେମ ପ୍ରବୃତ୍ତିକୁ ଉଚିତ୍ ଦିଗରେ ବିକାଶ କରନ୍ତୁ । ସ୍ନେହ ବାଣ୍ଟନ୍ତୁ ଓ ସ୍ନେହ ପାଆନ୍ତୁ ।

୧୫. ସନ୍ଦେହ ଆପଣଙ୍କ ଶତ୍ରୁ

ସନ୍ଦେହ ନିରାଶାବାଦୀଙ୍କ ବନ୍ଧୁ ଅଟେ । ନିରାଶାବାଦୀ ଲୋକେ ଏହାକୁ ପାଳନ୍ତି । ସେମାନଙ୍କ ମନ ଭିତରେ ହିଁ ଏହା ବଢ଼ୁଥାଏ । ଯଦି ଆପଣ ନିରାଶାବାଦୀ ଅଟନ୍ତି, ତେବେ ଆପଣଙ୍କୁ ଆଶାବାଦୀ ହେବା ଉଚିତ ।

ଆପଣ ହସି-ହସି ବଞ୍ଚିବାକୁ ଚାହାନ୍ତି, ଜୀବନସାରା ସୁସ୍ଥ ହୋଇ ହସିବାକୁ ଓ ଆନନ୍ଦିତ ହେବାକୁ ଚାହାନ୍ତି, ତେବେ ଆପଣଙ୍କୁ ପ୍ରଥମେ ନିଜର ଗୋଟିଏ ବଳବାନ୍ ଶତ୍ରୁକୁ ମାରିବାକୁ ପଡ଼ିବ । ଆପଣଙ୍କ ସେହି ବଳବାନ୍ ଶତ୍ରୁ ହେଉଛି ସନ୍ଦେହ ।

ଆପଣଙ୍କର ଏହି ଶତ୍ରୁ ଆପଣଙ୍କୁ ହସି-ହସି ବଞ୍ଚିବାକୁ ଦେବନାହିଁ । ଏହା ହେଉଛି ଚିନ୍ତାର ଭାଇ ଓ ଅସଫଳତାର ବାପ ଭଳି । ଯେତେବେଳେ ଅସଫଳତା ମିଳେ, ତେବେ ମଣିଷର ମନୋବଳ ଭାଙ୍ଗିଯାଏ । ମନୋବଳ ଭାଙ୍ଗିଗଲେ ମଣିଷର ହସ ଉଭେଇଯାଏ ଓ ସେ ପୁନଃ ହସିବା ଭୁଲିଯାଏ ।

ନିଜର ସଂଶୟରୂପୀ ଶତ୍ରୁକୁ ମାରିବା ପାଇଁ କୌଣସି ଅସ୍ତ୍ର ଅଥବା ପ୍ରସ୍ତୁତିର ଆବଶ୍ୟକତା

ନାହିଁ । ଆପଣ ବର୍ତ୍ତମାନ ଏହି ସମୟରେ ଏହା ସହିତ ଲଢ଼େଇ କରନ୍ତୁ । ଆସନ୍ତୁ, ଏହାର ସାମ୍ନା କରନ୍ତୁ ।

ସନ୍ଦେହ ନିରାଶାବାଦୀଙ୍କ ବନ୍ଧୁ ଅଟେ । ନିରାଶାବାଦୀ ଲୋକେ ଏହାକୁ ପାଳନ୍ତି । ଏହା ସେମାନଙ୍କ ମନ ଭିତରେ ହିଁ ବଢୁଥାଏ । ଯଦି ଆପଣ ନିରାଶାବାଦୀ ଅଟନ୍ତି, ତେବେ ଆପଣଙ୍କୁ ଆଶାବାଦୀ ହେବା ଉଚିତ ।

ଆଶାବାଦୀ ଜୀବନ :

ଆଶାବାଦୀର ପ୍ରବୃତ୍ତି ସନ୍ଦିଗ୍ଧ ହୋଇନଥାଏ । ଯେଉଁମାନଙ୍କ ହୃଦୟ ନିରାଶାରେ ଭରି ରହିଥାଏ, ସେମାନଙ୍କର ଏହି ପ୍ରବୃତ୍ତି ହୋଇଥାଏ । ଏମିତି ଅନେକ ଲୋକ ଅଛନ୍ତି, ଯେଉଁମାନେ ନିଜର ମାନସିକ ଭାବନାକୁ ନିଜ ଚେଷ୍ଟା ଅନୁପାତରେ ତିଆରି ନକରିପାରିବା କାରଣରୁ ନିଜକୁ ଦୁର୍ବଳ ଓ ନିରାଶ କରିଦିଅନ୍ତି । ସେମାନଙ୍କ ଜୀବନ ଠିକ୍ ରାସ୍ତାରେ ଯାଇପାରେ ନାହିଁ । ସେମାନେ ଗୋଟିଏ ଜିନିଷକୁ ଆଶା କରୁଥିବା ବେଳେ, ଅନ୍ୟ କୌଣସି ଜିନିଷର ଯତ୍ନ କରନ୍ତି, ଏମିତି ଅବସ୍ଥାରେ ସେମାନଙ୍କ ମନ ସନ୍ଦେହରେ ଭରି ରହିଥାଏ ।

ଏହି କାମ ହେବ କି ନାହିଁ ! ଯଦି ଏମିତି ହୋଇଯାଏ... ? ତାହା ଯଦି ନହୁଏ ? ଅମୁକ କଥା ଘଟିଲେ କ'ଣ ହେବ ? ମୁଁ ଯେଉଁ କାମକୁ କରିବାକୁ ଚାହୁଁଛି ଯଦି ସେଥିରେ ଅସଫଳତା ମିଳିବ ତେବେ...।

ଏମିତି ପ୍ରଶ୍ନ ଚିନ୍ତା କରୁଥିବା, ସନ୍ଦେହୀ ବ୍ୟକ୍ତି ଜୀବନରେ କେବେ କ'ଣ ହସିପାରିବ ? ନାଁ, ଏଭଳି ବ୍ୟକ୍ତି କେବେ ହସି-ହସି ଜୀବନ ବିତାଇପାରିବ ନାହିଁ ।

ଯେପର୍ଯ୍ୟନ୍ତ ସେ ସନ୍ଦେହରୁ ମୁକ୍ତି ପାଇନାହିଁ ସେ ଦୁଃଖିତ ଓ ଆଲୋଡ଼ିତ ରହିବ । ଦୁଃଖ ଓ କ୍ଳେଶରେ ଏଭଳି ବ୍ୟକ୍ତି କେମିତି ହସିପାରିବ ?

ଦୁଃଖ ଓ କଠୋରତାର ସାମ୍ନା ସେହିମାନେ କରିପାରିବେ, ଯେଉଁମାନେ ଆଶାବାଦୀ ଅଟନ୍ତି, ଯେଉଁମାନଙ୍କୁ ସନ୍ଦେହର ଭୂତ କବଳିତ କରିନାହିଁ ।

ଯଦି ଆପଣ ଧନ ପାଇବାକୁ ଇଚ୍ଛା କରନ୍ତି ଓ ଏହା କୁହନ୍ତି ଯେ, ଆମେ ତ' ଗରିବ ଲୋକ, ଦୁର୍ବଳ ଅଟୁ, ଆମେ କ'ଣ କରିବା, ତେବେ ଏହାର ପରିଣାମ ସ୍ୱରୂପ ଆପଣଙ୍କ ଧନ ଉପାର୍ଜନ କରିବାର ଶକ୍ତି କମ୍ ହୋଇଯିବ । ଆପଣଙ୍କ ଅବସ୍ଥା ସେହି ଲୋକ ଭଳି ହୋଇଯିବ, ଯିଏ ପୂର୍ବକୁ ଯିବାକୁ ଚାହୁଥାଏ ହେଲେ ପଶ୍ଚିମକୁ ପାଦ ବଢ଼ାଏ, ଏଭଳି ଲୋକ ପୂର୍ବରେ କେମିତି ପହଞ୍ଚିବ ?

ନିଜର ଯୋଗ୍ୟତା ଉପରେ ସନ୍ଦେହ କରୁଥିବା ସନ୍ଦେହୀ ବ୍ୟକ୍ତି ନିଜ ଶକ୍ତିକୁ କ୍ଷୟ କରିଥାଏ, ନିଜ ଶକ୍ତିର ଦୁରୁପଯୋଗ କରି ଅଯଥାରେ ହରାଇଥାଏ । ସେ ଅସଫଳତା ଆଡ଼କୁ ପାଦ ବଢ଼ାଇଥାଏ ।

ସଫଳତା ତ' ସେହି ଲୋକମାନଙ୍କୁ ମିଳିଥାଏ, ଯେଉଁମାନେ ସବୁବେଳେ ସୁଖ, ସମୃଦ୍ଧି ଓ ଆନନ୍ଦର ବିଚାର ଦୃଢ଼ ବିଶ୍ୱାସର ସହ ମନରେ ସ୍ଥିର କରି ରୁହନ୍ତି ।

ବିଚାରଶକ୍ତି :

ଆପଣଙ୍କ ପ୍ରତ୍ୟେକ ସ୍ଥିତି ଆପଣଙ୍କ ବିଚାରର ପରିଣାମ ହୋଇଥାଏ । ଯଦି ଆପଣ ଦାରିଦ୍ର୍ୟର ବିଚାରକୁ ନିଜ ମନରେ ରଖିବେ ତେବେ ଆପଣ ଧନୀର ମୁହଁ ମଧ୍ୟ ଦେଖିପାରିବେ ନାହିଁ ।

ଆପଣ ଉତ୍ତମ ବିଚାରକୁ ମନରେ ସ୍ଥାନ ଦେବେ ଓ ଦାରିଦ୍ର୍ୟ ଭଳି ଖରାପ ବିଚାର ଠାରୁ ମୁହଁ ଏଡ଼ାଇଦେବେ ତେବେ ଆପଣଙ୍କ ଉନ୍ନତି ହୋଇଚାଲିବ ।

ଏହାପରେ ଆପଣଙ୍କୁ ସମୃଦ୍ଧିର ଭବ୍ୟ ମହଲରେ ପ୍ରବେଶ କରିବାକୁ କିଏ ଅଟକାଇ ପାରିବ ? ଆପଣ ନିଜର ସମସ୍ତ ଶକ୍ତି ଯେଉଁ କାର୍ଯ୍ୟରେ ଲଗାଉଛନ୍ତି, ସେଥିରେ ଧ୍ୟାନ ରଖନ୍ତୁ ଓ ସନ୍ଦେହକୁ ଦୂର କରନ୍ତୁ ।

ଯଦି ଆପଣ ନିଜର ଶକ୍ତିଗୁଡ଼ିକୁ ଧନୀ ହେବାରେ ଲଗାଉଛନ୍ତି, ତେବେ ଦାରିଦ୍ର୍ୟ, ଅସଫଳତା ଅଥବା ସନ୍ଦେହୀ ବିଚାର ଠାରୁ ଦୂରେଇ ରୁହନ୍ତୁ ।

ଏହା ଚିନ୍ତା କରନ୍ତୁ ନାହିଁ ଯେ, କ୍ଷତି ହୋଇଗଲେ କ'ଣ ହେବ ?

ସଫଳ ନହେଲେ କ'ଣ କରିବେ ? କାଲେ ସବୁ ଶେଷ ହୋଇଯିବ । ଅଥବା ଆମେ ଯେଉଁ କାମ କରୁଛେ, ସେହି କାମ ହାନିକାରକ ନୁହେଁ ତ' ?

ଏଭଳି ସନ୍ଦେହ ଆପଣଙ୍କୁ ଦୁର୍ବଳ କରି ସେହି କାମରୁ ଆପଣଙ୍କ ମନକୁ ଦୂରେଇ ଦିଏ ଓ ଶକ୍ତି ବ୍ୟର୍ଥ ହୋଇଯାଏ ।

ସନ୍ଦେହ ଥିବାବେଳେ କାର୍ଯ୍ୟରେ ସଫଳତା ପାଇବା ପ୍ରାୟତଃ ଅନିଶ୍ଚିତ ହୋଇଥାଏ । ସଫଳତା ତ' ସେହି କାର୍ଯ୍ୟରେ ମିଳିଥାଏ, ଯେଉଁଥିରେ ତିଳେମାତ୍ର ସନ୍ଦେହ ନଥାଏ, ଯାହାକୁ ନିର୍ଭୀକ ହୋଇ ବିଶ୍ୱାସପୂର୍ବକ କରାଯାଇଥାଏ ।

ମନରେ ସନ୍ଦେହ ଓ ଭୟ ଥିଲେ ଆତ୍ମବିଶ୍ୱାସ ଆସିପାରେ ନାହିଁ । ଆତ୍ମବିଶ୍ୱାସ ନଆସିଲେ, ସତଚେଷ୍ଟା କରିବା ସତ୍ତ୍ୱେ ବ୍ୟକ୍ତି ଅସଫଳ ହୋଇଯାଏ ।

ଆପଣ ଯେତେବେଳେ ଭାଗ୍ୟକୁ ଭର୍ତ୍ସନା କରନ୍ତି, କୌଣସି କାମରେ ସନ୍ଦେହ କିମ୍ବା ଭୟକୁ ଆଣନ୍ତି ଓ ଚିନ୍ତା କରନ୍ତି ଯେ, ଆପଣ ଯଦି ଏଭଳି କରିବେ ତେବେ ସେଭଳି ହେବାର ଭୟ ଅଛି, ସେତେବେଳେ ଆପଣ ନିଜର ଗୋଟିଏ ବହୁତ ବଡ଼ କ୍ଷତି କରିଥାନ୍ତି । କେବେ ଏହା ଭାବନ୍ତୁ ନାହିଁ ଯେ, ଆପଣଙ୍କ ମୁଣ୍ଡରେ ଅନ୍ୟମାନଙ୍କ ଅପେକ୍ଷା କମ୍ ବୁଦ୍ଧି ଅଛି, ଅଥବା ଭଗବାନ ଆପଣଙ୍କ ଉପରେ ରାଗିଛନ୍ତି । ଆପଣ ଯେତେବେଳେ ଏମିତି ଭାବନ୍ତି, ତେବେ ଆପଣ ଯନ୍ତ୍ରଣାକୁ ନିଜ ଆଡ଼କୁ ଆକର୍ଷିତ କରନ୍ତି । ନିଜ ଉପରେ ଯନ୍ତ୍ରଣାର ବୋଝ ପକାନ୍ତି ।

ଏଭଳି ନିରାଶାଜନକ, ସନ୍ଦିଗ୍ଧ, କୁବିଚାର ଆପଣଙ୍କ ଆଖ-ପାଖ ବାତାବରଣକୁ ମଧ୍ୟ ଅପରିଷ୍କାର କରିଥାଏ ଓ ଏହି କୁବିଚାର ଆପଣଙ୍କ ମନରେ ସଂସ୍କାର ହୋଇ ବିରାଜମାନ ହୋଇଯାଏ ।

ଏହିଭଳି ଆପଣ ଶତ୍ରୁକୁ ଅତିଥି କରି ସ୍ୱାଗତ କରନ୍ତି ଓ ସେହି ଅତିଥି ସବୁବେଳ ପାଇଁ

ଆପଣଙ୍କ ଘରେ ଅଧିକାର ଜମାଇ ବସିଯାଏ । ଏହି ଭୁଲ୍ ଆପଣ ହିଁ କରିଥାନ୍ତି । ଆପଣ ନିଜ ଶତ୍ରୁକୁ ଘରେ ପୁରାଇଲେ ଓ ନିଜେ ବିଚଳିତ ହେଉଛନ୍ତି ଯେ, ଆପଣଙ୍କୁ ନିଜ ଘର ମିଳୁନାହିଁ । ସବୁ ଜିନିଷ ନିଜର ସମାନ ଗୁଣ ଥିବା ଜିନିଷକୁ ନିଜ ଆଡ଼କୁ ଆକର୍ଷିତ କରେ ।

ଉତ୍ସାହ ଓ ଆସ୍ପର୍ଦ୍ଧାପୂର୍ବକ, ଦୃଢ଼ ନିଶ୍ଚୟ ଓ ଆତ୍ମବିଶ୍ୱାସର ସହ କରାଯାଇଥିବା କାର୍ଯ୍ୟ ସଫଳ ହୋଇଥାଏ, ଯେହେତୁ ଉତ୍ସାହ, ଆତ୍ମବିଶ୍ୱାସ ଓ ନିଶ୍ଚୟର ବିଚାର ସଫଳତା ଓ ଆନନ୍ଦର ଏକ ଜାତୀୟ ଅଟନ୍ତି । ପ୍ରଥମେ ଆପଣଙ୍କ କାର୍ଯ୍ୟ ନିପୁଣତା ମନକୁ ଆସିଥାଏ, ମନରେ ଆରମ୍ଭ ହୋଇଥାଏ । ମାନସିକ ଭାବନା ହିଁ ଜୀବନରୂପୀ ଅଟ୍ଟାଳିକାର ନମୂନା ଅଟେ ।

ଆପଣ ବ୍ୟବସାୟ କରନ୍ତି, ଆପଣଙ୍କ ମନ ସନ୍ଦେହ, ଭୟ, ନିରାଶା ଓ ଆଶଙ୍କାରେ ଭରି ରହିଛି, ଆପଣ ଭାବନ୍ତି ଯେ, ଖରାପ ସମୟ ଚାଲିଛି । ମାନ୍ଦା ଅଛି, କ୍ଷତି ହୋଇପାରେ, ବହୁତ ପ୍ରତିଯୋଗିତା ଅଛି, ବିବାଦକୁ କିଏ ଯାଉଛି "ଅମୁକ ସଉଦା କରିବି ନା' କରିବିନି, କିଛି ଭାବିପାରୁନି", ତେବେ ଆପଣ ଭାବିନିଅନ୍ତୁ ଯେ, ବଡ଼ ଘାତକ ପରିଣାମ ଆସିବ । ଏଭଳି ବିଚାର ଯୋଗୁ ବ୍ୟବସାୟର ସମସ୍ତ ଉନ୍ନତିର ବାଟ ବନ୍ଦ ହୋଇଯିବ ।

ଅସଫଳତା ମିଳିବ, ପରିଶ୍ରମ ବୃଥା ହୋଇଯିବ । ଯେତେବେଳେ ଆପଣଙ୍କ ବିଚାର ହିଁ ଅସଫଳତାର ଭୟରେ କବଳିତ ଅଛି, ତେବେ ଯେତେ ପରିଶ୍ରମ କଲେ ମଧ୍ୟ ବୃଥା ହେବ, କିଛି ମିଳିବ ନାହିଁ । ଅସଫଳତାର ଭୟ, ଶକ୍ତି ନଷ୍ଟ କରିଦେବ ଓ କିଛିବି ମିଳିବ ନାହିଁ ।

ଆପଣ ପ୍ରତ୍ୟେକ ପଦାର୍ଥକୁ ଆଶାଜନକ ଓ ନିଶ୍ଚୟାତ୍ମକ ତଥା ଉଜ୍ଜ୍ୱଳ ଦିଗରୁ ଦେଖିବା ଉଚିତ୍ ।

ନିଜ ମନରେ ଆସ୍ପର୍ଦ୍ଧାପୂର୍ବକ ଏହି ବିଶ୍ୱାସ ଆଣନ୍ତୁ ଯେ, ଆପଣ ଯାହା କିଛି କରିବାକୁ ଚାହୁଁଛନ୍ତି, ଯାହାକୁ ଆପଣ ନିଶ୍ଚୟର ସହ, ପରିଶ୍ରମ କରି ସମ୍ପୂର୍ଣ୍ଣ କରିବେ, ସେହି କାର୍ଯ୍ୟ ନିଶ୍ଚିତ ହେବ ।

ମିଛ ଉପରେ ସତର ବିଜୟ ହୋଇଥାଏ ।

ଏହା ମାନି ଚାଲନ୍ତୁ ଯେ, ଏକତା ଓ ସ୍ୱାସ୍ଥ୍ୟ ସତ୍ୟ ଅଟେ । ବିରୋଧ ଓ ରୋଗ ଅସତ୍ୟ । ପରିଶ୍ରମ ସତ୍ୟ ଅଟେ, ଭ୍ରମ ଅସତ୍ୟ । ବିଶ୍ୱାସ ଓ ନିଶ୍ଚୟ, ସତ୍ୟ ଅଟେ, ଅବିଶ୍ୱାସ ଓ ସନ୍ଦେହ ଅସତ୍ୟ ।

ସାହସ, ଉତ୍ସାହ ଓ ନିଷ୍ଠା ସତ୍ୟ ଅଟେ ତଥା ଭୀରୁତା, ନିରୁତ୍ସାହ ଅସତ୍ୟ ।

ଦୁନିଆରେ ଯେତିକି ସତ୍ୟ ଅଛନ୍ତି, ସେସବୁ ବିଜୟୀ ଅଟନ୍ତି, ଅପରାଜେୟ ଅଟନ୍ତି । ଅସତ୍ୟକୁ ହରାଇବାକୁ ପଡ଼ିବ । ମନ ଭିତରେ ଏଭଳି ବିଶ୍ୱାସ ଗଭୀର ଭାବେ ଜମାଇଦିଅନ୍ତୁ ।

ବୈଚାରିକ ବିଶ୍ଲେଷଣ :

ଗୋଟିଏ କଥା ଗଣ୍ଠିକରି ରଖନ୍ତୁ ଯେ, ଯଦି କୌଣସି କ୍ଷତି ହେଉଛି ତେବେ ଏହା ମାନି ନିରୁତ୍ସାହିତ ହୁଅନ୍ତୁ ନାହିଁ ଯେ, ଏହା ହିଁ ଭଗବାନଙ୍କ ଇଚ୍ଛା ଥିଲା, ଆପଣଙ୍କ ଭାଗ୍ୟରେ ଏମିତି ଲେଖା ହୋଇଥିଲା । ବରଂ ଚିନ୍ତନ-ମନନ ଓ ବିଶ୍ଲେଷଣ କରି ଜାଣିବାକୁ ଚେଷ୍ଟା କରନ୍ତୁ ଯେ,

ଆପଣ କେଉଁଠି ଭୁଲ୍ କରିଛନ୍ତି ? କେଉଁ ଭୁଲ୍‌ର ପରିଣାମ କିଭଳି ହୋଇଛି ? କେଉଁ କଥାକୁ ସୁଧାରିଲେ ଭବିଷ୍ୟତରେ ସେହି ପରିଣାମକୁ ଦୂରେଇ ରଖାଯାଇପାରିବ ?

ଆପଣ ଯଦି ଥରୁଟିଏ ସତ୍ୟକୁ ବୁଝିଯିବେ, ତେବେ ନିଶ୍ଚୟ ଆପଣ ଆଶାବାଦୀ ହୋଇଯିବେ । ଏହାପରେ ଆପଣ ନିଜକୁ ସୁଧାରିବେ ଓ ଅନ୍ୟମାନଙ୍କୁ ମଧ୍ୟ ଲାଭାନ୍ୱିତ କରିବେ ।

ଆଶାବାଦୀ ଅନ୍ୟମାନଙ୍କୁ ମଧ୍ୟ ବହୁତ ଲାଭ ଦେଇଥାଏ, ପ୍ରେରିତ କରିଥାଏ । ଏହି ଆଶାବାଦ ଏକ ଅମୃତ ଅଟେ । ଯେଉଁଭଳି ବୃକ୍ଷ-ଲତା, ଜୀବ-ଜନ୍ତୁ ଓ ମାନବକୁ ସୂର୍ଯ୍ୟଙ୍କ ଠାରୁ ଜୀବନ ମିଳିଥାଏ- ବିଶେଷ ଭାବେ ବନସ୍ପତିକୁ- ସେହିଭଳି ଆଶାବାଦ ଦ୍ୱାରା ଆପଣଙ୍କ ଭିତରେ ପ୍ରାଣର ସଂଚାର ହୋଇଥାଏ । ମନରୂପୀ ସୂର୍ଯ୍ୟର ବିକାଶ ଦ୍ୱାରା ଆପଣଙ୍କ ଜୀବନକୁ ମଧ୍ୟ ବିକଶିତ ହେବାର ଶକ୍ତି ପ୍ରାପ୍ତ ହୋଇଥାଏ । ମାନସିକ ଶକ୍ତି ଏହି ଆଶାବାଦର ଅମୃତରେ ବିକଶିତ ହୋଇଥାଏ । ଏହାର ବିପରୀତ ନିରାଶାବାଦ କେବେହେଲେ ଶକ୍ତିକୁ ବିକଶିତ ହେବାକୁ ଦିଏନାହିଁ । କେବେହେଲେ ଉନ୍ନତି କରିବାକୁ ଦିଏନାହିଁ । ସେ ନିରାଶ ହିଁ କରିଥାଏ । ତା'ର ସମଜାତୀୟ ଗୁଣ ହେଉଛି ଅସଫଳତା ଓ ବିନାଶ ।

ନିରାଶାବାଦୀ ବ୍ୟକ୍ତି ସନ୍ଦେହୀ ଓ ଶଙ୍କାଶୀଳ ହୋଇଥିବାରୁ ଓଲଟା ଚିନ୍ତା କରିଥାଏ । ସେ କେବେହେଲେ ଉଜ୍ଜ୍ୱଳ ଦିଗକୁ ଦେଖେନାହିଁ ।

ଆପଣ ଯଦି ଆନନ୍ଦିତ, ସମୃଦ୍ଧ ରହି ହସି-ହସି ଜୀବନ ବିତାଇବାକୁ ଚାହୁଁଛନ୍ତି ତେବେ ଏମିତି ବିଚାର ଉତ୍ପନ୍ନ କରନ୍ତୁ, ଅତଏବ ଆପଣଙ୍କ ଆତ୍ମା ଉଦାର ହେଉ, ଆପଣଙ୍କ ଭିତରେ ସେହି ଗୁଣ-କର୍ମ ଆସୁ, ସେହିଭଳି ପରିଣାମ ମିଳୁ ।

ଯେଉଁ ବ୍ୟକ୍ତି ଦାରିଦ୍ର୍ୟକୁ ଭୟ କରେ, ଦାରିଦ୍ର୍ୟ ତା' ଆଡ଼କୁ ଆସିଥାଏ । ଯିଏ ଭାଗ୍ୟକୁ ଭର୍ତ୍ସନା କରେ, ଦାରିଦ୍ର୍ୟକୁ ଭାଗ୍ୟର ଦୋଷୀ ମାନେ, ସେ ଅକର୍ମଣ୍ୟ ଅଟେ । କର୍ମବୀର ତ' ଶ୍ରମରେ ବିଶ୍ୱାସ କରନ୍ତି ।

ସେମାନେ ଦୃଢ଼ ନିଶ୍ଚୟୀ, ଆତ୍ମବିଶ୍ୱାସୀ, ଭଗବାନଙ୍କ ଉପରେ ବିଶ୍ୱାସ ରଖି କାମରେ ଲାଗିଯାନ୍ତି, ନିର୍ଭୀକ ଓ ସାହସୀ ହୋଇଥାନ୍ତି । ଭୟାଳୁ, ସନ୍ଦେହୀ ଓ ଅଳସୁଆ ଲୋକେ ଭାଗ୍ୟର ରେଖା, ପୂର୍ବ ଜନ୍ମର କର୍ମର ଫଳ ମାନି ବସିରୁହନ୍ତି । ଆପଣ ଯଦି ହସି-ହସି ବଞ୍ଚିବାକୁ ଚାହୁଁଛନ୍ତି, ତେବେ କାନ୍ଦିବା ବିଚାରକୁ ତ୍ୟାଗ କରନ୍ତୁ, ସନ୍ଦେହକୁ ହତ୍ୟା କରନ୍ତୁ ।

ଯେତେବେଳେ କୌଣସି କାମ କରିବାକୁ ଚାହୁଁଛନ୍ତି, ତେବେ ତାହାର ସଫଳତାର ବିଚାର କରନ୍ତୁ । ସଫଳତାର କଥା କୁହନ୍ତୁ । ଆତ୍ମବିଶ୍ୱାସୀ ହୁଅନ୍ତୁ ଓ ଭଗବାନଙ୍କ ଉପରେ ଭରସା ରଖନ୍ତୁ ଯେ, ସେ ସବୁବେଳେ ଠିକ୍ କରନ୍ତି । ନିଜ ମନରେ ସେହି ବିଚାରଗୁଡ଼ିକୁ ସ୍ଥାନ ଦିଅନ୍ତୁ ଯେଉଁଥିରୁ ଆନନ୍ଦ ମିଳିଥାଏ ।

ଆପଣ ଯେଉଁ କାମ କରୁଛନ୍ତି ଅଥବା ଆପଣଙ୍କ ଉଦ୍ଦେଶ୍ୟ ଯାହା, ସେଥିରେ ଓ ସେଥିପାଇଁ ଉତ୍ପନ୍ନ ଆପଣଙ୍କ ମନୋଭାବର ଗଭୀର ସମ୍ବନ୍ଧ ରହିଛି । କୌଣସି କାର୍ଯ୍ୟରେ ପୀଡ଼ାଦାୟକ ବିକଳ୍ପ ଅଥବା ସନ୍ଦେହ ଆପଣଙ୍କ ଉନ୍ନତିରେ ବାଧକ ହୋଇଥାଏ, କଷ୍ଟ ଦେଇଥାଏ ।

ଆପଣ ଯେତେବେଳେ ଭାବିବେ ଯେ, କ'ଣ କରିବା, ଏହି କାମ ବାଧ୍ୟରେ କରିବାକୁ ପଡୁଛି, ଏହା ଭଗବାନଙ୍କ ଇଚ୍ଛା ଯେ, ଆମେ ପରିଶ୍ରମ କରୁଥିବା ଓ ଭୋକରେ ମରୁଥିବା, ଲୁଣ-ଭାତ ଖାଇ ଦିନ କାଟୁଥିବା, ଆମେ ତ' ପରିଶ୍ରମ କରିବା ପାଇଁ ଜନ୍ମ ହୋଇଛୁ, ଭାଗ୍ୟରେ ସୁଖ ଲେଖା ନାହିଁ, ଆପଣଙ୍କର ଏମିତି ବିଚାର ଥିବ... ସେତେବେଳେ ଏହା ନିଶ୍ଚିତ ଯେ, ଏହି ବିଚାରଗୁଡ଼ିକର ପ୍ରଭାବରୁ କେହି ବଞ୍ଚାଇପାରିବେ ନାହିଁ । ଏଭଳି ଭାବୁଥିବା ବ୍ୟକ୍ତି ସବୁବେଳେ ସେମିତି ରହିଥାଏ ।

ଯଦି ଆପଣ ଭବିଷ୍ୟତକୁ ଦୀପ୍ତିମାନ ଦେଖିବେ, ଏହା ମାନିବେ ଯେ ଶୀଘ୍ର ଆପଣଙ୍କର ଏହି କଷ୍ଟସାଧ ଜୀବନର ଅନ୍ତ ହୋଇ ଉନ୍ନତିର ସକାଳ ନିଶ୍ଚିତ ଉଦୟ ହେବ ଓ ବହୁତ ଶୀଘ୍ର ସେହି ଜୀବନରେ ପହଞ୍ଚିଯିବେ, ଯେଉଁଠି ସୁଖ ଅଛି, ଶାନ୍ତି ଅଛି, ଆନନ୍ଦ ଅଛି, ଏହିସବୁ ଚିନ୍ତନ କରି ନିଜ ଉଦ୍ଦେଶ୍ୟ ଆଡ଼କୁ ନିଷ୍ଠାପୂର୍ବକ ଆଗେଇ ଚାଲନ୍ତୁ । ଆପଣ ସୁନିଶ୍ଚିତ ସଫଳ ହେବେ । ଆପଣ ସୁଖ ଓ ଆନନ୍ଦ ପାଇଯିବେ । ସବୁବେଳେ ହସି-ହସି ବଞ୍ଚିବେ ।

ଅନୁରାଗ ଓ ନିଷ୍ଠା :

ସମଗ୍ର ଯୋଗ୍ୟତା ଓ ଆତ୍ମବିଶ୍ୱାସ ଯେଉଁଠି ଅଛି, ସେଇଠି ସଫଳତା ରହିଛି । ଦୃଢ଼ ବିଶ୍ୱାସ ନିକଟରେ, ସମସ୍ତ କାର୍ଯ୍ୟକୁ ସମ୍ପାଦନ କରିବାର ଅଦ୍ଭୁତ ଶକ୍ତି ଅଛି । ଏହି ଉତ୍ପାଦନ ଶକ୍ତି, ଅଭିପ୍ରାୟ ସମ୍ପୂର୍ଣ୍ଣ କରିଥାଏ ।

ଏମିତି କୌଣସି ବ୍ୟକ୍ତି ନାହିଁ ଯିଏ ନିଜ ଆତ୍ମା ଉପରେ ବିଶ୍ୱାସ କରୁଥିବ, ଦୃଢ଼ ବିଶ୍ୱାସୀ, ଈଶ୍ୱର ବିଶ୍ୱାସୀ ହୋଇଥିବ, ମନ ବଚନ ଓ କର୍ମ ଦ୍ୱାରା ଉଦ୍ଦେଶ୍ୟର ପରିପୂର୍ଣ୍ଣକରଣରେ ଲାଗିଥିବ, ଏହାସତ୍ତ୍ୱେ ତାକୁ ସଫଳତା ମିଳିନଥିବ । ପ୍ରତ୍ୟେକ ଉଚ୍ଚ ଅନୁରାଗର ଉଦୟ ପ୍ରଥମେ ଆପଣଙ୍କ ମନରେ ଆତ୍ମପ୍ରେରଣା ରୂପରେ ହୋଇଥାଏ । ସେତେବେଳେ ତାହାର ସିଦ୍ଧି ହୋଇଥାଏ ।

ତାକୁ ପାଇବା ପାଇଁ ସଠିକ୍ ଉଦ୍ୟମ ଅନିବାର୍ଯ୍ୟ ଅଟେ ।

ଆପଣ ଏମିତି ଉଦ୍ୟମ କରିବା ଉଚିତ୍ ଯେଉଁଥିରୁ ଆପଣଙ୍କ ବିଚାର ଉଚ୍ଚ ଓ ମହାନ୍ ହେବ ।

ଆପଣ ଯାହାକିଛି କରିବାକୁ ଚାହୁଁଛନ୍ତି, ସେଥିପାଇଁ କୌଣସି ସନ୍ଦେହ ଉତ୍ପନ୍ନ ନହେଉ । ଏହି ସନ୍ଦେହ, ଉତ୍ପାଦନ ଶକ୍ତିକୁ କ୍ଷୀଣ କରେ । ଏଥିପାଇଁ ଆପଣଙ୍କ ଇଚ୍ଛାଗୁଡ଼ିକ କଣା-କୁଜା ହୋଇଯାଆନ୍ତି ।

ଆପଣ ମନ ଭିତରେ ଏହି ଦୃଢ଼ ବିଶ୍ୱାସ ରଖନ୍ତୁ ଯେ, ଆପଣ ଯାହା ପାଇବାକୁ ଚାହୁଁଛନ୍ତି, ତାହା ଆପଣଙ୍କୁ ନିଶ୍ଚିତ ମିଳିବ ।

ଆପଣ ତ' ଆନନ୍ଦ, ସଫଳତା ଓ ବିଜୟ ପାଇବା ପାଇଁ ଜନ୍ମ ହୋଇଛନ୍ତି ।

ଥରେ ଏଗୁଡ଼ିକୁ ପାଇବା ପାଇଁ ଦୃଢ଼ ପ୍ରତିଜ୍ଞା କରିଦେବା ପରେ ଦୁନିଆର କୌଣସି ଶକ୍ତି ଆପଣଙ୍କୁ ଏମାନଙ୍କ ଠାରୁ ଅଲଗା କରିପାରିବ ନାହିଁ । ଏହିଭଳି ଆଶାମୟ ବିଚାରଗୁଡ଼ିକୁ

ଯଦି ଆପଣ ନିଜ ମନରେ ବାରମ୍ବାର ଦୋହରାଇବେ ତେବେ ଦେଖିବେ ଯେ, ଆପଣଙ୍କ ବିଜୟ ସୁନିଶ୍ଚିତ ।

ଭଗବାନ ଚାହାନ୍ତି ଯେ, ମଣିଷ ନିଜ ପରିସ୍ଥିତିର ଦାସ ନହେଉ, ବରଂ ନିଜ ପରିସ୍ଥିତିକୁ ଜିତି ସୁଖ-ସୁବିଧାର ବ୍ୟବହାର କରୁ ।

ଏଥିପାଇଁ ଭଗବାନ ଆମକୁ ମାନସିକ ଶକ୍ତି ଦେଇଛନ୍ତି । ଏହି ମାନସିକ ଶକ୍ତିଗୁଡ଼ିକ ଆମର ଚାକର ଭଳି ସେବା କରନ୍ତି ।

ଆପଣ ଚାକରଙ୍କ ଉପରେ ବିଶ୍ୱାସ କରିବା ଶିଖନ୍ତୁ । ସେମାନଙ୍କ ଉପରେ ବିଶ୍ୱାସ କରନ୍ତୁ । ଯେତେବେଳେ ସେମାନେ ସଚ୍ଚୋଟ ଓ କର୍ତ୍ତବ୍ୟପରାୟଣ ଅଟନ୍ତି, ତେବେ ଅବିଶ୍ୱାସ କରିବାର କାରଣ ନାହିଁ । ଆପଣଙ୍କୁ ଏଭଳି ସେବକ ଭଗବାନ ହିଁ ଦେଇଛନ୍ତି, ଯିଏ ଆପଣଙ୍କ ହିତ ଚାହାନ୍ତି । ପରମପିତା ପରମେଶ୍ୱର ସମସ୍ତଙ୍କ ହିତାକାଂକ୍ଷୀ ଅଟନ୍ତି । ସେ ଦେଇଥିବା ମାନସିକ ଶକ୍ତି ଉପରେ ବିଶ୍ୱାସ ରଖନ୍ତୁ, ସେମାନେ ଆପଣଙ୍କର ଉଚିତ୍ ସେବା କରିବେ । ଆପଣ ଯେଉଁ କାମ କରାଇବାକୁ ଚାହିଁବେ, ସେହି କାମ ସମ୍ପନ୍ନ ହେବ ।

କିଛି ଲୋକ ଚିନ୍ତା କରନ୍ତି ଯେ, ଦେଖିବା ଆଗକୁ କ'ଣ ହେଉଛି ? ସେମାନଙ୍କ ଭିତରେ ସବୁ ଜିନିଷକୁ ନିଜ ଅନୁସାରେ ତିଆରି କରିବାର ଶକ୍ତି ନଥାଏ । ସେମାନେ କେବେ ସଫଳ ହୋଇପାରିବେ ନାହିଁ ।

ସଫଳତା ସେହିମାନଙ୍କ ପାଦ ସ୍ପର୍ଶ କରେ, ଯେଉଁମାନଙ୍କ ପ୍ରବୃତ୍ତି ସୁନିଶ୍ଚିତ ହୋଇଥାଏ । ସଂସାରରେ ବଡ଼-ବଡ଼ କାମ ଏଭଳି ସୁନିଶ୍ଚିତ ପ୍ରବୃତ୍ତି ଥିବା ଲୋକେ କରନ୍ତି । ସନ୍ଦିଗ୍ଧ ପ୍ରବୃତ୍ତି ଥିବା ଲୋକେ ସବୁବେଳେ ପଛରେ ରୁହନ୍ତି ।

ଅନେକ ଥର ଏମିତି ମଧ୍ୟ ହୋଇଥାଏ ଯେ, ଅନ୍ୟର ନିରାଶାପୂର୍ଣ୍ଣ ବିଚାର ଦ୍ୱାରା ପ୍ରଭାବିତ ହୋଇ ସୁନିଶ୍ଚିତ ପ୍ରବୃତ୍ତି ଥିବା ମଣିଷ ନିଜର ଆତ୍ମବିଶ୍ୱାସ ହରାଇଦିଅନ୍ତି ।

ନିରାଶାଜନକ ବିଚାରଧାରା :

ଯେତେବେଳେ କେହି କୁହେ- ଏହି କାମକୁ କରନ୍ତୁ ନାହିଁ, ଏ ବାବଦରେ ତୁମର ଧାରଣା ନାହିଁ, କେହି କୁହନ୍ତି ତୁମେ ଏହାର ଯୋଗ୍ୟ ନୁହଁ, ଏହିସବୁ ନିରାଶାଜନକ ବିଚାରର ବାତାବରଣରେ ରହିବା ଦ୍ୱାରା ସୁନିଶ୍ଚିତ ପ୍ରବୃତ୍ତି ଥିବା ବ୍ୟକ୍ତି ମଧ୍ୟ ଉତ୍ପାଦକ ଶକ୍ତି ହରାଇବସେ । ସେ ନେତା ହେବା ପରିବର୍ତ୍ତେ ପଛରେ ଚାଲୁଥିବା ଅନୁଗାମୀ ହୋଇଯାଏ । ଆଗରେ ରହିବା ବଦଳରେ ପଛରେ ରୁହେ । ତା'ର ଯେଉଁ ଉନ୍ନତି ଓ ବିକାଶ ସମ୍ଭବ ଥିଲା, ତାହା ସେଇଠି ଅଟକିଯାଏ ।

ସୁତରାଂ ଏଭଳି ପରିବେଶ ଠାରୁ ଦୂରେଇ ରୁହନ୍ତୁ ।

ଆପଣ ନିଜ ଆତ୍ମାର ଅଦ୍ଭୁତ ଶକ୍ତିର ଭଣ୍ଡାରକୁ ଅନୁଭବ କରିପାରିବେ । ଏହି ଅଦ୍ଭୁତ ଶକ୍ତି ଆପଣଙ୍କ ସୁନିଶ୍ଚିତକୁ କାର୍ଯ୍ୟ ରୂପରେ ବଦଳାଇଦିଏ । ଯଦି ଆପଣ ଏହା ମାନିନେବେ ଯେ, ଆପଣ ହୀନ ଅଟନ୍ତି, ଦରିଦ୍ର ଅଟନ୍ତି, ଦୁର୍ବଳ ଅଟନ୍ତି, ଆପଣଙ୍କର ଅନ୍ୟମାନଙ୍କ ଠାରୁ

କମ୍ ଯୋଗ୍ୟତା ଅଛି ଅଥବା ଅନ୍ୟମାନଙ୍କ ଅପେକ୍ଷା ଆପଣଙ୍କ ଭାଗ୍ୟ କ୍ଷୀଣ ଅଟେ, ତେବେ ଏହା ନିଶ୍ଚିତ ଯେ, ଆପଣ ଦରିଦ୍ର, ହୀନ, ଦୁର୍ବଳ ଓ ବେକାର ହେବାକୁ ଲାଗିବେ ।

ଆପଣ ଏହା ମାନିନିଅନ୍ତୁ ଯେ, ଆପଣ ସଂସାରର ସବୁଠୁ ଉତ୍ତମ ପଦାର୍ଥକୁ ପାଇବାର ଅଧିକାରୀ ଅଟନ୍ତି, ଏଭଳି ସମସ୍ତ ପଦାର୍ଥ ଉପରେ ଆପଣଙ୍କର ସ୍ୱାଭାବିକ ଅଧିକାର ଭଗବାନ ଦେଇଛନ୍ତି, ଆପଣ ଏହି ବିଶ୍ୱାସ ରଖନ୍ତୁ ଯେ ଦୁଃଖ, ଦାରିଦ୍ର୍ୟତା, ହୀନତା ଆଦି ରୋଗ ସହିତ ଆପଣଙ୍କର କୌଣସି ସମ୍ପର୍କ ନାହିଁ, ତେବେ ଆପଣଙ୍କ ମନର ଉତ୍ପାଦକ ଶକ୍ତି ବଢ଼ିବ । ଆପଣଙ୍କର ସମସ୍ତ ଅଭିଳାଷ ସମ୍ପୂର୍ଣ୍ଣ ହୋଇଚାଲିବ ।

ବିଚାର, ରକ୍ଷକ ହୋଇଥାନ୍ତି ଓ ଭକ୍ଷକ ମଧ୍ୟ ହୋଇଥାନ୍ତି । ମନ, ଶରୀର ଓ ଆତ୍ମାକୁ ପୁଷ୍ଟ କରୁଥିବା ବିଚାର ଆପଣଙ୍କ ରକ୍ଷକ ଅଟନ୍ତି । ମନ, ଶରୀର ଓ ଆତ୍ମାକୁ ଦୁର୍ବଳ, ନୀଚ କରୁଥିବା ବିଚାର ଆପଣଙ୍କ ଭକ୍ଷକ ଅଟନ୍ତି ।

ଆପଣଙ୍କ କାର୍ଯ୍ୟ-ସମ୍ପାଦନ ଶକ୍ତିରୁ ଏହା ଜଣାପଡ଼ିପାରେ ଯେ, ଆପଣଙ୍କ ବିଚାର ଶକ୍ତି କେତେ ବଳବାନ୍ । ଅଧିକାଂଶ ଲୋକ ଏତେ ଦୁର୍ବଳ ବିଚାର ଶକ୍ତିର ହୋଇଥାନ୍ତି ଯେ, ସେମାନେ ଅତ୍ୟନ୍ତ ଜରୁରୀ କାମକୁ ମଧ୍ୟ କରିପାରନ୍ତି ନାହିଁ । ସେମାନେ ସଂସାରରେ ବହୁତ କମ୍ କାମ କରିପାରନ୍ତି ଓ ସବୁବେଳେ ପଛୁଆ ରୁହନ୍ତି ।

ଅଧିକାଂଶ ଲୋକଙ୍କ ବିଚାର ଶକ୍ତି ଏତେ ବଳବାନ୍ ହୋଇଥାଏ ଯେ, ସେମାନେ ଅନ୍ୟମାନଙ୍କ ଉପରେ ଖୁବ୍ ଶୀଘ୍ର ନିଜର ପ୍ରଭାବ ପକାଇଥାନ୍ତି । ସେମାନଙ୍କୁ ଦେଖିବା କ୍ଷଣି ଅନ୍ୟମାନଙ୍କ ଭିତରେ ମଧ୍ୟ ପ୍ରେରଣା ଓ ନବଜୀବନର ସଂଚାର ହୋଇଥାଏ ।

ଏଭଳି ମଣିଷଙ୍କ ପାଇଁ ସଂସାରରେ ଆପେ-ଆପେ ରାସ୍ତା ତିଆରି ହୋଇଯାଏ । ଏଭଳି ଲୋକଙ୍କ ହାତରେ ସଂସାରର ନେତୃତ୍ୱ ଥାଏ । ସେମାନଙ୍କ ଗୋଟିଏ ଶବ୍ଦରେ ସଂସାରରେ ବଡ଼-ବଡ଼ କାର୍ଯ୍ୟ ହୋଇଯାଏ । ଯେହେତୁ ଏଭଳି ଉଚ୍ଚ ଆତ୍ମାଙ୍କ କଥାକୁ ମାନି ଲୋକେ ନିଜକୁ ଭାଗ୍ୟବାନ ମନେକରନ୍ତି ।

ଆପଣ ଯେତେବେଳେ କୌଣସ ଦିବ୍ୟ ପୁରୁଷଙ୍କ ସହିତ ସାକ୍ଷାତ କରନ୍ତି, ତେବେ ଆପଣଙ୍କ ଶରୀରରେ ନବଜୀବନ ସଂଚାର ହେବାଭଳି ମନେହୁଏ । ଆପଣ ତୁରନ୍ତ ଏଭଳି ଅନୁଭବ କରନ୍ତି ଯେ, ଯେମିତି ଏହି ବ୍ୟକ୍ତିଙ୍କ ଭିତରେ ନିଶ୍ଚିତ କୌଣସି ଦିବ୍ୟ ଶକ୍ତି ଅଛି, ଯାହା ବଳରେ ସେ ସଂସାରକୁ ଚଲାଉଛନ୍ତି । କିନ୍ତୁ ଯଦି ଆପଣ କୌଣସି ସଂକୀର୍ଣ୍ଣ ହୃଦୟ ଥିବା ବ୍ୟକ୍ତିକୁ ସାକ୍ଷାତ କରନ୍ତି ତେବେ ଆପଣଙ୍କୁ ଜଣାପଡ଼ିଯାଏ ଯେ, ସେହି ବ୍ୟକ୍ତିର ପତନ ହୋଇସାରିଛି । ତାହାର ମାର୍ଗ ମଧ୍ୟ କେବେ ପ୍ରଶସ୍ତ ହୋଇପାରିବ ନାହିଁ ।

ଆନ୍ତରିକ ଶକ୍ତିଗୁଡ଼ିକର ବିକାଶ :

ଯଦି ଆପଣ ଚାହୁଁଛନ୍ତି ଯେ, ଲୋକମାନେ ଆପଣଙ୍କ ଶକ୍ତି ବିଷୟରେ ଜାଣନ୍ତୁ ତେବେ ଆପଣଙ୍କୁ ନିଜର ଶକ୍ତିଗୁଡ଼ିକର ବିକାଶ କରିବାକୁ ହେବ । ଯଦି ଆପଣ ନିଜ ଜୀବନକୁ ସଂସ୍କୃତିସମ୍ପନ୍ନ ରଖିପାରିବେ ତେବେ ଆପଣ ସ୍ଥାୟୀ ବିଜୟ ହାସଲ କରିବେ । ଏହା କରିବା କଠିନ ନୁହେଁ ।

ଯେହେତୁ ସନ୍ଦେହ ଓ ଭୟର ଭାବନା, ଶକ୍ତିକୁ ନଷ୍ଟ କରିଦିଅନ୍ତି, ଏଥିପାଇଁ ଏହି କଳାକୁ ଜାଣିନେବା ଆବଶ୍ୟକ ଅଟେ ।

ଆପଣଙ୍କ ମନ ଯେତେବେଳେ କୌଣସି କାର୍ଯ୍ୟକୁ କରିବାରେ ଅସମର୍ଥ ହେବ ତେବେ ଆପଣ ତାକୁ ନିଷେଧାତ୍ମକ ପ୍ରବୃତ୍ତି ଆଡ଼କୁ ଏଡ଼ାଇଦିଅନ୍ତୁ । ସୁନିଶ୍ଚିତ ବିଚାରର ନିର୍ମାଣ ଶକ୍ତି ଉଚ୍ଚ ଓ ଚରମ ସୀମାରେ ପହଞ୍ଚିଯାଏ ।

ନିଷେଧାତ୍ମକ ପ୍ରବୃତ୍ତି ଦ୍ୱାରା କେବଳ ଦୁର୍ବଳତା ହିଁ ହାତକୁ ଆସିଥାଏ । ଆପଣ ସମୟେ-ସମୟେ ନିଜ ମନକୁ ବାହାର ଜଞ୍ଜାଳରୁ ନିବୃତ୍ତ ରଖନ୍ତୁ । ତାକୁ ଆରାମ କରିବାକୁ ଦିଅନ୍ତୁ ।

ମନରେ ଯେମିତି ମଞ୍ଜି ପୋତିବେ, ସେମିତି ହିଁ ଫଳ ପାଇବେ ।

ଆପଣ ମନରେ ଯଦି କ୍ଳେଶ, ଦୁଃଖ, କ୍ରୋଧ, ଶତ୍ରୁତା, ପ୍ରତିଶୋଧ ଅଥବା ଦାରିଦ୍ର୍ୟର ଭାବନା ରଖିବେ ତେବେ ସେଥିରୁ ସନ୍ତୋଷ, ସମୃଦ୍ଧି, ପ୍ରେମ, ଦୟା ଆଦି କେମିତି ପାଇପାରିବେ ।

ଆପଣ ମନ, ବଚନ ଓ କର୍ମରେ ଯଦି ଏହି କଥାର ବିଶ୍ୱାସ କରନ୍ତି ଯେ, ଆପଣ ଏବେ ମଧ୍ୟ ସେମିତି ଅଟନ୍ତି, ଯେମିତି ଆପଣ ହେବାକୁ ଚାହୁଁଛନ୍ତି ତେବେ ଆପଣଙ୍କୁ କିଛିଦିନ ମଧ୍ୟରେ ଅନୁଭବ ହେବାକୁ ଲାଗିବ ଯେ, ଆପଣ ସେମିତି ହୋଇଚାଲୁଛନ୍ତି । ଆପଣଙ୍କର ବିକାଶ ହେଉଛି । ଆପଣଙ୍କ ଆଦର୍ଶଗୁଡ଼ିକର ସିଦ୍ଧି ହେଉଛି । ଆପଣଙ୍କ ଚରିତ୍ର ବଳିଷ୍ଠ ଓ ଉଚ୍ଚ ହେଉଛି ।

କିନ୍ତୁ ଏଥିପାଇଁ ସେହି ଗୁଣଗୁଡ଼ିକର ଆବଶ୍ୟକତା ଅଛି, ଯାହା ଆପଣଙ୍କୁ ଉପରକୁ ଉଠାଇବ, ଯେଉଁଥିରୁ ଆତ୍ମାରେ ଦିବ୍ୟତା ଆସିବ, ଯେଉଁଥିରୁ ଆପଣଙ୍କ ନିର୍ମାଣ ଶକ୍ତି ପ୍ରଚଳିତ ହୋଇ ବିବଶତା, ଦୁଃଖ ଓ ଦାରିଦ୍ର୍ୟତାକୁ ନଷ୍ଟ କରିଦେବ ।

ଆପଣ ନିଜ ମନକୁ କୌଣସି ନିଶ୍ଚିତ ଉଦ୍ଦେଶ୍ୟରେ ଲଗାଇ ରଖନ୍ତୁ । ଜୀବନରେ ଆତ୍ମିକ ଶକ୍ତିଗୁଡ଼ିକର ଅଦ୍ଭୁତ ସଂଚାର ହେବ । ଆପଣଙ୍କୁ ସେହି ଅଲୌକିକ ସାଧନ ପ୍ରାପ୍ତ ହେବ, ଯାହା ବଳରେ ଆପଣଙ୍କ ସମସ୍ତ କାର୍ଯ୍ୟ ସିଦ୍ଧ ହୋଇଯିବ ।

ମନେରଖନ୍ତୁ ଯେ, ବିରୋଧ ଉତ୍ପନ୍ନ କରୁଥିବା ଚିନ୍ତାଧାରା ଆପଣଙ୍କ ପରିଶ୍ରମକୁ ପଙ୍ଗୁ କରିଦିଏ ।

ଯଦି ଆପଣ ନିଜ ଭିତରେ କାର୍ଯ୍ୟ ସମ୍ପାଦନର ଶକ୍ତି ଉତ୍ପନ୍ନ କରିବାକୁ ଚାହାନ୍ତି, ତେବେ ଆପଣ ମନ ଭିତରେ ନିମଗ୍ନତା, ନିଷ୍ଠା, ଏକାଗ୍ରତା, ମାନସିକ ଶାନ୍ତି ଓ ବିଚାରର ସ୍ୱତନ୍ତ୍ରତା ଉତ୍ପନ୍ନ କରନ୍ତୁ ।

ଆପଣଙ୍କ ବିଚାର ଜୀବନପ୍ରଦ ହେବା ଉଚିତ, ଜୀବନନାଶକ ନୁହେଁ ।

ସାହସ ଯୁକ୍ତ ଓ ଆତ୍ମବିଶ୍ୱାସରେ ପରିପୂର୍ଣ୍ଣ ମନୋବୃତ୍ତିରେ ଅଦ୍ଭୁତ ଶକ୍ତି ଥାଏ । ଏହାଦ୍ୱାରା ନିଶ୍ଚିତ ସଫଳତା ଓ ବିଜୟ ପ୍ରାପ୍ତ ହୋଇଥାଏ ।

ଅଧିକାଂଶ ଲୋକଙ୍କୁ ସବୁବେଳେ ଅସଫଳତା ଓ ପରାଜୟ ଦେଖିବାକୁ ପଡ଼ିଥାଏ, ସେମାନେ

ନିଜକୁ ଭୟ, ଚିନ୍ତା, ଦାରିଦ୍ର୍ୟତା, ବିବଶତା ଓ ରୋଗ ଆଦି ବିଚାରରୁ ମୁକ୍ତ କରି ସଫଳତା ଓ ବିଜୟର ଭାଗୀଦାର ହୋଇପାରିବେ ।

ଯଦି ଲୋକେ ଆପଣଙ୍କୁ ବିଶ୍ୱାସ କରୁନାହାନ୍ତି, ଆପଣଙ୍କୁ ଦୁର୍ବଳ ଅଥବା ଭୀରୁ ଭାବୁଛନ୍ତି ଓ ଆପଣଙ୍କ ଉପରେ ବିଶ୍ୱାସ କରୁନାହାନ୍ତି, ତେବେ ଆପଣଙ୍କୁ ବୁଝିନେବା ଉଚିତ ଯେ ଆପଣଙ୍କ ମାନସିକ ଶକ୍ତି ଦୁର୍ବଳ ଅଟେ । ମାନସିକ ଶକ୍ତିକୁ ବଳବାନ୍ ନକରି ଆପଣ କୌଣସି ମହତ୍ୱପୂର୍ଣ୍ଣ ପଦବୀରେ ବହୁତ କଷ୍ଟରେ ପହଞ୍ଚିପାରିବେ ।

ଆମେରିକାର ରାଷ୍ଟ୍ରପତି ରୁଜବେଲ୍ଟଙ୍କ ତୁଳନା ଯଦି କୌଣସି ଡରୁଆ, ଖୋସାମତିଆ ଓ ଦୁର୍ବଳ ବ୍ୟକ୍ତି ସହ କରାଯାଏ, ତେବେ ଆପଣ ପ୍ରଭେଦର ଅନୁମାନ କରିପାରିବେ ।

ଦୃଢ଼ତାର ଅନୁଭବ :

ଏହି ସଂସାର ବୀରଙ୍କ ସମ୍ମାନ କରିଥାଏ, ଦାସଙ୍କ ସମ୍ମାନ ନୁହେଁ । ସଂସାରକୁ ବୀରଙ୍କ ବିଜୟ ଉପରେ ବିଶ୍ୱାସ ଥାଏ ।

ନିଜ ଶକ୍ତି ଦ୍ୱାରା ସଂସାରରେ ନିଜ ବିଶ୍ୱାସକୁ ଉଜ୍ଜ୍ୱଳ କରିପାରିବେ । ଯଦି ଆପଣଙ୍କ ମନୋଭାବରେ ସନ୍ଦେହ ଅଛି, ତେବେ ଆପଣ କେବେହେଲେ ଦୁନିଆରେ ଶକ୍ତିଶାଳୀ ପଦବୀ ପାଇପାରିବେ ନାହିଁ ।

ଅଧିକାଂଶ ଲୋକ ଏହି କଥାରେ ଚକିତ ହୁଅନ୍ତି ଯେ, ସେମାନଙ୍କୁ କାହିଁକି ତୁଚ୍ଛ ମନେ କରାଯାଉଛି ।

ଏହାର କାରଣ ହେଉଛି ସେମାନେ ନିଜକୁ ବିଜେତା ଭାବନ୍ତି ନାହିଁ କି ବିଜେତାଙ୍କ ଭଳି ଆଚରଣ ମଧ୍ୟ କରନ୍ତି ନାହିଁ ।

ସେମାନେ ଭୁଲିଯାଆନ୍ତି ଯେ, ଶକ୍ତି ନଜାଣି ବ୍ୟକ୍ତି କେବେହେଲେ ପ୍ରଭାବଶାଳୀ ହୋଇପାରିବ ନାହିଁ । ସୁନିଶ୍ଚିତ ପ୍ରବୃତ୍ତିର ମଣିଷ ହିଁ ପ୍ରଭାବଶାଳୀ ହୋଇପାରିବେ । ବୀର ପୁରୁଷ ପ୍ରଥମେ ନିଜ ମନ ଉପରେ ବିଜୟ ପ୍ରାପ୍ତ କରନ୍ତି ତଥା ପରେ ସଂସାର ଉପରେ ବିଜୟ ପ୍ରାପ୍ତ କରିପାରନ୍ତି ।

ଆପଣ ନିଜ ସନ୍ତାନଙ୍କ ମନକୁ ମଧ୍ୟ ବିଜୟର ବିଚାରରେ ଭରିଦେବା ଉଚିତ୍ । ସେମାନଙ୍କୁ ବୁଝାଇଦିଅନ୍ତୁ ଯେ, ସଫଳତା ପ୍ରାପ୍ତ କରିବା ହେଉଛି ସେମାନଙ୍କ ଜୀବନର ଲକ୍ଷ୍ୟ ।

ଅସଫଳ, ନିରାଶ ଓ ପରାଜିତ ବ୍ୟକ୍ତିକୁ ଅନ୍ୟାୟ, ଅତ୍ୟାଚାର ହିଁ ସହିବାକୁ ପଡ଼ିଥାଏ । ସବୁ ଜାଗାରେ ଅପମାନିତ ହେବାକୁ ପଡ଼ିଥାଏ, ପ୍ରତ୍ୟେକ କ୍ଷେତ୍ରରେ ଠୋକର ଖାଇବାକୁ ପଡ଼େ ।

ପ୍ରକୃତରେ ବିଜୟ, ଜୀବନ ଅଟେ ଓ ପରାଜୟ ମୃତ୍ୟୁ ।

ସଂସାରରେ କାର୍ଯ୍ୟ କ୍ଷେତ୍ରକୁ ଓହ୍ଲାଇବା ସମୟରେ ପ୍ରତ୍ୟେକ ଯୁବକକୁ ଏହା ଚିନ୍ତା କରିବା ଉଚିତ ଯେ, ମୁଁ ସଂସାରରେ ଜିତିବା ପାଇଁ ଆସିଛି– ହାରିବା ମୋର ସ୍ୱଭାବ ନୁହେଁ । ମୋତେ ନିଜର ଯୋଗ୍ୟତା ଉପରେ ସମ୍ପୂର୍ଣ୍ଣ ବିଶ୍ୱାସ ରହିଛି ।

ଯୁବକର ଯେଉଁ ବ୍ୟବସାୟରେ ରୁଚି ଥାଏ, ସେଥିରେ ତାକୁ ନିୟୋଜିତ କରାଯାଉ । ସେ ସେହି ବ୍ୟବସାୟରେ ଦକ୍ଷ ହେଉ ଓ ସେହି ବ୍ୟବସାୟରେ ଥିବା ଅନ୍ୟ ସମ୍ପନ୍ନ ବ୍ୟକ୍ତିଙ୍କ ଭଳି ଆଚରଣ କରୁ ।

ସତକଥା ହେଉଛି ସଂସାରରେ ଆପଣଙ୍କ ଯୋଗ୍ୟତା ଓ ଶକ୍ତିର ମାତ୍ରା ଆପଣଙ୍କ କାମ ହୋଇଥାଏ, ଆପଣଙ୍କ କଥା ନୁହେଁ ।

ଆପଣ ସତ୍ୟକୁ ହିଁ ଆଲୋକିତ କରନ୍ତୁ ।

ଅନ୍ୟମାନଙ୍କ ଉପରେ ଏହାର ଉତ୍ତମ ପ୍ରଭାବ ପଡ଼ିବ । ଅତି ଶୀଘ୍ର ପଡ଼ିବ ।

ଚିକଣିଆ କଥା ପ୍ରଭାବ ପକାଇପାରେ ନାହିଁ ।

ଯଦି ଆପଣଙ୍କ ମନରେ ଦ୍ୱେଷ, ପ୍ରତିହିଂସା ଆଦି ଭାବନା ଅଛି ଓ ଆପଣଙ୍କ ମନ ଦୁର୍ବଳ, ତେବେ ଆପଣଙ୍କ ମନର ଏ ସମସ୍ତ କୁଭାବନା ତୁରନ୍ତ ଅନ୍ୟମାନଙ୍କୁ ଜଣାପଡ଼ିଯିବ ।

ଶବ୍ଦ ଦ୍ୱାରା ଯଦି ଆପଣ ଦୁନିଆକୁ ପ୍ରତାରଣା କରନ୍ତି, ତେବେ ମଧ୍ୟ ଆପଣଙ୍କ ଆଚରଣ, ସବୁ ରହସ୍ୟକୁ ଶୀଘ୍ର ପଦାରେ ପକାଇଦେବ । ଯେପର୍ଯ୍ୟନ୍ତ ଆପଣ ନିଜର ମାନସିକତାକୁ ବଦଳାଇବେ ନାହିଁ, ସେପର୍ଯ୍ୟନ୍ତ ଆପଣ ନିଜର ଭଲ ଛାପ କାହା ହୃଦୟରେ ଛାଡ଼ିପାରିବେ ନାହିଁ ।

ଯଦି ସନ୍ଦେହକୁ ପରାସ୍ତ କରି, ଆତ୍ମବିଶ୍ୱାସ, ଦୃଢ଼ ନିଶ୍ଚୟ ଓ ସମ୍ପୂର୍ଣ୍ଣ ନିଷ୍ଠାର ସହ, ନିଜକୁ ମହାନ୍, ସୁଖୀ, ପ୍ରସନ୍ନ ଓ ସମ୍ପନ୍ନ କରିବାକୁ ଚାହୁଁଛନ୍ତି, ତେବେ ଡେରି କରନ୍ତୁ ନାହିଁ । ଆଜିଠାରୁ ଚେଷ୍ଟା କରିବା ଆରମ୍ଭ କରିଦିଅନ୍ତୁ । ସନ୍ଦେହ ଅଥବା ଭୟ କାହିଁକି ? ଆପଣ ବିଶ୍ୱାସ ରଖନ୍ତୁ, ଯାହା ଆପଣ ଚାହୁଁଛନ୍ତି ତାହା ହୋଇପାରିବେ, ଚେଷ୍ଟା କରନ୍ତୁ ।

ଉଦ୍ଦେଶ୍ୟ ପ୍ରାପ୍ତ ହୋଇଗଲେ, ଆନନ୍ଦ ଓ ପ୍ରସନ୍ନତା ଆପଣଙ୍କ ସାଙ୍ଗରେ ରହିବ । ସେତେବେଳେ ହସି-ହସି ବଞ୍ଚିବା ଆପଣଙ୍କ ପାଇଁ ଆହୁରି ସହଜ ହୋଇଯିବ ।

୧୬. ମୁହଁର ହସ ବଜାୟ ରଖନ୍ତୁ

ଚିନ୍ତା, ମନସ୍ତାପ, ଅସନ୍ତୋଷ, ଅସାଧୁତା, ଈର୍ଷା ଆଦି ଭାବନା ଶରୀର ଉପରେ ଦୁଷ୍ପ୍ରଭାବ ପକାଇଥାଏ, ଓ ଆପଣଙ୍କ ଶରୀରକୁ କୁତ୍ସିତ ତଥା ଅସୁସ୍ଥ କରିଦିଏ ।

ଯେତେବେଳେ ଆପଣଙ୍କର ଏହି ହାର୍ଦ୍ଦିକ ଇଚ୍ଛା ଅଛି ଯେ, ଆପଣ ବହୁତ ଦିନ ବଞ୍ଚିବାକୁ ଚାହୁଁଛନ୍ତି ଓ ହସି-ହସି ବଞ୍ଚିବାକୁ ଚାହୁଁଛନ୍ତି, ତେବେ ହସୁନାହାନ୍ତି କାହିଁକି ? ଆପଣଙ୍କ ମୁହଁରେ କାହିଁକି ହସ ରହୁନାହିଁ ? ଆପଣ କାହିଁକି ସବୁବେଳେ ନିରୁତ୍ସାହୀ, ଆଳସ୍ୟ, ବ୍ୟାକୁଳ, ଚିନ୍ତିତ ଓ ସନ୍ଦେହର ସ୍ଥିତିରେ ରହୁଛନ୍ତି ?

ଚିନ୍ତାକୁ ଆପଣ ଛାଡ଼ିପାରିବେ, ସନ୍ଦିଗ୍ଧ ପ୍ରବୃତ୍ତିକୁ ମଧ୍ୟ ବଦଳାଇବା ଜାଣିଛନ୍ତି, ଆପଣ ଆତ୍ମବିଶ୍ୱାସୀ ମଧ୍ୟ ଅଟନ୍ତି, ଆପଣଙ୍କ ମୁଣ୍ଡାରେ ସଫଳତା ମଧ୍ୟ ଆସୁଛି- ଏହାସତ୍ତ୍ୱେ ଆପଣ ପଥର ମୂର୍ତ୍ତି ଭଳି କାହିଁକି ଚୁପ୍‌ଚାପ ରୁହନ୍ତି ? ଆପଣଙ୍କ ମୁଖମଣ୍ଡଳରେ ଆଠ ପ୍ରହର କାହିଁକି ହସ ରହୁନାହିଁ ?

ଜଣେ ସୈନିକଙ୍କ ବୃଦ୍ଧା ବିଧବା ପତ୍ନୀ ଥରେ ଜଣେ ଫଟୋଗ୍ରାଫରଙ୍କ ପାଖକୁ ଫଟୋ ଉଠାଇବା ପାଇଁ ଯାଇଥିଲେ । ସେହି ଫଟୋଗ୍ରାଫର ଲେନ୍ସରେ ଦେଖିବା ପରେ କହିଲେ- "ଆପଣଙ୍କ ଓଠରେ ଟିକିଏ ହସ ଆଣନ୍ତୁ ।"

ସେହି ମହିଳା ବହୁତ ଚେଷ୍ଟା କଲେ, କିନ୍ତୁ ସେ ନିଜ ଓଠରେ ହସ ଆଣିପାରିଲେ ନାହିଁ । ସେ ସବୁବେଳେ ନିରୁତ୍ସାହୀ ରହୁଥିଲେ । ତାଙ୍କୁ ସ୍ୱାମୀଙ୍କ ମୃତ୍ୟୁର ଦୁଃଖ ଥିଲା ଓ ସେ ଚିନ୍ତାରେ ରହୁଥିଲେ ।

ଫଟୋଗ୍ରାଫର ପୁଣିଥରେ କହିଲେ- "ଆପଣ ଟିକିଏ ପ୍ରସନ୍ନ ହୋଇ ହସନ୍ତୁ ।"

ମହିଳା ଜଣକ କହିଲେ- "ଦେଖନ୍ତୁ ଆପଣ କିଛି ଜାଣିନାହାନ୍ତି । ମୁଁ ଜଣେ ବିଧବା ଓ ବୃଦ୍ଧା ମହିଳା, ମୁଁ କେମିତି ହସିପାରିବି । ବାହାରର କୌଣସି ପ୍ରଭାବରେ ହସାଯାଇପାରିବ ।"

ଫଟୋଗ୍ରାଫର କହିଲେ- "ନା, ଆନନ୍ଦ ଅଥବା ହାସ୍ୟ ତ' ଭିତରୁ ଆସିଥାଏ । ଥରୁଟିଏ ଚେଷ୍ଟା କରନ୍ତୁ । ଦୟାକରି ଆଉଥରେ ।" ଫଟୋଗ୍ରାଫର ନିଜ କଥାରେ ମଧୁରତା ଆଣିଥିଲେ, ଯାହା କୁହୁକ ଭଳି ପ୍ରଭାବ ପକାଇଲା ଓ ସେହି ମହିଳା ହସିଉଠିଲେ ।

ଏହାପରେ ଫଟୋଗ୍ରାଫର ବଡ଼ପାଟି କରି ଖୁସିରେ କହିଲେ- "ବହୁତ ବଢ଼ିଆ ! ବହୁତ ବଢ଼ିଆ ! ଆପଣ ନିଜ ବୟସରୁ କୋଡ଼ିଏ ବର୍ଷ କମ୍ ବୟସର ଲାଗୁଛନ୍ତି ।"

ସ୍ୱାମୀଙ୍କ ମୃତ୍ୟୁ ପରେ ସେହି ମହିଳା ଆଜି ପ୍ରଥମ ଥର ନିଜର ପ୍ରଶଂସା ଶୁଣିଥିଲେ । ଏତେ ମଧୁର ଶବ୍ଦ ଶୁଣିଥିଲେ ।

ତାଙ୍କ ହୃଦୟ ଉପରେ ଫଟୋଗ୍ରାଫରଙ୍କ ମଧୁର ଶବ୍ଦର ଗଭୀର ଛାପ ପଡ଼ିଲା । ଘରକୁ ଯାଇ ମଧ୍ୟ ସେ ଆଇନାରେ ନିଜର ମୁହଁ ଦେଖି ହସିବାକୁ ଲାଗିଲେ ।

ତାଙ୍କୁ ଯେତେବେଳେ ଫଟୋ ମିଳିଲା, ତେବେ ସେ ଚକିତ ହୋଇଗଲେ । ତାଙ୍କ ଫଟୋ ତାଙ୍କ ବୟସଠାରୁ କୋଡ଼ିଏ ବର୍ଷ କମ୍‌ର ଦେଖାଯାଉଥିଲା । ତାଙ୍କ ମୁହଁ ସୁନ୍ଦର ଦିଶୁଥିଲା ।

ସେ ବହୁତ ପ୍ରସନ୍ନ ହେଲେ ।

ଆପେ-ଆପେ ସେ କହିଉଠିଲେ- "ଯଦି ମୁଁ ଥରେ ପ୍ରସନ୍ନ ହୋଇପାରୁଛି, ତେବେ ସବୁବେଳେ କାହିଁକି ରହିପାରିବି ନାହିଁ ?" ଓ ପ୍ରକୃତରେ ସେ ପ୍ରସନ୍ନ ରହିବାକୁ ଲାଗିଲେ । ତାଙ୍କ ମୁହଁ ସୁନ୍ଦର ଦିଶିବାକୁ ଲାଗିଲା ।

ତାଙ୍କ ମୁହଁରୁ ବୃଦ୍ଧାବସ୍ଥାର ଚିହ୍ନ ଲିଭିବାକୁ ଲାଗିଲା ଓ ସେ ପୁଣି ଯୌବନ ଆଡ଼କୁ ଫେରିଲେ ।

ପ୍ରସନ୍ନ ବ୍ୟକ୍ତିତ୍ୱ :

ସେହି ବୃଦ୍ଧାଙ୍କ ଭଳି ଅଧିକାଂଶ ଲୋକଙ୍କୁ ଚିନ୍ତା ଅଥବା ଦୁଃଖ, ସମୟ ପୂର୍ବରୁ ବୃଦ୍ଧାବସ୍ଥା ଆଡ଼କୁ ଠେଲିଦିଅନ୍ତି । କିନ୍ତୁ ଯଦି ସେହି ଲୋକମାନେ ହସିବାକୁ ଲାଗିବେ, ତେବେ ପୁଣି ଯୌବନକୁ ଫେରାଇ ଆଣିପାରିବେ ।

ହଁ... ଯୌବନକୁ ଫେରାଇ ଆଣାଯାଇପାରିବ ।

ମୁହଁରେ ହସ ଆଣନ୍ତୁ ।

ମୁଖମଣ୍ଡଳ ପ୍ରସନ୍ନ କରନ୍ତୁ ।

ଆମ ହୃଦୟର ପ୍ରତ୍ୟେକ ଭାବନା ଶରୀରକୁ ସୁସ୍ଥ, ସୁନ୍ଦର କରିଥାଏ ଅଥବା ରୋଗୀଣା ଓ କୁତ୍ସିତ ମଧ୍ୟ କରିଥାଏ ।

ଚିନ୍ତା, ମନସ୍ତାପ, ଅସନ୍ତୋଷ, ଅସାଧୁତା, ଈର୍ଷା ଆଦି ଭାବନା ଶରୀର ଉପରେ ଦୁଷ୍ପ୍ରଭାବ ପକାଇଥାଏ ।

ଏହି କଥାଗୁଡ଼ିକ ଶରୀର ଉପରେ ବିଷ ଭଳି ପ୍ରଭାବ ପକାଇଥାଏ ଓ ଶରୀରକୁ କୁତ୍ସିତ ତଥା ଅସୁସ୍ଥ କରିଥାଏ ।

ହାର୍ଭର୍ଡ ବିଶ୍ୱବିଦ୍ୟାଳୟର ଜଣେ ପ୍ରଫେସର କୁହନ୍ତି ଯେ- ପ୍ରତ୍ୟେକ ଭଲ କିମ୍ବା ମନ୍ଦ କାମର ଆଘାତ ମନ ଉପରେ ତା'ର ଗାର ଟାଣିଦିଏ, ସେହି ଗାର କେବେ ଲିଭେନାହିଁ । ସୁତରାଂ ନିଜକୁ ନିଜେ ସୁନ୍ଦର କରିବାର ବାହ୍ୟ ଉପାୟ ସେତେଟା ଉଚିତ ନୁହେଁ, ଯେତିକି ଅନ୍ତଃମନକୁ ସୁନ୍ଦର କରିବା ହୋଇଥାଏ ।

ସଂସାର ଯେମିତି ଅଛି, ତାକୁ ସେମିତି ହିଁ ସ୍ୱୀକାର କରି ହସି-ହସି ବଞ୍ଚିବା ହେଉଛି ବାସ୍ତବିକ ଜୀବନ ।

ଓଜନିଆ ବୋଝ ଲଦନ୍ତୁ ନାହିଁ ।

ଅନାବଶ୍ୟକ ଆଶା :

ସେତିକି ଆଶା କରନ୍ତୁ, ଯେତିକି ଚେଷ୍ଟା କରିବାର ସାମର୍ଥ୍ୟ ମଣିଷ ଭିତରେ ଥାଏ । ନିଜର ଶାରୀରିକ କ୍ଷମତା ଓ ମାନସିକ ଶକ୍ତି ଦ୍ୱାରା ସମଗ୍ର ଭାବେ ଚେଷ୍ଟା କରିଚାଲନ୍ତୁ, ଆଶାବାଦୀ ମଧ୍ୟ ରୁହନ୍ତୁ ।

କିନ୍ତୁ ଏଭଳି ଆଶା କରନ୍ତୁ ନାହିଁ, ଯାହା କେବଳ ସ୍ୱପ୍ନ ଅଟେ । ଯଦି ସ୍ୱପ୍ନରେ ମହଲ ତିଆରି କରିବା ପାଇଁ ଇଚ୍ଛା କରୁଛନ୍ତି, ତେବେ ତାକୁ ବାସ୍ତବତାର ରୂପ ଦେବାପାଇଁ ଇଚ୍ଛା-ଶକ୍ତି, ନିଷ୍ଠା ଓ ପରିଶ୍ରମ ମଧ୍ୟ ରହିବା ଉଚିତ । ସଂସାର ଆଜିଠାରୁ ମଧ୍ୟ ଅଧିକ ସୁନ୍ଦର ହୋଇଥାନ୍ତା, ଯଦି ଆମ ଶିକ୍ଷକମାନେ ପ୍ରସନ୍ନ ରହିବା କର୍ତ୍ତବ୍ୟର ପାଳନ କରିଥାନ୍ତେ । ଯଦି ଗୁରୁଜନଙ୍କ ମୁଖମଣ୍ଡଳ ପ୍ରସନ୍ନ ରହିବ, ତେବେ ସନ୍ତାନ ମଧ୍ୟ ପ୍ରସନ୍ନ ରୁହନ୍ତି । ସନ୍ତାନକୁ ହସ ମଧ୍ୟ ଉତ୍ତରାଧିକାରରେ ଦିଅନ୍ତୁ ।

ଆପଣ ନିଜେ ସହନଶୀଳ ହୁଅନ୍ତୁ ଓ ପିଲାମାନଙ୍କୁ ମଧ୍ୟ ସହନଶୀଳ କରାନ୍ତୁ । ସହନଶୀଳ ଲୋକେ ପ୍ରତ୍ୟେକ ପରିସ୍ଥିତିରେ ହସୁଥାନ୍ତି । ଯଦି ଆପଣଙ୍କ ମୁଖମଣ୍ଡଳ ପ୍ରସନ୍ନ ରହିବ ତେବେ ଯେଉଁ ଲୋକେ ଆପଣଙ୍କୁ ଦେଖିବେ, ଆପଣଙ୍କୁ ସାକ୍ଷାତ କରିବେ, ସେମାନେ ମଧ୍ୟ ପ୍ରସନ୍ନ ହେବେ ଓ ହସ ଖେଳିଯିବ ।

ଆପଣ ଯେଉଁବାଟ ଦେଇ ଯିବେ, ହସର ମେଳା ଲାଗିଯିବ ।

ଯଦି ପାରୁଛନ୍ତି, ଆପଣ ନିଜର ପ୍ରସନ୍ନ ବନ୍ଧୁଙ୍କ ସହିତ ମିଶି ଯେକୌଣସି "ହାସ୍ୟ କ୍ଲବ୍"

ଅଥବା "ନିଶ୍ଚିନ୍ତ ସଭା" କରିପାରିବେ, ଯେଉଁଠି ସମସ୍ତ ସଦସ୍ୟ ହସୁଥିବେ, ଚିନ୍ତା କରୁନଥିବେ ଓ ସେମାନଙ୍କ ମୁଖମଣ୍ଡଳ ପ୍ରସନ୍ନ ହୋଇଥିବ ।

ଯଦି ଆପଣ ଆଲୋଡ଼ିତ ଅଛନ୍ତି, ଆପଣଙ୍କ ମୁଖମଣ୍ଡଳ ପ୍ରସନ୍ନ ନାହିଁ, ତେବେ ଆପଣ ଅସୁସ୍ଥ ଅଛନ୍ତି । ଆପଣଙ୍କ ମୁଖମଣ୍ଡଳ ପ୍ରସନ୍ନ ଥିଲେ, ଆପଣ ଅସୁସ୍ଥ ହେଲେ ମଧ୍ୟ ସୁସ୍ଥ ହୋଇପାରିବେ ।

ଚିଡ଼ଚିଡ଼ା ସ୍ୱଭାବ :

ଯେଉଁ ଲୋକେ ଚିଡ଼ଚିଡ଼ା ସ୍ୱଭାବର ହୋଇଥାନ୍ତି, ସେମାନଙ୍କ ମୁଖମଣ୍ଡଳରେ କେବେ ହସ ଦେଖାଯାଏ ନାହିଁ । ଯଦି ସେମାନେ କେବେ ହସନ୍ତି, ତେବେ ଏମିତି ଲାଗେ ଯେମିତି ସେମାନେ ଅଟହାସ୍ୟ କରୁଛନ୍ତି । ଯେମିତି ନିଜକୁ ପ୍ରତାରଣା କରୁଛନ୍ତି । ଏଭଳି ସ୍ୱଭାବ କରନ୍ତୁ ନାହିଁ ।

ପ୍ରସନ୍ନ ସ୍ୱଭାବ ହିଁ ସ୍ୱଚ୍ଛ ସ୍ୱଭାବ ଅଟେ ।

ଆଶାବାଦୀ ମଣିଷ ପ୍ରସନ୍ନ ହୋଇଥାଏ ଓ ଯିଏ ପ୍ରସନ୍ନ ଅଟେ ସେ ଆଶାବାଦୀ ହୋଇପାରିବ । ନିଜ ଘରେ ମଧ୍ୟ ଅଶୁଭକର ଛବି ଅଥବା ମୂର୍ତ୍ତି ରଖନ୍ତୁ ନାହିଁ ।

ଦୁର୍ଭାଗ୍ୟ ଉପରେ ହସନ୍ତୁ ।

ଯଦି ଲୁହ ବୁହାଇବେ ତେବେ ଆହୁରି ଲୁହ ଉତ୍ପନ୍ନ ହେବ ।

ସୁତରାଂ ବୀରତାପୂର୍ବକ ପୀଡ଼ାଦାୟକ ଘଟଣା ଉପରେ ମଧ୍ୟ ହସି ସେଗୁଡ଼ିକୁ ଅବହେଳା କରନ୍ତୁ । ଏହାପରେ ସେହି ବିପତ୍ତି ଆପଣଙ୍କ ଠାରୁ ହାରିଯିବ ଓ ଆପଣ ଜିତିଯିବେ ।

ହାସ୍ୟ, ସ୍ମିତହାସ୍ୟ ଅଥବା ପ୍ରସନ୍ନତା ଯଦ୍ୟପି ଭିତରୁ ଆସିଥାଏ, କିନ୍ତୁ ପ୍ରସନ୍ନ ମୁଖମଣ୍ଡଳରୁ ପ୍ରେରଣା ତ' ମିଳିଥାଏ । ଅଶୁଭକର ମୁଖମଣ୍ଡଳ ଯେଉଁଠି ରୁହେ, ସେଠାକାର ପରିବେଶ ମଧ୍ୟ ଅଶୁଭକର ହୋଇଯାଏ ।

ଏଥିପାଇଁ ଯେତେବେଳେ ଆନ୍ତରିକ ପ୍ରସନ୍ନତା ଥିବ, ଯେତେବେଳେ ହୃଦୟରୁ ଆନନ୍ଦ ପ୍ରକଟ ହେଉଥିବ, ତେବେ ତାକୁ ସବୁବେଳେ ବଜାୟ ରଖନ୍ତୁ ।

ଯେତେ କଠିନ ପରିସ୍ଥିତି ହେଉ, ମୁଖମଣ୍ଡଳର ମଧୁର ହାସ୍ୟ କେବେ ଲୁପ୍ତ ହେବାକୁ ଦିଅନ୍ତୁ ନାହିଁ । ହସି-ହସି ବଞ୍ଚିଥିବା ଲୋକଙ୍କର ଏହା ଏକ ସୂତ୍ର ଅଟେ, ରହସ୍ୟ ଅଟେ ।

ଏହି ରହସ୍ୟକୁ ଆପଣ ମଧ୍ୟ ବୁଝିନିଅନ୍ତୁ । ଯଦି ପ୍ରସନ୍ନ ରହିବାର ସ୍ୱଭାବ ନାହିଁ ତେବେ ଏହା ଜୀବନର ଏକ ବଡ଼ ଭୁଲ୍ ଅଟେ । ଏହା ତ୍ରୁଟିପୂର୍ଣ୍ଣ ସ୍ୱଭାବ ଅଟେ । ଏହି ସ୍ୱଭାବକୁ ଯେପର୍ଯ୍ୟନ୍ତ ନଛାଡ଼ିବେ ଓ ପ୍ରସନ୍ନ ରହିବାର ସ୍ୱଭାବ ନକରିବେ, ସେପର୍ଯ୍ୟନ୍ତ ଜୀବନର ପ୍ରକୃତ ଆନନ୍ଦକୁ ପ୍ରାପ୍ତ କରିପାରିବେ ନାହିଁ ।

ବେଳେ-ବେଳେ ପରିସ୍ଥିତିରେ ପଡ଼ି ଆମେମାନେ ନିରୁପାୟ ହୋଇଯାଉ, ଓ ହସିବା ବହୁତ ଦୁଃସାଧ୍ୟ ଲାଗେ, ହସ ଲୁପ୍ତ ହୋଇଯାଏ, ସାମର୍ଥ୍ୟ ରୁହେନାହିଁ, ସେତେବେଳେ ମଧ୍ୟ ଏହା ଭାବିବା ଉଚିତ ଯେ, ଭଗବାନ ଓ ମଣିଷ ପ୍ରତି ଆମର କିଛି କର୍ତ୍ତବ୍ୟ ଅଛି, ସେହି

କର୍ତ୍ତବ୍ୟ ମଧ୍ୟରୁ ଗୋଟିଏ ହେଉଛି ସମସ୍ତଙ୍କୁ ପ୍ରସନ୍ନ କରିବା । ମନୁଷ୍ୟ ପ୍ରାଣୀ ଅଟେ, ଆମକୁ ଦିବ୍ୟ ଜୀବନ ବଞ୍ଚିବାର ଅଧିକାର ମିଳିଛି, ଆମକୁ ସେହି ଆନନ୍ଦକୁ ସ୍ୱୀକାର କରିବା ଉଚିତ ।

ଅଧିକାଂଶ ଲୋକ ଏମିତି ଥାନ୍ତି, ଯେଉଁମାନେ ଅଜଣା ଓ ଅପରିଚିତଙ୍କ ସହିତ ମଧ୍ୟ ହସିହସି କଥା ହୋଇଥାନ୍ତି । ଏମିତି ହୃଷ୍ଟ ଲୋକଙ୍କ ସହ ମିଶି ପ୍ରସନ୍ନତା ମିଳିଥାଏ । ଯେଉଁଆଡ଼େ ଯାଆନ୍ତି ସେଇଠି ଫୁଲ ଫୁଟାଇଦିଅନ୍ତି ।

ଆପଣ ମଧ୍ୟ ହୃଷ୍ଟ ହୁଅନ୍ତୁ ଓ ପୁଷ୍ପ ବିକଶିତ କରନ୍ତୁ ।

ହସି-ହସି ବଞ୍ଚିବାର ଏହା ମଧ୍ୟ ଏକ ଅତ୍ୟନ୍ତ ସହଜ ମାର୍ଗ । ଯଦି ହସି-ହସି ବଞ୍ଚିବାକୁ ଚାହୁଁଛନ୍ତି ତେବେ ଆଜିଠାରୁ ଏହି ରାସ୍ତାରେ ଚାଲିବା ଆରମ୍ଭ କରନ୍ତୁ । ଯେତେ ଦୁଃଖ ଥାଉ, ଯେତେ ବିପତ୍ତି ଥାଉ- ଭଗବାନଙ୍କ ଭକ୍ତିରେ ଲୀନ ହୋଇଯାଆନ୍ତୁ ଓ ନିଜର ଅଶୁଭକର ଲୁହକୁ ପୋଛିଦିଅନ୍ତୁ । ଭଗବାନ ଆପଣଙ୍କୁ କାନ୍ଦିବା ପାଇଁ ନୁହେଁ, ହସିବା ପାଇଁ ପଠାଇଛନ୍ତି, ଏହି ସୃଷ୍ଟିରେ ସୌନ୍ଦର୍ଯ୍ୟ ବିସ୍ତାର କରିବା ପାଇଁ ପଠାଇଛନ୍ତି ।

୧୭. ଭଗବାନଙ୍କ ଉପରେ ଆସ୍ଥା ରଖନ୍ତୁ

ଅସୁବିଧା ସମୟରେ ଧୈର୍ଯ୍ୟ ରଖି, ଭଗବାନଙ୍କ ଉପରେ ଆସ୍ଥା ରଖୁଥିବା ବ୍ୟକ୍ତି ସମଗ୍ର ଶକ୍ତି ଓ ଆତ୍ମବିଶ୍ୱାସର ସହିତ ସେହି ଅସୁବିଧାକୁ ମୁକାବିଲା କରିଥାଏ । ସେହି ବ୍ୟକ୍ତି ପ୍ରକୃତରେ ଆସ୍ତିକ ଅଟେ ।

ନାସ୍ତିକ ତାକୁ କୁହାଯାଏ, ଯିଏ କୌଣସି ଅଦୃଶ୍ୟ ଶକ୍ତିର ଅସ୍ତିତ୍ୱକୁ ପ୍ରତ୍ୟାଖ୍ୟାନ କରେ । ସଂସାରରେ ଏମିତି ଅନେକ ଲୋକ ଅଛନ୍ତି ଓ ହୋଇଛନ୍ତି । ସେହି ଲୋକମାନେ ଭଗବାନଙ୍କ ଉପରେ ଆସ୍ଥା ରଖନ୍ତି ନାହିଁ, ତାଙ୍କ ଅସ୍ତିତ୍ୱକୁ ମାନନ୍ତି ନାହିଁ ।

ଏହା ଏକ ବିବାଦୀୟ ବିଷୟ । ଯେହେତୁ ଏଭଳି ଲୋକ ସଂସାରରେ ବହୁତ ଅଛନ୍ତି, ଯେଉଁମାନେ ଭଗବାନଙ୍କୁ କୌଣସି ନା' କୌଣସି ରୂପରେ ନିଶ୍ଚିତ ମାନିଥାନ୍ତି । କେହି ନିରାକାର ମାନିଥାଏ, ଆଉ କିଏ ସାକାର । କେହି ପ୍ରକୃତି ରୂପରେ ତାଙ୍କୁ ମାନନ୍ତି । ହିନ୍ଦୁ, ଈସାଇ, ମୁସଲମାନ, ପାରସୀ ଆଦି ବିଶ୍ୱସ୍ତରୀୟ ଅନେକ ଧର୍ମ ଅଛି । ଆତ୍ମା ଓ ପରମାତ୍ମାଙ୍କ ସମ୍ବନ୍ଧରେ ସମସ୍ତଙ୍କର ଭିନ୍ନ-ଭିନ୍ନ ବିଚାରଧାରା ରହିଛି । ଅନେକ ଧର୍ମରେ ଆତ୍ମାକୁ ଅଜର-ଅମର

ମାନ୍ୟତା ଦିଆଯାଇଛି ତ' ଆଉ କେତେକ ଧର୍ମରେ ଆତ୍ମା ମଧ୍ୟ ଶରୀର ସହିତ ମରିଯାଏ ବୋଲି ଧରାଯାଏ ।

ଯେଉଁଠି ଆସ୍ଥାର ପ୍ରଶ୍ନ ଉଠେ, ଯେଉଁମାନେ ତାଙ୍କ ନାମ ଦିନରେ ଅନେକ ଥର ନିଅନ୍ତି, ସେମାନେ ମଧ୍ୟ ଅସୁବିଧା ଆସିଲେ ଉଦ୍‌ବିଗ୍ନ ହୋଇଯାଆନ୍ତି । ସେହି ସର୍ବଶକ୍ତିମାନଙ୍କୁ ଭୁଲିଯାଆନ୍ତି । କିଏ ଭାଗ୍ୟକୁ ଦୋଷ ଦିଏ ତ' କିଏ ପୂର୍ବ ଜନ୍ମର କର୍ମଫଳ ବୋଲି କହିଥାଏ । ଅସୁବିଧା ସମୟରେ ଧୈର୍ଯ୍ୟ ରଖି, ଭଗବାନଙ୍କ ଉପରେ ଆସ୍ଥା ରଖୁଥିବା ବ୍ୟକ୍ତି ସମଗ୍ର ଶକ୍ତି ଓ ଆତ୍ମବିଶ୍ୱାସର ସହିତ ସେହି ଅସୁବିଧାକୁ ମୁକାବିଲା କରିଥାଏ । ସେହି ବ୍ୟକ୍ତି ପ୍ରକୃତରେ ଆସ୍ତିକ ଅଟେ । ଆସ୍ତିକକୁ, ଧାର୍ମିକକୁ ଉଦ୍‌ବିଗ୍ନ ହେବା ଅଥବା ଭୟଭୀତ ହେବାର ଆବଶ୍ୟକତା ନାହିଁ ।

ସେହି ବ୍ୟକ୍ତି ପ୍ରତି କ୍ଷଣ, ପ୍ରତି ମୁହୂର୍ତ୍ତ ଭଗବାନଙ୍କ ବିଶ୍ୱାସ ଉପରେ ସବୁ ଅସୁବିଧାର ମୁକାବିଲା କରିଥାଏ । ତାକୁ ଡର କାହାକୁ ?

ଭଗବାନ ସର୍ବଶକ୍ତିମାନ ଅଟନ୍ତି, ଆମେସବୁ ତାଙ୍କରି ସନ୍ତାନ, ତାଙ୍କରି ଅଂଶ । ସର୍ବଶକ୍ତିମାନଙ୍କ ଅଂଶକୁ- ସର୍ବଶକ୍ତିମାନଙ୍କ ସନ୍ତାନକୁ ଡରିବାର କୌଣସି କାରଣ ନାହିଁ ।

ସେ ଆତ୍ମବିଶ୍ୱାସୀ ହୋଇଥାଏ । ନିର୍ଭୀକ ହୋଇଥାଏ । ସବୁକିଛି କରିବାରେ ସମର୍ଥ ହୋଇଥାଏ । ତା' ସମ୍ମୁଖରେ ସମସ୍ୟା କିଛି ନୁହେଁ । ଚୁଟ୍‌କି ମାରି ସେ ସମସ୍ୟାର ସମାଧାନ କରିଦିଏ ।

ଆସ୍ଥାରେ ପ୍ରସନ୍ନତା :

ଆପଣ ଯେତେବେଳେ ମାନିନିଅନ୍ତି ଯେ, ସମଗ୍ର ବିଶ୍ୱରେ ଗୋଟିଏ ତତ୍ତ୍ୱ କାମ କରୁଛି, ସାରା ସଂସାରରେ ଗୋଟିଏ ଜୀବନ, ଗୋଟିଏ ସତ୍ୟ ବର୍ତ୍ତମାନ ଅଛି, ଓ ଆମେସବୁ ସେହି ଧାରାରେ ପ୍ରବାହିତ ହେଉଛୁ, ଯାହା ପରମାତ୍ମାଙ୍କ ପାଖକୁ ଯାଇଛି । ଏହା ଚିନ୍ତାକରି ଆପଣଙ୍କୁ କେତେ ଶାନ୍ତି, ଶକ୍ତି ଓ ପ୍ରୋତ୍ସାହନ ମିଳିବ !

ଏମିତି ଚିନ୍ତାକରି ଆପଣଙ୍କ ସମସ୍ତ ଭୟ ନଷ୍ଟ ହୋଇଯିବ ।

ଆପଣଙ୍କ ଜୀବନ ନୂଆ ରୂପ ଧାରଣ କରିବ ।

ଯଦି ଏହା ଚିନ୍ତା କରିବେ ଯେ, ଆପଣଙ୍କୁ ମଧ୍ୟ ପରମାତ୍ମା ତିଆରି କରିଛନ୍ତି, ଆପଣ ମଧ୍ୟ ତାଙ୍କରି ଅଂଶ, ତେବେ ତାଙ୍କରି ଭଳି ସମ୍ପୂର୍ଣ୍ଣ ଓ ଅମର ହୋଇପାରିବେ, ଆପଣଙ୍କ ଭିତରେ ଅଲୌକିକତା ଭରିଯିବ, ଶକ୍ତି ଭରିଯିବ । ଆପଣ ଆନନ୍ଦ ଓ ସନ୍ତୋଷ ଅନୁଭବ କରିବାକୁ ଲାଗିବେ ।

ଯଦି ସବୁବେଳେ ଏହା ମାନୁଥିବେ ଯେ, ଆପଣ ଓ ଭଗବାନ ହେଉଛନ୍ତି ଗୋଟିଏ ରୂପ, ଆପଣଙ୍କୁ ଧୈର୍ଯ୍ୟ, ସାନ୍ତ୍ୱନା ଓ ସୁନିଶ୍ଚିତ ପ୍ରାପ୍ତି ହେବ । ସେତେବେଳେ ଆପଣଙ୍କୁ ଏହା ବିଶ୍ୱାସ ହେବ ଯେ, ଆପଣ ଯେକୌଣସି ସଂଯୋଗ, ପରିସ୍ଥିତି ଅଥବା ଭାଗ୍ୟର ଦାସ ନୁହଁନ୍ତି । ବରଂ ନିଜର ଭାଗ୍ୟ-ବିଧାତା ଆପଣ ନିଜେ ।

ଆପଣ ପରମାତ୍ମାଙ୍କ ସହିତ ଯେତିକି ସମ୍ପର୍କ ତିଆରି କରିବେ, ସେତିକି ତାଙ୍କ ନିକଟତର ହେବେ, ଆପଣ ସେଥିରେ ନିମଗ୍ନ ରହିବେ, ଆପଣଙ୍କ ଜୀବନ ସେତିକି ହିଁ ପ୍ରଶାନ୍ତ ଓ ସାନ୍ତ୍ୱନାପୂର୍ଣ୍ଣ ହେବ । ଆପଣଙ୍କ ଉତ୍ପାଦନ ଶକ୍ତି ସେତିକି ହିଁ ବଢ଼ିଚାଲିବ ।

ସେଣ୍ଟ୍ ପାଲ୍‌ଙ୍କ ବିଶ୍ୱାସ ଅଛି ଯେ, ମୃତ୍ୟୁ, ଜୀବନ ସିଦ୍ଧାନ୍ତ, ଶକ୍ତି, ବର୍ତ୍ତମାନ ତଥା ଭବିଷ୍ୟତରେ ଆସିବାକୁ ଥିବା ଜିନିଷ, ଉଚ୍ଚ କିମ୍ବା ନିଚ୍ଚ ଆପଣଙ୍କୁ ପରମାତ୍ମାଙ୍କ ଠାରୁ କେବେ ଅଲଗା କରିପାରିବେ ନାହିଁ । ପରମାତ୍ମାଙ୍କ ପ୍ରେମରୁ ବଞ୍ଚିତ କରିପାରିବେ ନାହିଁ ।

ଆପଣ ପରମାତ୍ମାଙ୍କର ଓ ପରମାତ୍ମା ଆପଣଙ୍କର ।

ଆପଣଙ୍କ ସହିତ ଆପଣଙ୍କର ସମ୍ପର୍କ ଅଛି ଓ ସେ ଆପଣଙ୍କୁ ସେହିଭଳି ପ୍ରେମ କରନ୍ତି ଯେଉଁଭଳି ପିତା ସନ୍ତାନକୁ କରିଥାଏ ।

ସେଣ୍ଟ୍ ପାଲ୍‌ଙ୍କ ଏହି ବିଚାର ଆପଣଙ୍କୁ ଧୈର୍ଯ୍ୟ ଦେବ । ଯଦି ଆପଣ ସେଣ୍ଟ୍ ପାଲ୍‌ଙ୍କ ଭଳି ସେହି ପରମାତ୍ମାଙ୍କ ଉପରେ ବିଶ୍ୱାସ ରଖିବେ, ତେବେ ଜୀବନରେ ଆପଣଙ୍କୁ ନିରାଶା, ଭୟ, ଚିନ୍ତା ଅଥବା ଦୁଃଖ ମିଳିବ ନାହିଁ । ଆପଣଙ୍କୁ ସୁଖ, ସନ୍ତୋଷ ଓ ଶାନ୍ତି ମିଳିବ ।

ଯେତେବେଳେ ଆପଣଙ୍କୁ ନିଜ ମନରେ ଲୁଚିଥିବା ଶକ୍ତି ଜଣାପଡ଼େ, ଆପଣ ନିଜକୁ ପରମାତ୍ମାଙ୍କ ନିକଟତର ଅନୁଭବ କରିବାକୁ ଲାଗନ୍ତି । ଆପଣଙ୍କ ଭିତରେ ଦିବ୍ୟତା ଆସିଯାଏ ଓ ଆପଣ ପୃଥିବୀ ଉପରେ ଥିବା ସମସ୍ତ ଜିନିଷର ଭଣ୍ଡାର ନିକଟକୁ ପହଞ୍ଚିଯାନ୍ତି ।

ମନ ଭିତରକୁ ଦେଖନ୍ତୁ :

ଯଦି ସେତେବେଳେ ଆପଣ ନିଜ ମନ-ମନ୍ଦିରର କବାଟ ଖୋଲିବେ, ତେବେ ଆପଣଙ୍କ ମନ ଭିତରେ ଅଲୌକିକ ଶକ୍ତିଗୁଡ଼ିକର ବିକାଶ ହୋଇଯିବ ।

ଯଦି ଆଜି ଆପଣ ଦୁର୍ବଳ ଅଛନ୍ତି ଓ ଅସହାୟ ଅଟନ୍ତି, ତେବେ ଆପଣ ବୁଝିନିଅନ୍ତୁ ଆପଣ ସେହି ପରମାତ୍ମାଙ୍କ ଆଡ଼କୁ ପିଠି କରିଛନ୍ତି ।

ଦୁର୍ବିଚାର ଓ ଅସତ୍ ଆଚରଣ ଆପଣଙ୍କ ଭିତରେ ରହିଛି ।

ସେହି ଅଶୁଦ୍ଧ ବିଚାର ଆପଣଙ୍କୁ ତାଙ୍କଠାରୁ ଅଲଗା କରି ରଖିଛି ।

ଯେପର୍ଯ୍ୟନ୍ତ ଆପଣ ଏହି ଅସଦାଚରଣରେ ପ୍ରବୃତ୍ତ ରହିବେ, ସେପର୍ଯ୍ୟନ୍ତ ଆପଣ ସେହି ଶକ୍ତିକୁ ପ୍ରେରିତ କରିପାରିବେ ନାହିଁ । ଆପଣ ଯେତେବେଳେ ନିଜ ଆଚରଣ ବଦଳାଇଦେବେ, ସେହି ଶକ୍ତିକୁ ପ୍ରାପ୍ତ କରିବେ, ଆପଣ ସଶକ୍ତ ଓ କର୍ମଶୀଳ ହୋଇଯିବେ ।

ଦୁର୍ବୃତ୍ତରେ ଲିପ୍ତ ହେଲେ ଆପଣଙ୍କ ଶକ୍ତି କ୍ଷୀଣ ହୋଇଥାଏ ଓ ଆପଣ ଭଗବାନଙ୍କ ଠାରୁ ଅଲଗା ହୋଇଯାଆନ୍ତି । ତାଙ୍କ ସହିତ ଆପଣଙ୍କର ଏକୀକରଣ ହୁଏନାହିଁ । ଆପଣ ନ୍ୟାୟ ଓ ପ୍ରେମରୁ ବିମୁଖ ହୋଇ ନିଜ ଓ ତାଙ୍କ ଭିତରେ ଥିବା ସମ୍ପର୍କକୁ ଦୁର୍ବଳ କରିଦିଅନ୍ତି ।

ଯେତେବେଳେ ଆପଣ ଖରାପ କାମ କରନ୍ତି, ସେତେବେଳେ ଆପଣ ନ୍ୟାୟ ପଥକୁ ଛାଡ଼ିସାରିଥାନ୍ତି । ଖରାପ କାମ ଆପଣଙ୍କୁ ପରମାତ୍ମାଙ୍କ ଠାରୁ ବିମୁଖ କରିଦିଏ ।

ଏହିଭଳି ପରମାତ୍ମାଙ୍କ ଦିବ୍ୟତାରୁ ବିମୁଖ ହୋଇ ଆପଣ ଭୟ, ଚିନ୍ତା, ଶୋକ ଓ ସନ୍ଦେହର

ଶିକାର ହୋଇଯାଆନ୍ତି । ଆପଣ ଦିଗଭ୍ରଷ୍ଟ ହୋଇଯାଆନ୍ତି । ଆପଣ ସେହି ବାଳକ ଭଳି ପଥଭ୍ରଷ୍ଟ ହୁଅନ୍ତି, ଯିଏ ଅନ୍ଧାରରେ ଏପଟ-ସେପଟ ଅଣ୍ଡାଳିବୁଲେ ଓ ତାକୁ ରାସ୍ତା ମିଳିପାରେ ନାହିଁ ।

ଏବେ ଲୋକେ ବୁଝିବାକୁ ଲାଗିଲେଣି, ଜାଣିଗଲେଣି ଯେ ପରମାତ୍ମାଙ୍କ ସହିତ ତାଙ୍କର ଅତୁଟ ସମ୍ପର୍କ ରହିଛି । ତାଙ୍କ ଭିତରେ ଏକ ଦିବ୍ୟ ଶକ୍ତି ଲୁଚି ରହିଛି । ସେହି ଶକ୍ତିକୁ ଚିହ୍ନି ତା'ର ବିକାଶ କରିବାର ଆବଶ୍ୟକତା ରହିଛି ।

ସେହି ପରମାତ୍ମାଙ୍କ ସହିତ ଆପଣଙ୍କ ସମ୍ପର୍କ ଯେତିକି ଦୃଢ଼ ହେବ, ଆପଣଙ୍କ ଶକ୍ତି ସେତିକି ବୃଦ୍ଧି ହେବ । ସୁତରାଂ ଆପଣ ତାଙ୍କ ସହିତ ନିଜର ସମ୍ପର୍କ ମଜଭୁତ୍ କରନ୍ତୁ, ତାଙ୍କ ନିକଟତର ହୁଅନ୍ତୁ । ଆପଣ ତାଙ୍କର ନିକଟତର ହୋଇଗଲେ, କୌଣସି ପ୍ରକାରର ଶୋକ-ଅନୁତାପ ରହିପାରିବ ନାହିଁ ।

ଭୟ, ଚିନ୍ତା ଓ ଉଦାସୀନତା ଏହି କଥାର ପ୍ରମାଣ ଅଟେ ଯେ, ଆପଣ ପରମାତ୍ମାଙ୍କ ସହିତ ସମ୍ପର୍କ ଛିଣ୍ଡାଇ ଦେଇଛନ୍ତି ।

ଯେକୌଣସି ବ୍ୟକ୍ତି ନିଜର ଲୁକ୍କାୟିତ ଶକ୍ତିଗୁଡ଼ିକର ବିକାଶ ନକରି ମହାନ୍ ହୋଇପାରିବ ନାହିଁ । ପରମାତ୍ମାଙ୍କ ସହିତ ସମ୍ପର୍କ ଦୃଢ଼ କରିବା ଦ୍ୱାରା ହିଁ ଲୁପ୍ତ ଶକ୍ତିଗୁଡ଼ିକର ବିକାଶ ହୋଇଥାଏ ।

ଯଦି ମନ, କର୍ମ ଓ ବଚନରେ ଏହା ମାନିନେବେ ଯେ, ଆପଣ ସେହି ପରମାତ୍ମାଙ୍କ ଅଂଶ, ଯିଏ ସୃଷ୍ଟିର ରଚନା କରିଛନ୍ତି, ତେବେ ଆପଣଙ୍କୁ ଶକ୍ତି ପ୍ରାପ୍ତ ହୋଇଯିବ ।

ଆପଣ ଯେତିକି ଉନ୍ନତି କରିଚାଲିବେ, ଆପଣଙ୍କ ଆନନ୍ଦ ଓ ପ୍ରସନ୍ନତା ସେତିକି ବଢ଼ିଚାଲିବ । ନା' ଆପଣଙ୍କୁ କୌଣସି ପ୍ରକାରର ଭୟ ରହିବ, ନା' ଆଶଙ୍କା ଘେରିବେ, ନା' ଚିନ୍ତା ମନକୁ ବ୍ୟାକୁଳ କରିବ ଓ ନା' କୌଣସି ପ୍ରକାରର ଶୋକ, ଅନୁତାପ ଆପଣଙ୍କ ଉପରେ ପ୍ରଭାବ ପକାଇପାରିବ । ଆପଣ ହସି-ହସି ସମସ୍ତ ବିପତ୍ତିକୁ ସହିଯିବେ ।

ଆନନ୍ଦ ଓ ଉତ୍ସାହରେ ଭରା ଜୀବନକୁ ଆପଣ ସେତେବେଳେ ହସି-ହସି ଜିଇଁବେ । ସୁଖ, ସ୍ୱାସ୍ଥ୍ୟ, ସମୃଦ୍ଧି ଓ ସମସ୍ତ ପ୍ରକାରର ସଫଳତା ଆପଣଙ୍କ ଜୀବନରେ ବିଦ୍ୟମାନ ହେବ । ଆପଣ ସୃଷ୍ଟିର ସୌନ୍ଦର୍ଯ୍ୟକୁ ଅବିରତ ବୃଦ୍ଧି କରିଚାଲିବେ । ଭଗବାନ ମଧ୍ୟ ଏହା ହିଁ ଚାହାନ୍ତି ।

୧୮. ନିଶାର କୁଅଭ୍ୟାସରୁ ଦୂରେଇ ରୁହନ୍ତୁ

ଶରୀର ଶିଥିଳ ଅଛି... ଚେତନାଶୂନ୍ୟ ଭଳି ହୋଇଛି... ମସ୍ତିଷ୍କରେ କ୍ଷୀଣତା ଆସୁଥିବା ଜଣାଯାଉଛି... ଜୀବନରେ ଦୁଃଖ, କଷ୍ଟ ଓ ରୋଗର ବନ୍ୟା ଆସୁଛି, ତେବେ ବୁଝିନିଅନ୍ତୁ ଯେ ଏହା ହେଉଛି ନିଶାର ପ୍ରଭାବ ।

ଅଧିକାଂଶ ଲୋକ ଦୁଃଖ ଓ ଯନ୍ତ୍ରଣାରୁ ମୁକ୍ତି ପାଇବାର ଚିକିତ୍ସା, ନିଶାକୁ ଭାବିନେଇଛନ୍ତି ।

ସେହି ଲୋକମାନେ ଯେତେବେଳେ କୌଣସି "ଦୁଃଖ" ଅଥବା "ଚିନ୍ତା"ରେ ଥାଆନ୍ତି ତେବେ ମଦ, ଚରସ, ଏଲ.ଏସ୍.ଡି କିମ୍ବା ଅନ୍ୟ ମାଦକ ଦ୍ରବ୍ୟ ଗ୍ରହଣ କରି ନିଜ ମସ୍ତିଷ୍କକୁ ନିଷ୍କ୍ରିୟ କରିବାକୁ ଚେଷ୍ଟା କରନ୍ତି ।

ଏହି ଦେଶରେ ଏମିତି ବହୁତ ଲୋକ ଅଛନ୍ତି, ଯେଉଁମାନେ ଦିନ-ରାତି ମଦ ପିଅନ୍ତି । ଏଭଳି ଲୋକଙ୍କ ସଂଖ୍ୟା ଅବିରତ ବଢ଼ିଚାଲିଛି । ଏହି ଲୋକେ ମଦରେ ମତ୍ତ ରୁହନ୍ତି, କିନ୍ତୁ ମଦୁଆ କୁହାଯିବା ସେମାନଙ୍କୁ ପସନ୍ଦ ନୁହେଁ । ଯଦି କେହି କୁହନ୍ତି, ତେବେ ସେମାନଙ୍କ ପ୍ରତିଷ୍ଠା ଉପରେ ଆଞ୍ଚ ଆସିଲା ବୋଲି ଭାବନ୍ତି ।

ଏଭଳି ଅକର୍ମଣ୍ୟ ଲୋକେ ବେଳେ-ବେଳେ ଚେତନାଶୂନ୍ୟ ମଧ୍ୟ ରୁହନ୍ତି ।

ଅଧିକାଂଶ ଲୋକ ଏମିତି ଅଛନ୍ତି, ଯେଉଁମାନେ ଡିଣ୍ଡିମ ପିଟନ୍ତି ଯେ ସେମାନେ କେବେ ମଦ ପିଇ ମାତାଲ୍ ହୁଅନ୍ତି ନାହିଁ । ମଦ ସେମାନଙ୍କ କାମରେ ବାଧା ଦିଏନାହିଁ । କିନ୍ତୁ ସେମାନେ ଭୁଲିଯାଆନ୍ତି ଯେ, ମଦର ପରିଣାମ ଘାତକ ହୋଇଥାଏ । ଖରାପ ବ୍ୟବହାରର ପରିଣାମ ଧୀରେ-ଧୀରେ ସାମ୍ନାକୁ ଆସିଥାଏ ।

ଖରାପ ବ୍ୟବହାର ଏଭଳି ଛଳପୂର୍ଣ୍ଣ ହୋଇଥାଏ ଯେ, ଆରମ୍ଭରୁ ଏହାର ପରିଣାମ ଜଣାପଡ଼େନାହିଁ । ପ୍ରଥମେ ଆପଣ ନିଶାରେ ଆନନ୍ଦ ଅନୁଭବ କରନ୍ତି । ନିଶା ଆପଣଙ୍କୁ କିଛିଟା ଆରାମ ଦେଇଥାଏ ।

କିନ୍ତୁ କିଛିଦିନ ପରେ ଆପଣ ଯେତେବେଳେ ନିଶାର ଅଭ୍ୟସ୍ତ ହୋଇଯାଆନ୍ତି, ତେବେ ଜଣାପଡ଼େ ଯେ ଆପଣ ଗୋଟିଏ ବହୁତ ବଡ଼ ରୋଗ ପାଳିଛନ୍ତି, ଯେଉଁଥିରୁ ବର୍ତ୍ତମାନ ଆପଣଙ୍କୁ ମୁକ୍ତି ମିଳିପାରିବ ନାହିଁ ।

ଅଧିକାଂଶ ଲୋକ ଅଫିସ୍ ସମୟରେ ମଧ୍ୟ ମଦ ପିଅନ୍ତି । ଅଫିସ୍ ଆରମ୍ଭ ହୋଇଥିବ କି ନାହିଁ, ସେମାନେ କୌଣସି ବାହାନା କରି ଅଫିସ୍ ବାହାରକୁ ଯାଇ ଆଶ୍ୱସ୍ତ ହେବାପାଇଁ ମଦ ପିଅନ୍ତି । ଯେଉଁଠିକି ସେମାନେ ରାତିସାରା ଆରାମ କଲାପରେ ସକାଳେ ପ୍ରଫୁଲ୍ଲିତ ଏବଂ ସତେଜ ହେବା ଉଚିତ ।

ଏଭଳି ଲୋକଙ୍କ ଚେତନା ପ୍ରାୟତଃ ସୁପ୍ତ ରହିଥାଏ । ଏମାନେ କେବେ ଉତ୍ତମ ଜୀବନ ବଞ୍ଚିପାରିବେ ନାହିଁ । ଏଭଳି ଲୋକେ ହସି-ହସି ବଞ୍ଚିବା ତ' ଦୂରର କଥା, ସାରା ଜୀବନ କାନ୍ଦୁଥାନ୍ତି । ନିଶାର ଏହି ଭୃତ୍ୟଙ୍କୁ ଯଦି ଗୋଟିଏ ଦିନ ନିଶାଦ୍ରବ୍ୟ ନମିଳେ, ତେବେ ସେମାନେ ବ୍ୟାକୁଳ ହୋଇଯାଆନ୍ତି । ଏଭଳି ଲୋକଙ୍କ ମସ୍ତିଷ୍କ ଆଳସ୍ୟ ଅଥବା ନିଷ୍କ୍ରିୟ ଓ ଶରୀରର ଅଙ୍ଗପ୍ରତ୍ୟଙ୍ଗ ଶିଥିଳ ଓ ବେକାର ହୋଇଯାଇଥାଏ ।

ସେମାନଙ୍କ ଜୀବନର କୌଣସି ଭବିଷ୍ୟତ ନାହିଁ । ନିଜ ଜୀବନକୁ ସେମାନେ ନିଜେ ହିଁ ବିଗାଡ଼ିଥାନ୍ତି । ଏହା ବହୁତ ପୀଡ଼ାଦାୟକ ।

ଶରୀର ଶିଥିଳ ଅଛି... ଚେତନାଶୂନ୍ୟ ଭଳି ହୋଇଛି... ମସ୍ତିଷ୍କରେ କ୍ଷୀଣତା ଆସୁଥିବା ଜଣାଯାଉଛି... ଜୀବନରେ ଦୁଃଖ, କଷ୍ଟ ଓ ରୋଗର ବନ୍ୟା ଆସୁଛି... ସବୁ ଖୁସି ଚାଲିଯାଇଛି ଓ ଆପଣ ଜୀବନ୍ତ ଶବ ଭଳି ଏହି ଶରୀରର ଭାର ଉଠାଉଛନ୍ତି । ତେବେ ବୁଝିନିଅନ୍ତୁ ଯେ, ଏହା ହେଉଛି ନିଶାର ପ୍ରଭାବ ।

କିଛି ଶିଖନ୍ତୁ :

ଥରେ ମୁଁ ଲିଫ୍ଟରେ ଯାଉଥିଲି । ଦୁଇଜଣ ଯୁବକ ତା' ଭିତରେ କଥା ହେଉଥିଲେ ।

ଜଣେ କହିଲା:- "ସାଙ୍ଗ, ପୂର୍ବ ରବିବାର ଦିନ ପାର୍ଟିକୁ ଯାଇଥିଲୁ- ମୁଁ ତ' ଏତେ ମଦ ପିଇଲି ଯେ, ପେଟ କହିଲା ସେତିକି ଥାଉ । ମୋର ଅବସ୍ଥା ଏମିତି ଥିଲା ଯେ, ଘରକୁ ଯାଇ ଠିକ୍ ହେବାପାଇଁ ମୋତେ ଆଉ ଗୋଟିଏ ବୋତଲ ବିୟର ପିଇବାକୁ ପଡ଼ିଲା ।"

ଯେଉଁଠି ଏମିତି ଅବସ୍ଥା ଅଛି, ସେଇଠି ଭଗବାନ ଉଦ୍ଧାର କରିବେ ।

ଏଭଳି ମାତାଲ୍ ଅବସ୍ଥାରେ କେହି କ'ଣ କାମ କରିପାରିବେ ?

ଏହି ପ୍ରଗତିଶୀଳ ଯୁଗରେ, ଯେତେବେଳେ ସୁସ୍ଥ ଲୋକଙ୍କୁ ମଧ୍ୟ ବହୁତ କାମ କରିବାକୁ ପଡୁଛି, ସେଇଠି ମଦୁଆ ଲୋକ କ'ଣ କରିପାରିବ ? ଏଭଳି ମଦୁଆ ଲୋକେ କୌଣସି କାମ କରିବା ଯୋଗ୍ୟର ନଥାନ୍ତି ଓ ନିଶା ଦ୍ୱାରା ସେମାନଙ୍କ ଇନ୍ଦ୍ରିୟ ନଷ୍ଟ ହୋଇଯାଇଥାଏ ।

ପ୍ରଥମ ସ୍ଥିତି ହେଉଛି ଶହେରୁ କିଛି ଲୋକ ହିଁ ସଫଳ ହୁଅନ୍ତି, ତେବେ ଏହି ଲୋକଙ୍କର କ'ଣ ହେବ, ଯାହାଙ୍କର ପ୍ରଥମରୁ ଅଙ୍ଗ ଦୁର୍ବଳ ଅଛି ଓ ପୌରୁଷ ଶିଥିଳ ଅଛି ? ଜୀବନର ଦୌଡ଼ରେ କ'ଣ ସେମାନଙ୍କର କୌଣସି ସଫଳତାର ସମ୍ଭାବନା ଥାଇପାରେ ?

ଯଦି ଆମେ ଇଚ୍ଛାର ଭୃତ୍ୟ ହୋଇ ନିଜ ମାନସିକ ଅଙ୍ଗପ୍ରତ୍ୟଙ୍ଗଗୁଡ଼ିକୁ କ୍ଳାନ୍ତ କରିବା ତେବେ ଆମର ଶକ୍ତି ନଷ୍ଟ ହେବ ଓ ଆମେ ନିଜ ଭିତରେ ବିଦ୍ୟମାନ ରୋଗର ଅଣୁଗୁଡ଼ିକୁ ନିମନ୍ତ୍ରଣ କରିବା, ଯେଉଁମାନେ ଆମର ଶତ୍ରୁ ଅଟନ୍ତି । ଶତ୍ରୁ ସେତେବେଳେ ଆକ୍ରମଣ କରେ ଯେତେବେଳେ ଆମେ ଦୁର୍ବଳ ହୋଇଯାଉ ।

ଛକି ରହିଥିବା ଶତ୍ରୁ କିଛିଟା ଦୁର୍ବଳତା ଦେଖିବା ମାତ୍ରେ ଆକ୍ରମଣ କରିଥାଏ ।

ସୁତରାଂ ଆମକୁ ଶତ୍ରୁ ପ୍ରତି ସାବଧାନ ରହିବା ଉଚିତ ।

ଯେଉଁ ଲୋକମାନେ ନିଶାର ଭୃତ୍ୟ ହୋଇଯାଇଛନ୍ତି, ସେମାନେ ନିଜେ ହିଁ ଶତ୍ରୁଙ୍କୁ ନିମନ୍ତ୍ରଣ ଦିଅନ୍ତି ଯେ, ଆସ ଓ ଆମ ଉପରେ ଆକ୍ରମଣ କର । ସେମାନେ ଡାକନ୍ତି ଓ ଶତ୍ରୁ ଆଗେଇ ଆସେ । ସେମାନଙ୍କୁ ଦିନେ ଏହି ଶତ୍ରୁ ଗିଳିଦେବ । ସେମାନେ କିଛି ବି କରିପାରିବେ ନାହିଁ । ନିଶାର ଭୃତ୍ୟ ବହୁତ କ୍ଷିପ୍ର ଗତିରେ ବିନାଶ ଆଡ଼କୁ ଯାଉଛନ୍ତି । ସେମାନଙ୍କୁ କେହି ହେଲେ ରକ୍ଷା କରିପାରିବେ ନାହିଁ । ସେମାନେ ନିଃସହାୟ ହୋଇ ରହିଯିବେ ।

ଶାରୀରିକ ଓ ମାନସିକ ଶକ୍ତିର ହ୍ରାସ :

ଯେତେବେଳେ ଆମର ପ୍ରତିରୋଧକ ଶକ୍ତି ଦୁର୍ବଳ ହୋଇଯାଏ, ସେତେବେଳେ ଘାତକ ରୋଗର ଜୀବାଣୁ ଆକ୍ରମଣ କରନ୍ତି । ଯେତେବେଳେ ଭଗବାନ ଦେଇଥିବା-ପ୍ରକୃତି ପ୍ରଦତ୍ତ ଉପହାର ସ୍ୱରୂପ ପ୍ରତିରୋଧକ ଶକ୍ତିକୁ ଆମେ ହରାଇଦେଉ, ତେବେ ଆମେ ରୋଗକୁ ସାମ୍ନା କରିବାର ଯୋଗ୍ୟ ରହିନଥାଉ ।

ଜୀବାଣୁ ଛକି ବସିଥାନ୍ତି ଯେ, କେତେବେଳେ କୌଣସି ଅଙ୍ଗ ଦୁର୍ବଳ ହେବ ଓ ସେମାନେ ତା' ଉପରେ ଆକ୍ରମଣ କରିବେ । ଯେପର୍ଯ୍ୟନ୍ତ ଶରୀରର ସମସ୍ତ ଅଙ୍ଗ ସୁସ୍ଥ ଥିବେ, ସେପର୍ଯ୍ୟନ୍ତ ଏହି ଜୀବାଣୁ ଆକ୍ରମଣ କରିପାରନ୍ତି ନାହିଁ ।

କିଛିଦିନ ତଳେ ଜଣେ ବୈଜ୍ଞାନିକ ଜୀବାଣୁ ଉପରେ ଭାଷଣ ଦେଉଥିଲେ ଓ ଶରୀର ପାଇଁ ଉତ୍ତମ ଭୋଜନ ଓ ଉଚିତ ଯତ୍ନ ବିଷୟରେ ଗୁରୁତ୍ୱ ଦେଉଥିଲେ । ମଝିରେ ସେ ପାଣି ପିଇଲେ । ସେହି ପାଣିରେ ବିଶ୍ୱବିଦ୍ୟାଳୟର ଜଣେ ପ୍ରଫେସର ସବୁ ପ୍ରକାରର ରୋଗ ଜୀବାଣୁ ମିଶାଇ ଦେଇଥିଲେ ।

ସେହି ପାଣ ପଇ ସେ ମଲେନାହିଁ ।

ଯେବେକି ସେଥିରେ ସାରା ସହରର ଲୋକଙ୍କୁ ମାରିବା ଭଳି ଜୀବାଣୁ ଥିଲା । ମୋର ବିଶ୍ୱାସ ଅଛି ଯେ, ଯଦି ଶରୀର ସୁସ୍ଥ ଅଛି, ସବୁ ଜୀବକୋଷ ସୁସ୍ଥ ଅଛନ୍ତି, ତେବେ ଯେତେ ଘାତକ ଜୀବାଣୁ ଥିଲେ ମଧ୍ୟ ମଣିଷ ବଞ୍ଚିପାରିବ । ରୋଗ ସେହି ମଣିଷର ପାଖ ମାଡ଼େନାହିଁ । ରୋଗର ପ୍ରକୃତ କାରଣ ଜୀବନ-ଶକ୍ତିର ଅଭାବ ହୋଇଥାଏ ।

ଦୁର୍ବଳ ମଣିଷକୁ ସବୁ ସମୟରେ କୁବିଚାର ଦୁଃଖ ଦେଇଥାଏ । ତା' ଶରୀର ଭିତରେ ଏତେ ପ୍ରତିରୋଧକ ଶକ୍ତି ନଥାଏ ଯେ, ସେ ଉଦାସୀନତା ଉପରେ ବିଜୟ ପାଇପାରିବ । ଭୀରୁତାକୁ ଦମନ କରିପାରିବ ।

ଅସ୍ୱାସ୍ଥ୍ୟକର ଭୋଜନ ହିଁ ସବୁ ପ୍ରକାରର ଭୟ, ଦୁଃଖ, ଚିନ୍ତା, ଉଦାସୀନତା ଆଦି ରୋଗର ଜନ୍ମଦାତା ଅଟେ । ଯେମିତି ଖାଦ୍ୟ ଖିଆଯାଏ, ଶରୀର ଓ ମନ ସେମିତି ହୋଇଯାଏ । ମଦ ଏକ ଅନୁଚିତ ଓ ହାନିକାରକ ପାନୀୟ ଅଟେ । ଅନ୍ୟ ନିଶାଦ୍ରବ୍ୟ ମଧ୍ୟ ସେହିଭଳି । ନିଶା ମନକୁ ଦୁର୍ବଳ କରିଥାଏ ଓ ଦୁର୍ବଳତାରୁ ମସ୍ତିଷ୍କ ମଧ୍ୟ ଦୁର୍ବଳ ହୋଇଯାଏ ।

ସ୍ନାୟୁ ଦୁର୍ବଳ ହୋଇଯାଏ ।

ସାହସ ଓ ଧୈର୍ଯ୍ୟ ଭାଙ୍ଗିଯାଏ ।

ଲକ୍ଷ୍ୟ ସମ୍ପୂର୍ଣ୍ଣ ହୋଇପାରେ ନାହିଁ ।

ସୁନିଶ୍ଚିତ ଟଳମଳ ହୁଏ ।

ସଂକଳ୍ପ ଶକ୍ତି ସମାପ୍ତ ହୋଇଯାଏ । ଦୃଷ୍ଟି ସାମ୍ନାରେ ଏକ ଧୂଆଁଳିଆ ପର୍ଦ୍ଦା ପଡ଼ିରୁହେ ।

କୁହାଯାଇପାରେ ଯେ, ଶରୀରରେ ଯେତିକି ଦୁର୍ବଳତା ଥିବ, ମାନସିକ ଶକ୍ତି ମଧ୍ୟ ସେତିକି ଦୁର୍ବଳ ଓ ଆଳସ୍ୟ ହେବ ।

ଆପଣ କଳାକାର କିମ୍ବା ଡାକ୍ତର ହୋଇଥାନ୍ତୁ, ବାରିଷ୍ଟର କିମ୍ବା ବ୍ୟବସାୟୀ ହୋଇଥାନ୍ତୁ ଅଥବା ପ୍ରଫେସର କିମ୍ବା ଚପରାସୀ ହୋଇଥାନ୍ତୁ, ରୋଗଗ୍ରସ୍ତ ଅବସ୍ଥାରେ ଆପଣ ଅଧା କଳାକାର, ଅଧା ଡାକ୍ତର, ଅଧା ବାରିଷ୍ଟର କିମ୍ବା ଓକିଲ ଓ ଅଧା ପ୍ରଫେସର ରୁହନ୍ତି । ଆପଣଙ୍କ ଯୋଗ୍ୟତା ଅସୁସ୍ଥ ଅବସ୍ଥାରେ ସୁନିଶ୍ଚିତ ଅଧା ହୋଇଯାଏ ।

ସୁସ୍ଥ ଶରୀର :

ପ୍ରତିଯୋଗିତାର ଦୌଡ଼ରେ ଅନ୍ୟମାନଙ୍କ ଠାରୁ ଆପଣ ପଛରେ ରହିଯାଆନ୍ତି । ଲୋକେ ଆଗକୁ ଚାଲିଯାଆନ୍ତି । ଏହି ଭାରୀ ପ୍ରତିଯୋଗିତାର ଯୁଗରେ ସ୍ୱଷ୍ଟ ତଥା ଉଜ୍ଜ୍ୱଳ ସଫଳତା ପାଇଁ ଦୃଢ଼ ସଂକଳ୍ପ ଓ ଶକ୍ତି ଅନିବାର୍ଯ୍ୟ ଅଟେ ।

ସେହି ବ୍ୟକ୍ତି କଠିନରୁ କଠିନ କାର୍ଯ୍ୟ କରିପାରିବ, ଯିଏ ନିଜ ସୁନିଶ୍ଚିତ ଉପରେ ଅଡ଼ି ରହିଥାଏ, ଯିଏ ଅସୁବିଧାର ଚିନ୍ତା ନକରି ଆଗେଇଚାଲେ, ଯେତେବେଳେକି ତା'ର ସାଥୀ ଧୈର୍ଯ୍ୟ ହରାଇଦିଅନ୍ତି । ଯାହାର ବିଚାର ଦୃଢ଼ ଥିବ, ସଂକଳ୍ପ ମଜଭୁତ୍ ଥିବ, ଆଶା ସବଳ ଥିବ, ସେହି ବ୍ୟକ୍ତି କର୍ମଭୂମିରେ ବାଜି ମାରିନିଏ । ଅନ୍ତିମ ବିଜୟ ତାହାର ହିଁ ହୋଇଥାଏ ।

ସଂସାରର ମହାନ୍ ଅଭିଯାନ ସେହି ବ୍ୟକ୍ତି ସମ୍ପୂର୍ଣ୍ଣ କରିପାରିବ, ଯାହାର ଶରୀର ସୁସ୍ଥ ଥିବ, ଫୁସ୍‌ଫୁସ୍ ସୁସ୍ଥ ଥିବ, ମଜଭୁତ୍ ଥିବ, ହୃଦୟ ଅତ୍ୟନ୍ତ ଶକ୍ତିଶାଳୀ ହୋଇଥିବ ।

ବ୍ୟକ୍ତିଗତ ଶକ୍ତିର ସାମ୍‌ନା କୌଣସି ଜିନିଷ କରିପାରିବ ନାହିଁ । ବ୍ୟକ୍ତିଗତ ଶକ୍ତିର ଆଧାର ମଜଭୁତ୍ ଶରୀର ଓ ମଜଭୁତ୍ ମନ ଅଟେ । ତାମସୀ କାର୍ଯ୍ୟକୁ ତାମସୀ ବୃତ୍ତି ଓ ଶକ୍ତି ହିଁ କରିଥାଏ ।

କିଛି ଲୋକଙ୍କ ଧାରଣା ରହିଛି ଯେ, ସେମାନେ ମହାନ୍ କାର୍ଯ୍ୟ କେବଳ ଇଚ୍ଛା ତଥା ସଂକଳ୍ପ ବଳରେ କରିପାରିବେ । ଯେତେବେଳେକି ମହାନ୍ ସଂକଳ୍ପର ମୂଳଦୁଆ ମଧ୍ୟ ମଜଭୁତ୍ ଶରୀର ଓ ମଜଭୁତ୍ ମନରେ ହୋଇଥାଏ ।

ଉତ୍ତମ ସ୍ୱାସ୍ଥ୍ୟ ସମ୍ପନ୍ନ ବ୍ୟକ୍ତି ହିଁ ଜୀବିତ ଅଟେ । ତା' ଶରୀରର ପ୍ରତ୍ୟେକ ସ୍ନାୟୁରେ ଜୀବନ ଭରି ରହିଛି । ଜୀବନର ଲହରୀ ରହିଛି । ତା' ଶିରା-ପ୍ରଶିରାରେ ଗରମ ରକ୍ତ ପ୍ରବାହିତ ହେଉଛି ।

ଯେଉଁ ଲୋକେ ମଦ ଭଳି ନିଶାରେ ଏହି ସୁନ୍ଦର ଶରୀରର ସର୍ବନାଶ କରିଦିଅନ୍ତି, ସେମାନେ କିଛିବି କରିପାରିବେ ନାହିଁ, ଯେହେତୁ ସେମାନଙ୍କ ଭିତରେ ଜୀବନ ଶକ୍ତିର ଅଭାବ ରହିଛି ।

ସୁତରାଂ ଉତ୍ତମ ଓ ଦୀର୍ଘ ଜୀବନ, ସୁଖ ଓ ଆନନ୍ଦର ସହିତ ଜୀବନ ବିତାଇବା ପାଇଁ ସବୁ ପ୍ରକାରର ନିଶାଦ୍ରବ୍ୟଠାରୁ ଦୂରେଇ ରୁହନ୍ତୁ । ଯଦି ଆପଣ ନିଶାଦ୍ରବ୍ୟ ବ୍ୟବହାର କରୁଛନ୍ତି ତେବେ ଆଜି ହିଁ ଛାଡ଼ିଦିଅନ୍ତୁ ।

୧୯. ସ୍ୱର୍ଗ ତୁଲ୍ୟ ସୁଖୀ ପରିବାର

ଘର ତାକୁ କୁହାଯାଏ, ଯେଉଁଠି ଗହଳ-ଚହଳ ଥାଏ, ଯେଉଁଠି ଆନନ୍ଦର ସାମ୍ରାଜ୍ୟ ରହିଥାଏ, ପିଲାମାନଙ୍କ ଆନନ୍ଦ ମୁଖରିତ ଧ୍ୱନି ଥାଏ । ଯେଉଁଠି ହସ ଥାଏ, ପ୍ରସନ୍ନ ମୁଖମଣ୍ଡଳ ଥାଏ, ସେଇଠି ଥାଏ ପରିବାର ।

ସଂସାରରେ ମଣିଷର ମୌଳିକ ଆବଶ୍ୟକତା ହେଉଛି- ଖାଦ୍ୟ, ବସ୍ତ୍ର ଓ ବାସଗୃହ ।

ଆବାସକୁ ଲୋକେ ଘର କୁହନ୍ତି- ଯେତେବେଳେକି ଘର ଓ ଆବାସ ମଧ୍ୟରେ ଏକ ମୁଖ୍ୟ ପ୍ରଭେଦ ରହିଛି । ସବୁ ଘର ଆବାସ ଅଟେ, କିନ୍ତୁ ସବୁ ଆବାସକୁ ଘର କହିପାରିବା ନାହିଁ । ଯେହେତୁ ଘର ତାକୁ କୁହାଯାଏ, ଯେଉଁଠି ଗହଳ-ଚହଳ ଥାଏ, ଯେଉଁଠି ଆନନ୍ଦର ସାମ୍ରାଜ୍ୟ ରହିଥାଏ, ପିଲାମାନଙ୍କ ଆନନ୍ଦ ମୁଖରିତ ଧ୍ୱନି ଥାଏ । ହସ ଥାଏ, ପ୍ରସନ୍ନ ମୁଖମଣ୍ଡଳ ଥାଏ ।

ସେଇଠି ଥାଏ ପରିବାର ।

ସାମୁଏଲ ସ୍ମାଇଲ୍ସ ଘରକୁ ମଣିଷର ନିର୍ମାତା ବୋଲି କହିଛନ୍ତି ।

ହାଲମେଞ୍ଜ କୁହନ୍ତି- "ସୌନ୍ଦର୍ଯ୍ୟ ଏକ ଅଲୌକିକ ଦାନ, କିନ୍ତୁ ସୁନ୍ଦର ବସ୍ତ୍ର, ଆବାସ, ସୁନ୍ଦର ଜିନିଷ, ସବୁ ପାରିବାରିକ ପ୍ରସନ୍ନତା ଆଗରେ ତୁଚ୍ଛ ଅଟେ ।"

ସଂସାରର ସମସ୍ତ ବୈଭବ ମଧ୍ୟ ସୁଖୀ ପରିବାରର ନିର୍ମାଣ କରିପାରିବ ନାହିଁ । ବିଳାସ ବ୍ୟସନର ସାମଗ୍ରୀ ବୋଝେଇ ହୋଇଥିବା ଜାହାଜ ମଧ୍ୟ ହାର୍ଦ୍ଦିକ ସ୍ନେହ ଆଗରେ ତୁଚ୍ଛ ଅଟେ ।

ଜେରେମୀ ଟେଲର କୁହନ୍ତି- "ଏକାକୀ ଜୀବନଠାରୁ ଦାମ୍ପତ୍ୟରେ ଅଧିକ ସୁରକ୍ଷା ଅଛି । ଦାମ୍ପତ୍ୟ ଜୀବନରେ ଅଧିକ ଆନନ୍ଦ ଅଛି ଓ ବିପଦ କମ୍ ରହିଛି । ଯଦି ପରିବାରରେ ଅନେକ କଷ୍ଟ ଅଛି, ତେବେ ଆନନ୍ଦ ମଧ୍ୟ ଅନେକ ଅଛି । ପରିବାରରେ ବୋଝ ବଢ଼ିଗଲେ ତାକୁ ଉଠାଇବାରେ ବହୁତ ସାହାଯ୍ୟ ମିଳିଯାଏ । ସେହି ବୋଝ ମଧ୍ୟ ମନୋରମ ଲାଗିଥାଏ । ବିଶ୍ୱର ଜନନୀର ନାମ ହେଉଛି ପରିବାର । ଏହାଦ୍ୱାରା ସାମ୍ରାଜ୍ୟ ସୁରକ୍ଷିତ ରହିଥାଏ । ଖାଲି ସହର ଓ ମନ୍ଦିର ନୁହେଁ, ସ୍ୱର୍ଗରେ ମଧ୍ୟ ବିବାହର କାରଣ ବସତି ହୋଇଥାଇପାରେ ।"

ପରିବାରର ଦୁଇଟି ଚକ :

ସ୍ୱର୍ଗରୁ ଅବତରିତ ସୁକୋମଳ ଉପହାର ହେଉଛି ନାରୀ । ସ୍ନେହର ଧାରା ତା' ମଧ୍ୟରେ ଏତେ ପରିମାଣରେ ଅଛି ଯେ, ତାହାର ସାଦୃଶ୍ୟ ଅଲୌକିକ ବସ୍ତୁ ଦ୍ୱାରା ହିଁ ସମ୍ଭବ ହୋଇପାରେ । ନାରୀର ରଚନା ଏଭଳି ଢଙ୍ଗର ହୋଇଛି ଯେ, ସେ ଘର, ସମାଜ ଓ ସଂସାରକୁ ଆଲୋକିତ କରେ, ଦୁଃଖର କଣ୍ଟା ହଟାଇ ସୁଖର ମାର୍ଗ ପ୍ରଶସ୍ତ କରେ ।

ଯେଉଁ ବ୍ୟକ୍ତି ଘର-ସଂସାର ଚିନ୍ତାରୁ ମୁକ୍ତି ପାଇବା ପାଇଁ ବିବାହ କରିବାକୁ ପଛଘୁଞ୍ଚା ଦିଏ, ସେ ସାମାନ୍ୟ ଆଶଙ୍କା ପଛରେ ଥିବା ମହାନନ୍ଦରୁ ବଞ୍ଚିତ ହୋଇଯାଏ । ତାହାର ଅବସ୍ଥା ସେହି ବ୍ୟକ୍ତି ଭଳି ହୁଏ, ଯିଏ ବିବାହ ଭୟରେ ଗୋଡ଼ କାଟିଦିଏ । ଏମିତି ଅନେକ ବ୍ୟକ୍ତି ଅଛନ୍ତି, ଯେଉଁମାନେ ବିବାହ କରିନାହାନ୍ତି ଓ ସେମାନଙ୍କ ଜୀବନ ସଫଳ ବୋଲି କୁହାଯାଏ, କିନ୍ତୁ ଯେଉଁ ଲୋକ ସେମାନଙ୍କ ନିକଟତର ଥାଆନ୍ତି, ଅଥବା ସେମାନଙ୍କ ସଠିକ୍ ଅବସ୍ଥା ଜାଣିଛନ୍ତି, ପଢ଼ିଛନ୍ତି, ଶୁଣିଛନ୍ତି, ସେମାନେ ଜାଣିଛନ୍ତି ଯେ ସେମାନେ ମଧ୍ୟ କେତେ ଅସଫଳ ହୋଇଛନ୍ତି ।

ସଂସାରରେ ଏମିତି ଝିଅଙ୍କ ଅଭାବ ନାହିଁ, ଯାହାଙ୍କ ଉପରେ ନାଟକୀୟ ରଙ୍ଗମଞ୍ଚର ଗଭୀର ପ୍ରଭାବ ପଡ଼ିଛି । ସେହି ଝିଅମାନଙ୍କର ଏହି ଇଚ୍ଛା ରହିଥାଏ ଯେ, ସେମାନଙ୍କୁ ଯଦି ବିଖ୍ୟାତ ଅଭିନେତ୍ରୀଙ୍କ ସ୍ଥାନରେ ବଛାଯାଏ, ତେବେ ସେମାନେ ନିଜକୁ ସ୍ୱର୍ଗର ଅପ୍ସରା ପରି ଅନୁଭବ କରିବାକୁ ଲାଗିବେ । ଏ ସମ୍ବନ୍ଧରେ ଜଣେ ସାମ୍ବାଦିକ ଅଭିନେତ୍ରୀ କାଲ୍‌ବୀଙ୍କ ଅନୁମୋଦନ ପଚାରିବାରୁ ସେ ଉତ୍ତର ଦେଲେ- "ମୁଁ ଏଭଳି ଝିଅକୁ ଏହି ରାୟ ଦେବି ଯେ, ସେ ଘରେ ବସି ପୁରୁଣା ମୋଜା ଗଣ୍ଠି କରୁ ଅଥବା ଯାହା ଇଚ୍ଛା ତାହା କରୁ, ହେଲେ ଷ୍ଟେଜ୍‌କୁ ନଆସୁ । ରଙ୍ଗମଞ୍ଚର ତାରକା କୌଣସି ଜଣକର ହୋଇପାରିବ ନାହିଁ, ଯେହେତୁ ତା'ର ଧ୍ୟାନ ବାଣ୍ଟି ହୋଇଥାଏ । ପ୍ରତ୍ୟେକ ପୁରୁଷ ଚାହେଁ ଯେ, ତା' ସ୍ତ୍ରୀ ନଖରୁ ଚୁଳ ଯାଏଁ ତାହାର ହୋଇଥାଉ ଓ ତାହାର ନାମ ବିଜ୍ଞାପନର ସୌନ୍ଦର୍ଯ୍ୟ ନହେଉ ।"

ଘର ! ପରିବାର ! ଘର-ସଂସାର !

ଏହି ଶବ୍ଦ କେତେ ମନ୍ତ୍ରମୁଗ୍ଧ, ସୁନ୍ଦର ଓ ଆରାମପ୍ରଦ ଅଟେ ।

ପ୍ରକୃତରେ ଘରର ସଂସାରରେ ବହୁତ ଆନନ୍ଦ ରହିଛି ।

ଏହି ଶବ୍ଦଗୁଡ଼ିକରେ ଅସଂଖ୍ୟ କବିତା ଭରିରହିଛି । ପିଲାମାନଙ୍କ ଆନନ୍ଦ ମୁଖରିତ ଧ୍ୱନି, ଜଣାଶୁଣା ପଦଧ୍ୱନି, ସ୍ନେହର ମଧୁର ଓ ମାଦକ ଧ୍ୱନି ।

ନାରୀର ଶ୍ରେଷ୍ଠତା :

ଘର ଶବ୍ଦରେ ଏମିତି କିଛି କଥା ଅଛି ଯାହା ମନର ଅତ୍ୟନ୍ତ ରସାଳ ତତ୍ତ୍ୱକୁ ଜାଗ୍ରତ କରିଥାଏ । ମିତ୍ର-ବନ୍ଧୁ ହିଁ ଘରକୁ ଆସକ୍ତ କରନ୍ତି ନାହିଁ ବରଂ ପାହାଡ଼, ଚଟାଣ, ନଦୀ, ଯାହା କିଛି ଘର ପାଖରେ ଅଛି, ସେସବୁ ଘର ଉପରେ କୁହୁକ ଭଳି ପ୍ରଭାବ ପକାନ୍ତି । ଘରର ଶ୍ରେଷ୍ଠ ହେଉଛି ନାରୀ । ଯଦି ନାରୀ ପତିବ୍ରତା ହୋଇଥାଏ, ତେବେ ଏହା ବହୁତ ସୁନ୍ଦର କଥା ।

ସେହି ଘର କେତେ ସୁନ୍ଦର ହୋଇଥାଏ ।

ସେଠାରେ କେତେ ସୁଖ ଓ ଆନନ୍ଦ ଅଛି !

ପତିବ୍ରତା ନାରୀ ଅନେକ ଅନ୍ୱେଷଣର ପରିଣାମ ଅଟେ । ସେ ବିକ୍ରି ହେବା ବସ୍ତୁ ଭଳି ନିଜର ପ୍ରଦର୍ଶନ କରେନାହିଁ । ନା' ସେ ଫେଶନବାଲୀ ହୋଇଥାଏ, ନା ବ୍ୟସନ ପ୍ରିୟ ହୋଇଥାଏ । ସେ ଅଧିକ ଦାବି କରେନାହିଁ ବରଂ ସନ୍ତୁଷ୍ଟ ହୋଇଥାଏ । ସେ ଅଭାବ ସମୟରେ ମଧ୍ୟ ଘରକୁ ସଜାଇ ଯତ୍ନ ନେଇଥାଏ । ଘରକୁ ପହଞ୍ଚିଲେ ଯଦି ହସ-ହସ ମୁହଁରେ ଆପଣଙ୍କର ସ୍ୱାଗତ କରିବ, ତେବେ ଆପଣ ନିଜର ଦାରିଦ୍ର୍ୟତାକୁ ଭୁଲିଯିବେ ।

ସେହି ବ୍ୟକ୍ତି ବୁଦ୍ଧିମାନ, ଯିଏ ସେହି ମୂର୍ଖ ଝିଅକୁ ଏଇଥିପାଇଁ ବିବାହ କରେ ଯେ, ଝିଅ ପାଖରୁ ପ୍ରେମ ଓ ସ୍ନେହର ଧାରା ପ୍ରବାହିତ ହେଉଛି । ସେହି ବ୍ୟକ୍ତି ମୂର୍ଖ ଅଟେ, ଯିଏ ହୃଦୟରେ ସ୍ନେହର ଗୋଟିଏ ବୁନ୍ଦା ନଥିବା ସୁନ୍ଦର ଓ ଚାଲାକ ଝିଅକୁ ବିବାହ କରିଥାଏ ।

ସ୍ୱାମୀ ପାଇଁ ଏତିକି ଯଥେଷ୍ଟ ଯେ, ପତ୍ନୀ ସ୍ନେହୀ ସ୍ୱଭାବର ହୋଇଥିବ ।

ସମ୍ପୂର୍ଣ୍ଣ ପତିବ୍ରତା ଓ ମଧୁର ଭାଷିଣୀ ଅମେରିକୀୟ ନାରୀମାନେ ସମ୍ପନ୍ନ ଘରୁ ଆସିନଥାନ୍ତି, ବରଂ ଏମିତି ଘରୁ ଆସିଥାନ୍ତି, ଯେଉଁଠି ବିଳାଶବ୍ୟସନ ଅପେକ୍ଷା ଶାନ୍ତି ଥାଏ । ଏଭଳି ସ୍ତ୍ରୀମାନେ ନିଜ ସନ୍ତାନଙ୍କୁ ଅନ୍ତରରୁ ସ୍ନେହ ଦିଅନ୍ତି ।

ସୁତରାଂ ଦମ୍ପତିଙ୍କୁ ମୁଁ କହିବି ଯେ, ପରସ୍ପର ଉତ୍ତମ ବ୍ୟବହାର କରନ୍ତୁ । ବିବାହ ପରେ-ସଂସାର କରିବା ପରେ, କୌଣସି କଥା ଏତେ ପୀଡ଼ାଦାୟକ ହୋଇନଥାଏ, ଯେତିକି ଚରିତ୍ରହୀନତା ଦେଇଥାଏ । ସ୍ପଷ୍ଟବାଦିତାର ଅଭାବ ଠିକ୍ ନୁହେଁ । ନିଃସଙ୍କୋଚ ହେବା ଅଧିକ ଭଲ, ଯେହେତୁ ଏଥିରୁ ଚରିତ୍ର ସ୍ପଷ୍ଟ ଜଣାଯାଏ ।

ଲୋକକଥା ନୁହେଁ, ବରଂ ଶିକ୍ଷା ଅଟେ- "ସହିଯାଆନ୍ତୁ ଓ ଏଡ଼ାଇଦିଅନ୍ତୁ ।"

ଯେଉଁମାନେ ସହିଯାଆନ୍ତି ଓ ଅପ୍ରିୟ କଥାଗୁଡ଼ିକୁ ଏଡ଼ାଇଦିଅନ୍ତି, ସେମାନେ ଆନନ୍ଦିତ ରୁହନ୍ତି । ସେମାନଙ୍କ ପରିବାର ହସି-ହସି ବଞ୍ଚିଥାଏ ।

ଘର ତିଆରି କରିବା ପୂର୍ବରୁ ହିଁ ଆଖି ଖୋଲା ରଖନ୍ତୁ । ଆଖି ଖୋଲାରଖି ଘର ସଂସାର କରନ୍ତୁ ।

ସୁବିଚାର ସହିତ ପରୀକ୍ଷା କରି ଜୀବନ ସାଥୀ ଚୟନ କରିବା ଭଲ । ଆପଣଙ୍କୁ ଜଣାଥିବା ଉଚିତ ଯେ, ଯାହାକୁ ଆପଣ ଜୀବନ ସାଥୀ କରିବାକୁ ଯାଉଛନ୍ତି ତାହାର ସ୍ୱଭାବ କେମିତି, ତାହାର ଚରିତ୍ର କେମିତି, ତା'ର ସାଙ୍ଗମାନେ କେମିତି, ସଙ୍ଗତି କେମିତି, ପଡ଼ୋଶୀ କେମିତି ଅଟନ୍ତି, ଯେଉଁମାନଙ୍କ ସହ ଜୀବନସାଥୀର ସମ୍ପର୍କ ରହିଛି ।

"ବିବାହ ପରେ ଆଖି ଅଧାଖୋଲା ରଖିବା ଉଚିତ ।" ଏହି ଉକ୍ତିର ଅର୍ଥ ହେଉଛି ପରିବାରରେ ଛୋଟ-ଛୋଟ କଥାରେ ଧ୍ୟାନ ଦେବା ଉଚିତ ନୁହେଁ । ଟିକେ-ଟିକେ କଥାରେ ଝଗଡ଼ା କରିବା କିମ୍ବା ସ୍ତ୍ରୀକୁ ଗାଳି ଦେଉଥିବା ବ୍ୟକ୍ତି ନିଜ ପରିବାରରେ ନିଜେ ନିଆଁ ଲଗାନ୍ତି । ସ୍ତ୍ରୀ ଆପଣଙ୍କର ଜୀବନସଙ୍ଗିନୀ ଅଟେ । ଆପଣଙ୍କ ପରିବାର ରୂପୀ ଗାଡ଼ିର ଗୋଟିଏ ଚକ । ଦୁଇଟି ଚକରେ ଗାଡ଼ି ଚାଲିଥାଏ ଓ ଉଭୟଙ୍କ ମହତ୍ୱ ସମାନ ଭାବେ ଥାଏ । ଅନ୍ୟ ଚକଟି ହେଉଛନ୍ତି ଆପଣ ।

ମୋ ବିଚାରରେ ଝିଅକୁ ରୋଷେଇ କାମ ଓ ମଧୁର ଚାଲିଚଳଣୀ ତଥା ଘରର ଅନ୍ୟ ଆବଶ୍ୟକ କାମ ନିଶ୍ଚୟ ଶିଖାଇବା ଉଚିତ । ପରିବାରକୁ ଏଭଳି ଦକ୍ଷ ଝିଅମାନେ ଭଲଭାବେ ଚଳାଇପାରିବେ, ସେମାନଙ୍କଠାରୁ ଅଧିକ ପାଠ ପଢ଼ିଥିବା ଝିଅମାନେ ଆହୁରି ଭଲଭାବେ ଚଳାଇପାରିବେ ।

ଯାହାର ସ୍ତ୍ରୀ ଭଲ-ଭଲ ବ୍ୟଞ୍ଜନ ତିଆରି କରିପାରେ, ପରିବାରର ଲୁଗାପଟା ସଫା ରଖିପାରେ, ଘରକୁ ସଜାଇପରେ, ସ୍ୱାମୀ ଓ ପିଲାମାନଙ୍କୁ ବହୁତ ସ୍ନେହ ଦେଇ ଭଲଭାବେ ପରିବାରକୁ ଚଳାଇପାରେ, ତା'ର ଜୀବନ କେତେ ଆନନ୍ଦମୟ !

ସେହି ବ୍ୟକ୍ତିର ଜୀବନ କେତେ ପୀଡ଼ାଦାୟକ, ଯାହାର ସ୍ତ୍ରୀ ଖାଇବା ଜିନିଷ ମଧ୍ୟ ହୋଟେଲ୍‌ରୁ ମଗାଏ, ଅଥବା କେବେ-କେବେ ସ୍ୱାମୀ ତିଆରି କରେ, ପିଲାମାନଙ୍କ ଯତ୍ନ ନିଏନାହିଁ, ଘରକୁ ଚାକରବାକର ସଜାନ୍ତି, ସ୍ୱାମୀ ମଧ୍ୟ ସ୍ନେହ ପାଇଁ ଛଟପଟ ହୁଏ ।

ଯଦି ଆମେ ଅପରିଚିତଙ୍କ ସହିତ ମିଶିବା ସମୟରେ ହସିପାରିବା, ତେବେ ଘରେ ମଧ୍ୟ ହାସ୍ୟ ବିଚ୍ଛୁରିତ ହେବ । ପରିବାରର ପ୍ରତ୍ୟେକ ସଦସ୍ୟ ପ୍ରସନ୍ନ ରହିବା ଉଚିତ ।

ପ୍ରଫୁଲ୍ଲିତ ବାତାବରଣ :

ଘରେ ସମସ୍ତେ ସେତେବେଳେ ହସିପାରିବେ, ଯେତେବେଳେ ଘରର ମୁରବିଙ୍କ କ୍ରୋଧପୂର୍ଣ୍ଣ ଚାହାଣୀ ନଦେଖି ରୁହନ୍ତି । ଯେତେବେଳେ ଘରର ମୁରବି ପ୍ରସନ୍ନଚିତ୍ତ ରହୁଥିବେ । ସେହିଭଳି, କୌଣସି ମା' ନିଜ ଛୁଆଙ୍କ ସହିତ ଘରକୁ ଆନନ୍ଦ ଓ ଶାନ୍ତିର ସୁଗନ୍ଧିତ ଉଦ୍ୟାନରେ କିମ୍ବା ଘଞ୍ଚ ଜଙ୍ଗଲରେ ପରିବର୍ତ୍ତିତ କରିବ, ଏହା ତା' ହାତରେ ଅଛି ।

ଜଣେ ସ୍ତ୍ରୀର ଅଧିକାଂଶ ସମୟ ସାମାଜିକ କାର୍ଯ୍ୟକଳାପରେ ବିତୁଥିଲା, ପରିଣାମସ୍ୱରୂପ, ସ୍ୱାମୀ ମଧ୍ୟ ପ୍ରାୟତଃ ଘରୁ ବାହାରେ ସନ୍ଧ୍ୟା ସମୟ ବିତାଉଥିଲେ । ପିତାଙ୍କ ପ୍ରଭାବ ପୁତ୍ର ଉପରେ ପଡ଼ିବା ମଧ୍ୟ ସ୍ୱାଭାବିକ ଥିଲା । ପୁଅ ମଧ୍ୟ ବାପାଙ୍କ ଭଳି ହେବାକୁ ଲାଗିଲା । ସ୍ତ୍ରୀ ଦିନେ ପୁଅର ଏମିତି କୌଣସି କାର୍ଯ୍ୟ ଦେଖିଦେଲେ । ସେ ତୁରନ୍ତ ସାବଧାନ ହୋଇଗଲେ ଓ ସେ ଏଭଳି ବାତାବରଣ ତିଆରି କଲେ ଯେ, ପୁଅ ଘରେ ହିଁ ଖେଳିବାକୁ ଲାଗିଲା । ସେ ନିଜେ ମଧ୍ୟ ଘରେ ରହିବାକୁ ଲାଗିଲେ ଓ ଏହାର ପ୍ରଭାବ ସ୍ୱାମୀଙ୍କ ଉପରେ ମଧ୍ୟ ପଡ଼ିଲା । ସେ ମଧ୍ୟ ସାବଧାନ ହୋଇଗଲେ । ସେହି ପରିବାର ଆନନ୍ଦିତ ଓ ଆଦର୍ଶ ହୋଇଗଲା ।

ପ୍ରକୃତ ଘର ତାକୁ କୁହାଯାଏ, ଯେଉଁଠି ସମସ୍ତ ପରିଜନବର୍ଗ ଖୁସି ରହୁଥିବେ । ଘରର ପ୍ରତ୍ୟେକ ସଦସ୍ୟ ଆନନ୍ଦିତ ଓ ପ୍ରସନ୍ନ ଥିବେ ତଥା ସମସ୍ତେ ମିଳିମିଶି ରହୁଥିବେ ।

ଘର, ପତି-ପତ୍ନୀଙ୍କ ଶରୀରର ଆବାସମାତ୍ର ନୁହେଁ, ଏହା ମନର ମନ୍ଦିର ମଧ୍ୟ ଅଟେ ।

ପତି-ପତ୍ନୀଙ୍କୁ ହସି-ହସି ସ୍ନେହର ସହିତ ରହିବା ଉଚିତ ।

କୌଣସି ପରିବାରର ପ୍ରସନ୍ନତାର ଆଦର୍ଶ ରୂପ ହେଉଛି ଚୂଲିମୁଣ୍ଡର ଆଖପାଖରେ ବିଚ୍ଛୁରିତ ହସ ।

ବିବାହ ସମ୍ବନ୍ଧରେ ଥିୟୋଡୋର୍ ପାର୍କର କୁହନ୍ତି- "ଜୀବନ ଏକ ପ୍ରେମର ପୁଷ୍ପ ଅଟେ । ବୃଦ୍ଧାବସ୍ଥା ପାଚି ଯାଇଥିବା ଫଳ । ପ୍ରୀତିର ସକାଳ ଶୋଭିତ ହେଲେ ସନ୍ଧ୍ୟା ମଧ୍ୟ ରଙ୍ଗୀନ ହୋଇଥାଏ । ଆମୋଦ-ପ୍ରମୋଦ ଭରା ସ୍ମୃତି ବୃଦ୍ଧାବସ୍ଥାରେ ଆନନ୍ଦ ଦେଇଥାଏ । ତାହାର ଇନ୍ଦ୍ରଧନୁର ଗୋଟିଏ ପାର୍ଶ୍ୱ ଆକାଶରେ ଓ ଅନ୍ୟଟି ପୃଥିବୀ ଉପରେ ଥାଏ । ଅନେକ ମହାପୁରୁଷ ନିଜର ସଫଳତାର ରହସ୍ୟ ନିଜ ପତ୍ନୀଙ୍କ ସହଯୋଗ ବୋଲି ଜଣାଇଛନ୍ତି ।"

ଫ୍ରାନ୍ସର ବିଖ୍ୟାତ ସାହିତ୍ୟକାର ଡ୍ରାଦେତ୍ ନିଜ ସଫଳତାର ଶ୍ରେୟ ନିଜ ପତ୍ନୀଙ୍କୁ ଦେଇଛନ୍ତି । ସେ ଲେଖିଛନ୍ତି ଯେ, ସେ ହୃଦୟରୁ ନିଜ ପତ୍ନୀଙ୍କଠାରେ କୃତଜ୍ଞ ଅଟନ୍ତି । ସେ ତାଙ୍କ ରଚନାରେ ସଂଶୋଧନ, ଅନୁମୋଦନ ଅତିରିକ୍ତ ଆକର୍ଷଣ, ସହାନୁଭୂତି ଓ ତର୍କଶକ୍ତିରେ ମଧ୍ୟ ତାଙ୍କୁ ସାହାଯ୍ୟ କରନ୍ତି ।

ସମ୍ରାଟ ହେନ୍‌ରୀଙ୍କ ସ୍ୱଭାବର ବିଶେଷତାର ଏକମାତ୍ର କାରଣ ଶ୍ରୀମତୀ ମାର୍ଗାରେଟ ଥିଲେ ।

ଜଷ୍ଟିନିୟନ୍ ନିଜେ ସ୍ୱୀକାର କରିଛନ୍ତି ଯେ, ତାଙ୍କ ରଚିତ ଆଇନଗୁଡ଼ିକ ପଛରେ ତାଙ୍କ ପତ୍ନୀ ଥିୟୋଡୋରାଙ୍କ ବୁଦ୍ଧି କାମ କରୁଥିଲା ।

ଏଣ୍ଡ୍ର୍ୟୁ ଜ୍ୟାକ୍‌ସନଙ୍କ ଶକ୍ତି ସାମର୍ଥ୍ୟ, ତାଙ୍କ ସରଳ ପତ୍ନୀଙ୍କଠାରୁ ପ୍ରାପ୍ତ ହୋଇଥିଲା, ଯାହାଙ୍କର ସାଧାରଣ ବେଶଭୂଷାକୁ ସମାଜ ପରିହାସ କରୁଥିଲା ।

ୱାସିଂଟନ୍ ଚାଳିଶ ବର୍ଷ ପତ୍ନୀଙ୍କ ଛବି ଥିବା ଚେନ୍ ପିନ୍ଧିଥିଲେ ।

ସେହିଭଳି ପେରୀକଲ୍ସ ମଧ୍ୟ ନିଜର ଯୋଗ୍ୟତା ଓ ସଫଳତାର ସ୍ରୋତ ନିଜ ପତ୍ନୀଙ୍କୁ ମାନିଛନ୍ତି ।

ରବର୍ଟ ବର୍ନସ୍ ଜଣେ ଚଷା ଝିଅକୁ ବିବାହ କଲେ ଓ ଉଭୟେ ଏକସଙ୍ଗେ କ୍ଷେତରେ କାମ କରୁଥିଲେ ।

ମିଲଟନ୍ ଜଣେ ଗାଉଁଲି ଧନୀ ବ୍ୟକ୍ତିଙ୍କ ଝିଅ ସହିତ ବିବାହ କଲେ, ମିଲଟନ୍ ଏକାନ୍ତପ୍ରିୟ ଥିଲେ ଓ ପତ୍ନୀ ସୁନ୍ଦରୀ-ନାଚକୁଦ କରିବା-ଚଞ୍ଚଳ ସ୍ୱଭାବର ଝିଅ । ସେମାନେ ଅଲଗା ହୋଇଗଲେ, କିନ୍ତୁ ସେ ପୁଣି ଫେରିଆସିଲେ ଓ ସେମାନେ ସୁଖୀ ଜୀବନ ବିତାଇଲେ ।

ପ୍ରିନ୍ସ ଅଲବର୍ଟ ଓ ରାଣୀ ଭିକ୍ଟୋରିଆ, ଦାଦା ସମ୍ପର୍କୀୟ ଭାଇ-ଭଉଣୀ ଥିଲେ, ବିବାହ ଓ ପରସ୍ପର ନିଷ୍ଠାର ଆଦର୍ଶ ଇଂରେଜ ସମ୍ରାଟଙ୍କ କ୍ରମରେ ରଖିଲେ ।

ମହାନ୍ ସାହିତ୍ୟକାର ସେକ୍ସପିୟର ଜଣେ କୃଷକର ଝିଅ ସହିତ ବିବାହ କରିଥିଲେ ।

ୱାସିଂଟନ୍ ଦୁଇଟି ସନ୍ତାନ ଥିବା ଜଣେ ବିଧବାଙ୍କ ସହିତ ବିବାହ କରିଥିଲେ ଓ ସୁଖମୟ ଜୀବନ ବିତାଇଲେ ।

ଜନ୍ ଆଡମ୍ସ ପାଦ୍ରୀଙ୍କ ଝିଅକୁ ବିବାହ କଲେ । ସେ ନିଜେ ଓକିଲ ଥିଲେ ।

ଜନ୍ ହାୱର୍ଡ ନିଜର ଧାଇମା ସହିତ ବିବାହ ସୂତ୍ର ବାନ୍ଧିଥିଲେ । ସେହି ଧାଇମା ଉଚ୍ଚ ଜାତି କିମ୍ବା କୂଳର ନଥିଲେ, ବୟସ ମଧ୍ୟ ବାଉନ ବର୍ଷ ଥିଲା, ଯେତେବେଳେକି ହାୱର୍ଡ ପଚିଶ ବର୍ଷର

ଥିଲେ । ସେହି ଧାଇମା କେବଳ ଦୁଇବର୍ଷ ବଞ୍ଚିଲେ, କିନ୍ତୁ ତାଙ୍କର ସେହି ଦୁଇବର୍ଷ ବହୁତ ପ୍ରସନ୍ନତାରେ କଟିଲା ।

ଋଷ ସମ୍ରାଟ ପୀଟରଙ୍କୁ ମହାନ୍ କୁହାଯାଏ । ସେ କୃଷକର ଝିଅକୁ ବିବାହ କରିଥିଲେ ଯିଏ ଅତ୍ୟନ୍ତ ସୁଯୋଗ୍ୟ ସାମ୍ରାଜ୍ଞୀ ସାବ୍ୟସ୍ତ ହୋଇଥିଲେ ।

ହମ୍ବୋଲ୍ଟ ଏକ ଗରିବ ଝିଅକୁ ପ୍ରେମ ବିବାହ କଲେ ଓ ସଫଳ ହୋଇଥିଲେ ।

ବିଦ୍ୟୁତ୍‌ର ମହାନ୍ ଗବେଷକ ଏଡିସନଙ୍କୁ ବିବାହ କରିବା ପାଇଁ କାମରୁ ଫୁରସତ ନଥିଲା । ବନ୍ଧୁମାନେ ପ୍ରସ୍ତାବ ଦେଲେ । ସେ ନିଜର ସହଯୋଗୀ କର୍ମଚାରୀଙ୍କୁ ଜୀବନସାଥୀ ରୂପେ ବାଛିଲେ ।

ଏଡ୍‌ମଣ୍ଡ ବର୍କ କେତେ ଭାଗ୍ୟବାନ ଥିବେ, ଯିଏ ନିଜ ପରିବାରର ବର୍ଣ୍ଣନା କରି ଲେଖିଛନ୍ତି- "ଭଗବାନ ଯେଉଁ ସର୍ବୋତ୍ତମ ଉପହାର କୌଣସି ବ୍ୟକ୍ତିକୁ ଦେଇଥାନ୍ତି, ତାହା ହେଉଛି ପତିବ୍ରତା ନାରୀ, ଯାହାର ସ୍ନେହ ଛାୟାରେ ତାକୁ ସୁଖ-ଶାନ୍ତି ପ୍ରାପ୍ତ ହୋଇଥାଏ । ଏପରିକି ସେ ନିଜ ଜୀବନ ଓ ହିତ-ଅହିତ ତାହାରି ହାତରେ ଅର୍ପଣ କରି ଆନନ୍ଦରେ ଶୋଇପାରେ ।"

ଏକ ସମୟରେ ଲୁଥର କହିଛନ୍ତି- "ଦୁଇଟି କଥା ଏମିତି ଅଛି, ଯାହା କେବେ ପୀଡ଼ାଦାୟକ ହୋଇନଥାଏ- ଗୋଟିଏ ହେଉଛି ସକାଳୁ ଉଠିବା ଓ ଅନ୍ୟଟି ଯୁବାବସ୍ଥାରେ ବିବାହ ।"

ଜଣେ ସୁପ୍ରସିଦ୍ଧ ଲେଖିକା, ସ୍ୱର୍ଗତଃ ହିପ୍‌ବର୍ଥ ଡିକ୍ସନ୍‌ଙ୍କୁ ପଚାରିଲେ- "ଏହାର କାରଣ କ'ଣ ଯେ, କିଛି ମହିଳା ସାରାଜୀବନ ପାଇଁ ସ୍ୱାମୀକୁ ନିଜ ପ୍ରେମଜାଲରେ ବାନ୍ଧିଦିଅନ୍ତି ଓ କେତେକ ବର୍ଷେ ଦୁଇବର୍ଷ ପାଇଁ ?"

ଡିକ୍ସନ ଉତ୍ତର ଦେଲେ- "ନାରୀକୁ ସ୍ୱାମୀର ତକିଆ ହୋଇଯିବା ଦରକାର ।"

ନାରୀ, ଏକ ଜୀବନୀ-ଶକ୍ତି :

ଘରୁ ବାହାରେ ସ୍ୱାମୀ ଯେଉଁ ବିରୋଧ ଓ କ୍ଲାନ୍ତମୟ ସଂଘର୍ଷ ଦେଇ ଗତିକରେ, ଘରେ ତାକୁ ଜୀବନ ସାଥୀର ସାହାରା ଆରାମଦାୟକ ତକିଆ ସାବ୍ୟସ୍ତ ହୋଇଥାଏ । କୌଣସି ସ୍ୱାମୀ ଏମିତି ସ୍ତ୍ରୀର ଅପମାନ କରିପାରିବ ନାହିଁ, ଯିଏ ତା' ଦୁଃଖର କ୍ଷତରେ ଆନନ୍ଦଦାୟକ ପ୍ରେମର ମଲମ ଲଗାଉଥିବ ।

ସ୍ତ୍ରୀର ସ୍ନେହ, ସନ୍ତୋଷ ଓ ସେବାର ଅପମାନ କରନ୍ତୁ ନାହିଁ । ସେ ସର୍ବଦା ଆପଣଙ୍କ ଇଚ୍ଛାକୁ ନିଜର ଇଚ୍ଛା ମାନିଥାଏ । ଆପଣ ମଧ୍ୟ ତା'ର ଇଚ୍ଛାକୁ ଧ୍ୟାନରଖନ୍ତୁ । ଆପଣଙ୍କ ସ୍ତ୍ରୀର ମନରେ କେବେ ଏହି ଭାବନା ଆସିବ ଉଚିତ ନୁହେଁ ଯେ, ଆପଣଙ୍କ ହୃଦୟରେ ତା' ପାଇଁ ପ୍ରେମପୂର୍ଣ୍ଣ ସ୍ଥାନ ନାହିଁ । ପୁରୁଷ ହୋଇ ରୁହନ୍ତୁ, ଯେଉଁଥିରୁ ସେ ଆପଣଙ୍କୁ ସମ୍ମାନ ଦୃଷ୍ଟିରେ ଦେଖିବ ।

ସ୍ୱାମୀ ଓ ସ୍ତ୍ରୀ ସମ୍ପୂର୍ଣ୍ଣତାର ଦୁଇଭାଗ ଅଟନ୍ତି । ଜଣେ ଅନ୍ୟ ଜଣକ ବିନା ଅସମ୍ପୂର୍ଣ୍ଣ । ସେତିକିବେଳେ ସମସ୍ୟା ସୃଷ୍ଟି ହୋଇଥାଏ, ଯେତେବେଳେ ବିରୋଧୀ ଅଂଶଗୁଡ଼ିକୁ ମିଶାଇ ଗୋଟିଏ କରିଦିଆଯାଏ ।

ସରଳ ଏବଂ ମୃଦୁ ସ୍ୱଭାବର ପୁରୁଷ ଓ ନାରୀଙ୍କ ମଧ୍ୟରେ ବିବାହ ଏକ ଏମିତି ସୌଭାଗ୍ୟଭରା ସମ୍ବନ୍ଧ ଯେ, ତାକୁ ଆନନ୍ଦମୟ କରିବାରେ ଉଭୟଙ୍କ ଚେଷ୍ଟା ଓ ଇଚ୍ଛା କାମ କରିଥାଏ ।

ଆଧୁନିକ ସଭ୍ୟତାରେ ଏକାକୀ ଜୀବନ ବିତାଇବାର ଯେଉଁ ପ୍ରବୃତ୍ତିକୁ ପ୍ରୋତ୍ସାହନ ଦିଆଯାଉଛି, ତାହା ଆମର ଭବିଷ୍ୟତ ସମାଜ ପାଇଁ ଘାତକ ଅଟେ ।

ଦୂରଦୃଷ୍ଟିସମ୍ପନ୍ନା ପତ୍ନୀ ନିଜର ବୁଦ୍ଧି ଓ ମଧୁର ବାଣୀରେ ଅଙ୍କା-ବଙ୍କା ଶାଖାଗୁଡ଼ିକୁ କଟା-ଛଟା କରିଥାଏ, ଯାହା ପତିର ସ୍ୱଭାବ ଓ ନୈତିକ ବିକାଶରେ ବାଧା ଦେଇଥାନ୍ତି । ପୁରୁଷଙ୍କ ଦ୍ୱାରା କରାଯାଇଥିବା ବହୁତ ବଡ଼-ବଡ଼ ମହାନ୍ ଘଟଣା, ସେମାନଙ୍କ ପତ୍ନୀଙ୍କ ଦାନ ହୋଇଥାଏ ।

ପତ୍ନୀର ସହଯୋଗ ଦ୍ୱାରା ପତି ମହାନ୍ ହୋଇପାରିବେ । ପତି-ପତ୍ନୀ ଉଭୟେ ଯଦି ଆନନ୍ଦରେ ପରିବାର ଚଳାନ୍ତି, ତେବେ କୌଣସି କାରଣ ନାହିଁ ଯେ, ସେମାନଙ୍କ ଉଦ୍ୟାନରେ ଫୁଟିଥିବା ଫୁଲ... ସେମାନଙ୍କ ସନ୍ତାନ-ସନ୍ତତି, କେବେ ମଉଳିବେ ।

ସରଳ ଏବଂ ମୃଦୁ ସ୍ୱଭାବର ପୁରୁଷ ଓ ନାରୀଙ୍କ ମଧ୍ୟରେ ବିବାହ ଏକ ଏମିତି ସୌଭାଗ୍ୟଭରା ସମ୍ବନ୍ଧ ଅଟେ, ଯାହାକୁ ତିଆରି କଲାପରେ ସେମାନେ ଉଭୟେ ସ୍ୱର୍ଗଠାରୁ ମଧ୍ୟ ଅଧିକ ଆନନ୍ଦର ଅନୁଭବ କରିପାରନ୍ତି । ସେହି ଘର ସାମ୍ନାରେ ସ୍ୱର୍ଗ କିଛି ନୁହେଁ, ଯେଉଁଠି ପତି-ପତ୍ନୀଙ୍କ ମଧ୍ୟରେ ପ୍ରେମର ଧାରା ପ୍ରବାହିତ ହେଉଥାଏ । ଉଭୟେ, ସନ୍ତାନଙ୍କ ଉପରେ ପ୍ରେମର ବର୍ଷା କରନ୍ତି । ଘରେ ହସ, ଖୁସି, ପ୍ରେମ ଓ ମମତାର ସାମ୍ରାଜ୍ୟ ରହିଛି ।

ଆଦର୍ଶ ପରିବାରକୁ ଦେଖି ସମସ୍ତଙ୍କ ଉପରେ ପ୍ରଭାବ ପଡ଼ିଥାଏ ଓ ସମସ୍ତେ ସେଥିରୁ ପ୍ରେରଣା ଗ୍ରହଣ କରନ୍ତି । ଏହିଭଳି ଉତ୍ତମ ଓ ସୁଖୀ ପରିବାର ନିଜ ପାଇଁ ଓ ଅନ୍ୟମାନଙ୍କ ପାଇଁ ମଧ୍ୟ ଆନନ୍ଦଦାୟକ ଅଟେ ।

ଲୋକକଥା ଅନୁସାରେ, ଗୋଟିଏ ବୁନ୍ଦା ବିଷ ମାଠିଏ ପାଣିକୁ ବିଷାକ୍ତ କରିଦିଏ । ସେହିଭଳି ଗୋଟିଏ କଳହକାରୀ, ଦୁଃଖିତ ଓ ଭାରାକ୍ରାନ୍ତ ପରିବାର ସମଗ୍ର ଅଞ୍ଚଳକୁ ପ୍ରଭାବିତ କରିଥାଏ ।

ଯଦି ନାରୀ ଭିତରେ ସୁଗୃହିଣୀର ଗୁଣ ଅଛି, ତେବେ ସେ ସ୍ୱାମୀର ଚଲା ପଥରେ ବାଧକ ନହୋଇ ସଦ୍‌ପ୍ରେରଣା ଭରିଦେବ । ସେମାନେ ଜୀବନସାରା ଗରିବ ଥାଆନ୍ତୁ ପଛକେ, କିନ୍ତୁ ସେମାନଙ୍କ ସ୍ନେହଭରା ହସ, ପରିବାରରେ ରଙ୍ଗର ବର୍ଷା କରିଥାଏ । ଆନନ୍ଦ ପାଇଁ ଧନଶାଳୀ ହେବାର ଆବଶ୍ୟକତା ନାହିଁ । ଧନୀ ହୋଇଥିଲେ, ଆନନ୍ଦିତ ହୋଇପାରିବେ ଓ ଗରିବ ହୋଇଥିଲେ ମଧ୍ୟ ଆନନ୍ଦିତ ହୋଇପାରିବେ । ଆବଶ୍ୟକତା ରହିଛି ସ୍ନେହ, ପରସ୍ପର ପ୍ରେମ, ତ୍ୟାଗ ଭାବନା ଓ ସମର୍ପଣ ଭାବର ।

ଗୋଟିଏ ଆନନ୍ଦିତ ପରିବାର ସ୍ୱର୍ଗଠାରୁ ମଧ୍ୟ ବଡ଼ । ସେହି ପରିବାରରେ ସୁଖ, ଆନନ୍ଦ ଓ ପ୍ରେମର ନଦୀ ପ୍ରବାହିତ ହୁଏ । ସମଗ୍ର ପରିବାର ପ୍ରସନ୍ନ ଓ ଆନନ୍ଦିତ ରହିଥାଏ । ସେମାନେ ଚାରିଆଡ଼େ ପ୍ରସନ୍ନତା ଓ ଆନନ୍ଦ ବିଞ୍ଚିଦିଅନ୍ତି ।

ହସି-ହସି ବଞ୍ଚିବା ପାଇଁ ସବୁଠାରୁ ସହଜ ଓ ସ୍ଥାୟୀ ପ୍ରସଙ୍ଗ ହେଉଛି ସୁଖୀ ପରିବାର । ଆପଣ ମଧ୍ୟ ନିଜ ପରିବାରକୁ ସୁଖୀ, ପ୍ରସନ୍ନ ଓ ଆନନ୍ଦମୟ କରନ୍ତୁ ଓ ହସି-ହସି ବଞ୍ଚନ୍ତୁ ।